데이터 과학을 위한
소프트웨어 엔지니어링

Software Engineering for Data Scientists
by Catherine Nelson

© 2025 J-Pub Co., Ltd

Authorized Korean translation of the English edition of *Software Engineering for Data Scientists*,
ISBN 9781098136208 © 2024 Catherine Nelson
This translation is published by an sold by permission of O'Reilly Media, Inc.,
which owns or controls all rights to publish and sell the same.

이 책의 한국어판 저작권은 에이전시 원을 통한 저작권사와의 독점 계약으로 제이펍에 있습니다.
저작권법에 의해 한국 내에서 보호를 받는 저작물이므로 무단 전재와 무단 복제를 금합니다.

데이터 과학을 위한 소프트웨어 엔지니어링

1판 1쇄 발행 2025년 2월 28일

지은이 캐서린 넬슨
옮긴이 김정인
펴낸이 장성두
펴낸곳 주식회사 제이펍

출판신고 2009년 11월 10일 제406-2009-000087호
주소 경기도 파주시 회동길 159 3층 / **전화** 070-8201-9010 / **팩스** 02-6280-0405
홈페이지 www.jpub.kr / **투고** submit@jpub.kr / **독자문의** help@jpub.kr / **교재문의** textbook@jpub.kr

소통기획부 김정준, 이상복, 안수정, 박재인, 송영화, 김은미, 나준섭, 배인혜, 권유라
소통지원부 민지환, 이승환, 김정미, 서세원 / **디자인부** 이민숙, 최병찬

진행 이상복 / **교정·교열** 백지선 / **내지 디자인** 이민숙 / **내지 편집** 백지선
용지 타라유통 / **인쇄** 해외정판사 / **제본** 일진제책사

ISBN 979-11-94587-00-2 (93000)
책값은 뒤표지에 있습니다.

※ 이 책은 저작권법에 따라 보호를 받는 저작물이므로 무단 전재와 무단 복제를 금지하며,
    이 책 내용의 전부 또는 일부를 이용하려면 반드시 저작권자와 제이펍의 서면 동의를 받아야 합니다.
※ 잘못된 책은 구입하신 서점에서 바꾸어드립니다.

제이펍은 여러분의 아이디어와 원고를 기다리고 있습니다. 책으로 펴내고자 하는 아이디어나 원고가 있는 분께서는
책의 간단한 개요와 차례, 구성과 지은이/옮긴이 약력 등을 메일(submit@jpub.kr)로 보내주세요.

데이터 과학을 위한
소프트웨어 엔지니어링
Software Engineering for Data Scientists
From Notebooks to Scalable Systems

캐서린 넬슨 지음 / 김정인 옮김

제이펍

차 례

CHAPTER 1 좋은 코드란 무엇인가? 1

CHAPTER 2 코드 성능 분석 17

CHAPTER **3**

데이터 구조를 효율적으로 사용하기　35

CHAPTER **4**

객체지향 프로그래밍과 함수형 프로그래밍　57

CHAPTER **5**

오류, 로깅, 디버깅　73

CHAPTER **11**

API   193

CHAPTER **12**

자동화 및 배포   211

CHAPTER **13**

보안   231

- 나 말고 누가 내 코드를 보겠어. 결과만 주면 되지.

- 코드는 의식의 흐름대로! 음? 내가 여기 왜 이렇게 짰더라…

- 이름을 어떻게 지을까 고민할 시간에 코드 한 줄 더 짜고 말지(정말이지, 예측 데이터를 요청했더니 컬럼명이 a, b, c, d로 되어 있더라).

데이터 과학자라면 겉으로 드러내진 않더라도 속으로 한 번쯤은 이렇게 생각해봤을 것이다.

분석 결과를 단순 보고서로 제출하고 잊어버리던 시절을 지나, 2010년대 초반 데이터 과학은 비즈니스 문제 해결과 제품 개발 영역에 진입하여 본격적으로 상용화되기 시작했다. 그럼에도 아직까지 데이터 과학자의 개발물이 제품으로서의 모양새를 잘 갖추는 일은 드물다. 데이터 과학자는 소프트웨어 개발을 너무 모르고, 소프트웨어 개발자는 데이터 과학을 단기간에 이해하여 패키징하는 데 한계가 있었다.

이 책은 데이터 과학자 관점에서 상용화에 필요한 좋은 코드에 대한 관점, 핵심 이론, 방법, 도구들을 소개함으로써 이 간극을 메운다.

부디 이 책을 읽은 독자들은

- 내 코드를 '누가 어떻게 쓰게 되는 거지?'를 먼저 생각하고

- 자기 의식의 흐름을 남들도 이해할 수 있게 구조화하고 문서화하는 가치를 이해하며

- '내가 없어도 운영 또는 확장 가능한지'를 고민함으로써

작성한 코드에 주저 없이 본인의 낙관을 찍을 수 있는 전문가로 한 단계 더 성장하기를 기대한다.

이렇게 말하면서도, 언제나 그렇듯 역자에 이름을 올리기가 늘 부끄럽다. 초고를 더욱 완성도 높게 다듬어주신 제이펍 이상복 님께 깊은 감사를 드린다. 베타리더분들의 아낌없는 의견은 이 책을 완성시키는 데 큰 도움이 되었다.

가족들은 언제나 내게 든든한 버팀목이다. 아버지께는 존경을, 어머니께는 사랑을.

김정인

강찬석(LG전자)

과거에는 데이터 과학과 관련한 개발이라면 어떤 절차보다도 모델의 성능 개선에 치중했지만, 점점 다루는 데이터나 모델이 커지면서 이를 처리할 프로세스나 소프트웨어 공학적인 요소들이 중요해지기 시작해졌습니다. 관련 내용을 처음 접한다면 바로 이 책이 해당 내용을 습득할 수 있는 좋은 기회가 될 것입니다.

김용현(Microsoft MVP)

이 책은 기본 문법에 익숙하고, 상용 소프트웨어 개발을 경험한 개발자가 한 단계 도약할 수 있는 좋은 가이드입니다. 선배 개발자의 경험, 노하우, 다양한 세미나에서 얻을 수 있는 지식을 라이브러리와 도구 활용 측면에서 체계적으로 정리했습니다. 특히 파이썬이 익숙한 초급 개발자라면 실무에 활용할 수 있는 다양한 도구를 실습하며 자연스럽게 소프트웨어 엔지니어링 개념을 익힐 수 있습니다. 파이썬 개발자에게 매우 중요한 최신 트렌드에 맞는 소프트웨어 엔지니어링의 실무적인 부분을 실습하며 경험할 수 있는 좋은 책입니다.

김진영

데이터 과학자의 관점에서 개발자들에게 익숙한 주제를 다룬 점이 흥미로웠습니다. 한 가지 주제를 깊이 있게 논하기보다는 다양한 내용을 가볍게 다루고 있어, 전반적인 개념을 빠르게 훑어보는 용도로 읽기 적합한 책이라고 생각됩니다. 개발자로서 익숙한 주제가 다수 보여서 부담 없이 흥미롭게 읽을 수 있었습니다.

윤병조(소프트웨어 개발자)

데이터 과학자 역시 소프트웨어 엔지니어링에 대해 어느 정도 알아야 하는 시대가 되었습니다. 이 책은 소프트웨어 엔지니어링에 대해 쉽게 이해할 수 있도록 코드 작성 단계에서 실제 서비스 운영 단계로 진행해나가며 지식을 전달합니다. 꼭 데이터 과학자뿐만 아니라 소프트웨어를 개발하는 사람이라면 가벼운 마음으로 한 번쯤 읽어보면 괜찮을 거라 생각합니다.

 이봉호(우아한형제들)

AI 관련 프로젝트를 경험하면서 엔지니어링 지식의 중요성을 깨달은 저에게는 단비와도 같은 책이었습니다. 프레임워크가 고도화됨에 따라, 모델의 원론적 지식보다는 활용성 측면에서 엔지니어링 지식은 점차 필수가 되어가고 있습니다. 이 책은 데이터 과학자로서 알아야 할 모델링 지식을 넘어 엔지니어링 지식에 관한 기초를 정리해주는 책입니다. 이 책을 통해서 엔지니어링 측면의 지식을 넓히고 다음 단계로 넘어가는 계기로 삼길 바랍니다.

이석곤(아이알컴퍼니)

데이터 과학을 넘어 소프트웨어 엔지니어링의 핵심 원칙을 알기 쉽게 전달하는 책입니다. 기초적인 코드 작성법부터 배포, 보안까지 체계적으로 다루고 있어 실무에 바로 적용할 수 있습니다. 특히 코드 성능 분석, 테스트, 자동화 등의 내용은 실무에 바로 적용할 수 있는 통찰을 제공합니다. 데이터 과학자와 엔지니어 모두를 만족시킬 수 있는 훌륭한 지침서입니다. FastAPI, CI/CD, 도커 등 최신 기술을 다룬 점도 인상 깊었습니다. 다만, API 설계나 보안 관련 내용은 비교적 간략하게 느껴졌습니다. 데이터 과학의 실무적 역량을 강화하고 소프트웨어 엔지니어링의 기본기를 탄탄히 다지고자 하는 독자들에게 강력히 추천할 책입니다.

이원국(한국과학기술원)

데이터 분석을 하며 가져야 할 여러 물음들에 대해서 자세히 다루는 책. 단순 코더가 아니라 수준 높은 개발자, 훌륭한 데이터 과학자가 되기 위해서 어떠한 로직을 가져야 하는지 깨닫고 이해할 수 있는 책이었습니다. 데이터를 분석하며 스스로 돌아보고 싶거나 발전시키고 싶다면 본 책이 훌륭한 답변서가 될 수 있다고 확신합니다. 저도 개발을 하면서 놓치는 부분들이나 고민해보면 좋을 포인트들도 있었는데, 그러한 부분들이 본 책에 자세히 잘 들어 있는 것 같아 실제 데이터 과학자들이 큰 도움을 받을 것 같습니다.

이정훈(SK주식회사)

파이썬은 강력하지만, 구현에 몰두하다 보면 더 나은 프로그램을 짜고 싶은 갈증이 생깁니다. 이 책은 그런 욕구를 가진 사람에게 딱 적합합니다. 소프트웨어 공학의 다양한 주제를 파이썬으로 쉽게 풀어주고, 여러 도구와 라이브러리를 소개합니다. 또 참고할 책과 글까지 알차게 담았습니다. 전체를 가볍게 훑기에도 좋고, 필요한 부분을 찍먹하기에도 좋습니다. 소장하고 읽어보기를 권합니다. 읽기 쉽지만 얻을 내용이 많는 책입니다.

임승민(CSLEE)

'좋은 코드란 무엇인가?'에 대한 질문으로 시작하는 이 책은 코딩을 개선할 수 있는 다양한 방법을 설명합니다. 코드 성능 분석과 테스트는 물론, 문서화와 버전 관리, CI/CD까지 다루며 대규모 시스템에서 잘 작동하는 훌륭한 코드 작성 방법을 안내합니다. 변화하는 요구사항과 그보다 더 빨리 변화하는 기술 환경 속에서 '좋은 코드'부터 '코드의 미래'까지 폭넓게 다루는 이 책을 데이터와 코드에 관심 있는 모든 분들께 추천합니다.

정태일(삼성SDS)

견고하고 품질 좋은 코드를 작성하기 위한 친절한 안내서입니다. 데이터 과학자나 파이썬이 주력 언어인 개발자가 아니더라도 이 책에 나오는 소프트웨어 엔지니어링 원칙과 기술들이 유용하게 쓰일 것이라 생각합니다. IT 업계에 있으면서 소프트웨어 엔지니어링 관련 주제를 다룬 많은 책과 자료들을 읽어봤지만 딱딱하고 쉽게 와닿지 않는 경우가 많았습니다. 이 책은 심도 깊을 수 있는 주제를 편안하고 친절하게 익힐 수 있게 잘 써서 추천할 만합니다.

제이펍은 책에 대한 애정과 기술에 대한 열정이 뜨거운 베타리더의 도움으로
출간되는 모든 IT 전문서에 사전 검증을 시행하고 있습니다.

시작하며 _____

데이터 과학은 코드에서 이뤄진다. 머신러닝 시스템을 만들든, 초기 데이터 탐색을 하든, 데이터 분포를 시각화하든, 통계분석을 돌리든, 코딩 기술과 연산 능력이 있어야 가능하다. 운영 코드를 작성하고 있다면 이런 능력은 성공적이면서도 유지보수성이 높은 코드를 작성하는 데 필수적이다. 운영 소프트웨어팀에서 일하지 않더라도 다른 데이터 과학자가 쉽게 사용할 수 있는 더 안정적이고 재현 가능한 코드를 작성하는 것이 유익할 것이다. 그리고 혼자 작업하더라도 좋은 습관은 코딩 속도를 높이고 업무를 중단한 후에 코드를 빠르게 다시 이해할 수 있도록 도와줄 것이다.

내가 항상 좋은 엔지니어링의 가치를 이해했던 것은 아니다. 데이터 과학 경력을 시작한 초기에는 팀에 데이터 과학자가 나 혼자였다. 나머지 팀원들은 소프트웨어 엔지니어와 설계자들이어서 나는 다른 데이터 과학자로부터 배울 기회가 없어 전문 역량을 높이기 어려울 것이라고 걱정했다. 이러한 고민을 개발자인 동료와 나눴을 때 '더 나은 코드를 작성하는 법을 배우면 데이터 과학을 더 많이 할 수 있을 것'이라는 말을 들었다. 이 말은 내게 깊은 인상을 남겼고 그 후로 소프트웨어 엔지니어링 역량을 높이는 것이 데이터 과학을 수행하는 데 엄청난 도움이 된다는 것을 알게 됐다. 나는 동료들이 사용하기 더 쉬운 코드를 작성할 수 있게 됐고 수개월이 지난 뒤 다시 작업해도 여전히 코드를 변경하는 일이 쉬웠다.

이 책은 더 나은 데이터 과학 코드 작성법 안내를 목표로 한다. 테스트, 오류 처리, 로깅을 포함한 일반적인 작업에 대한 모범 사례를 소개하며, 유지관리하기 쉽고 프로젝트 규모가 커져도 안정적으로 작동하는 코드를 작성하는 방법을 설명하겠다. 다른 사람들이 코드를 쉽게 사용할 수 있도록 작성하는 방법을 보여줌으로써, 이 책을 마칠 때면 대규모 코드베이스에 자신의 데이터 과학 코드를 통합할 수 있을 것이다.

생성형 AI 시대에 소프트웨어 엔지니어링 기술이 그렇게 그렇게 중요한지 의문이 들 수 있다. 챗GPT가 코드를 대신 작성해줄 수 없을까? 나는 AI 어시스턴트로 코딩 속도를 높일 수 있는 시대에도 이 책의 내용이 여전히 유용하다고 생각한다. 이 책을 통해 보여주겠지만, 선택할 수 있는 함수의 폭은 넓고, 왜 다른 코드가 아니라 이 코드를 선택해야 하는지에 대한 원칙을 이해하는 것은 매우 유용하다. 우리는 AI 어시스턴트의 결과를 평가하고 작업 중인 문제를 해결하기에 적절한 선택인지 확인해야 한다. 이 책은 이러한 부분에서 도움이 될 것이다.

대상 독자

이 책은 데이터 과학자를 대상으로 하지만 데이터 분석가, 머신러닝 엔지니어, 데이터 엔지니어와 같이 밀접하게 관련된 분야에 종사하는 사람들에게도 유용할 것이다. 코드를 작성하는 누구에게나 유용할 만한 일반적인 소프트웨어 엔지니어링 원칙을 설명하겠지만, 이러한 원칙을 묘사하기 위해 사용하는 예제는 데이터 과학자에게 가장 친숙할 것이다.

나는 이 책을 상대적으로 이 분야가 낯선 데이터 과학자들이 접근하기 쉽게 만들고자 했다. 막 데이터 과학 학위를 마쳤거나 해당 분야에서 첫 직장을 시작했을 사람들이다. 아니면 정식으로 데이터 과학 교육과정을 수강하지 않았을 수도 있다. 또는 독학으로 배웠거나, 수학이나 다른 과학 분야에서 데이터 과학으로 전공이나 경력을 전환하고 있는 중일 수도 있다. 어떤 경로로 데이터 과학에 입문했든 이 책은 이들을 위한 것이다. 이 책은 데이터 과학 입문 과정에 항상 포함되지는 않는 실용적인 소프트웨어 엔지니어링 기술을 다룰 것이다.

경험이 많은 데이터 과학자라도 많은 것을 배울 수 있을 것이고, 소프트웨어 개발자들과 자주 교류하는 업무에 종사한다면 이 책이 특히 유용할 것이다. 대규모 코드베이스에서 효율적으로 작업할 수 있도록 돕는 기술과 운영 환경에서 효율적으로 작동하는 파이썬 코드를 작성하는 방법을 배울 것이다. 또한 파이썬에서 코딩하는 방법의 기초, 즉 함수 및 제어 흐름 명령문을 작성하는 방법과 넘파이, 맷플롯립, 팬더스, 사이킷런을 포함한 모듈을 사용하는 방법의 기초를 이미 알고 있다고 가정한다. 이러한 내용을 처음 접한다면 다음 책을 추천한다.

- 《파이썬 데이터 사이언스 핸드북》(위키북스, 2023)
- 《밑바닥부터 시작하는 데이터 과학》(인사이트, 2020)
- 《Learning Data Science》(O'Reilly Media, 2023)

이 책은 데이터 과학과 머신러닝 기술을 배우고자 하는 소프트웨어 개발자를 위한 책은 아니다. 만약 이런 경우라면 《개발자를 위한 머신러닝&딥러닝》(한빛미디어, 2020)을 추천한다.

소프트웨어 엔지니어링 vs. 데이터 과학

이 시점에서 데이터 과학과 소프트웨어 엔지니어링의 사고방식 간 차이를 정의하는 것이 좋겠다. 데이터 과학자는 일반적으로 탐색, 발견, 가설 검정의 과학적 프로세스를 강조한다. 프로젝트의 최종 결과를 초기에 알 수 없다. 반면, 소프트웨어 엔지니어링은 무엇을 만들 것인지 계획하고, 계획한 것을 구현하는 최선의 방법을 설계한 다음, 계획한 것을 구현하는 코드를 작성하는 데 중점을 둔 프로세스다. 프로젝트의 예상 결과는 프로젝트 시작 시점에 알 수 있다. 소프트웨어 엔지니어링에서는 표준화와 자동화를 강조한다. 데이터 과학자는 엔지니어링 사고방식의 관점을 사용해 코드 품질을 개선할 수 있고, 이 주제는 1장에서 자세히 살펴본다.

왜 파이썬인가?

이 책의 모든 코드 예제는 파이썬으로 작성되었으며, 여러 장에서 파이썬 전용 도구를 설명한다. 최근 몇 년간 파이썬은 데이터 과학 분야에서 가장 인기 있는 프로그래밍 언어가 됐다. 다음 인용문은 2021년 아나콘다가 3천 명이 넘는 데이터 과학자들을 대상으로 한 설문조사(https://oreil.ly/kmmBp)에서 발췌한 것이다.

> 응답자의 63%는 항상 또는 자주 파이썬을 사용한다고 응답했으며, 이로써 올해 가장 인기 있는 언어가 됐다. 또한 교육자의 71%가 파이썬을 가르치고 있으며, 학생의 88%가 데이터 과학/머신러닝 분야에 진출하기 위해 파이썬을 배웠다고 보고했다.

파이썬은 데이터 과학에 적합한 매우 안정적인 오픈소스 라이브러리 집합을 보유하고 있으며, 훌륭한 지원 체계와 건전한 관리자 커뮤니티를 갖추고 있다. 트렌드를 선도하는 대기업들은 텐서플로(구글)와 파이토치(메타)를 포함해 주요 ML 프레임워크로 파이썬을 선택했다. 이 때문에 잘 짜인 코딩 기술이 특히 중요한 운영 환경에서 머신러닝 코드로 작업하는 데이터 과학자들에게는 파이썬이 특히 인기가 있다.

경험상 파이썬 커뮤니티는 친절하고 따뜻했으며, 내 기술을 향상시키는 데 도움이 되는 훌륭한 행사가 많았다. 파이썬은 내가 선호하는 언어이므로 이 책의 예제를 위해 파이썬을 사용하는 것은 당연했다.

이 책에서 다루지 않는 내용

대상 독자에서 언급했듯이, 이 책은 데이터 과학이나 프로그래밍을 소개하지 않는다. 또한 이 책에서는 다음 주제를 다루지 않는다.

- **파이썬 설치**: 최신 버전의 파이썬(3.9 이상)을 이미 설치했고 VS Code나 PyCharm과 같이 코드를 작성할 수 있는 IDE를 갖추고 있다고 가정한다. 파이썬을 설치하는 방법을 설명하지는 않지만, 10장에서 가상 환경을 설정하는 방법은 설명할 것이다.
- **기타 프로그래밍 언어**: 앞에서 언급한 이유로 이 책에서는 파이썬만 다룬다. R, 줄리아Julia, SQL, 매트랩 또는 다른 언어로 된 예제는 포함하지 않았다.
- **명령줄 스크립팅**: 명령줄이나 셸 스크립팅은 파일과 텍스트를 다루는 강력한 방법이다. 이에 대한 자세한 내용은 《Data Science at the Command Line, 2nd edition》(O'Reilly Media, 2021)을 포함한 다른 자료에서 잘 다루기 때문에 이 책에는 포함시키지 않았다.
- **고급 파이썬**: 이 책의 예제에는 비교적 단순한 코드로 되어 있다. 고급 파이썬 코딩에 대해 배우고 싶다면 《단단한 파이썬》(에이콘출판사, 2022)을 추천한다.

책의 구성

이 책에서는 개별 함수를 작성하는 수준의 좋은 예시를 살펴보는 것으로 시작해 코딩을 개선할 수 있는 방법에 대해 자세히 설명하는 단계로 진행한다. 이후 장에서는 해당 코드를 가져와 다른 사람이 사용하기 쉽게 만드는 방법을 설명하고 배포를 위한 몇 가지 일반적인 기술과 소프트웨어 작업을 위한 적절한 방법을 설명한다.

이 책은 14개의 장으로 구성되어 있다. 각 장의 내용은 다음과 같다.

1장 '좋은 코드란 무엇인가?'에서는 간결성, 모듈성, 가독성, 효율성, 안정성을 갖춘 코드를 작성하는 방법의 기본 사항을 소개한다.

2장 '코드 성능 분석'에서는 코드 성능을 측정하는 방법을 설명하고 데이터 과학 코드를 더 효율적으로 실행하기 위한 몇 가지 옵션에 대해 살펴본다.

3장 '데이터 구조를 효율적으로 사용하기'에서는 어떤 데이터 구조를 선택하느냐에 따른 장단점에 대해 알아본다. 데이터 구조로 무엇을 선택하는지에 따라 코드 효율성에 큰 차이를 만들 수 있다.

4장 '객체지향 프로그래밍과 함수형 프로그래밍'에서는 두 프로그래밍 스타일의 기본 사항을 설명한다. 올바르게 사용한다면 잘 구조화되고 효율적인 코드를 작성하는 데 도움이 될 것이다.

5장 '오류, 로깅, 디버깅'에서는 코드가 중단됐을 때 수행할 작업, 유용한 오류를 발생시키는 방법, 해당 오류가 어디에서 기인한 것인지 식별하는 전략을 살펴본다.

6장 '코드 포매팅, 린팅, 타입 검사'에서는 이 과정을 자동화할 수 있는 도구를 사용해 코드를 표준화하는 방법을 설명한다.

7장 '코드 테스트'에서는 테스트를 통해 입력값이 변경되더라도 코드가 안정적으로 실행될 수 있게 만드는 방법을 다룬다. 이는 유지관리하기 쉬운 코드를 작성하는 데 중요한 단계다.

8장 '설계와 리팩터링'에서는 표준화되고 일관된 방식으로 프로젝트를 구성하는 방법과 노트북을 스크립트로 전환하는 방법을 설명한다.

9장 '문서화'에서는 코드상의 이름 지정 및 주석 달기의 좋은 예를 포함해 코드를 다른 사람들이 읽기 쉽게 만드는 방법을 설명한다.

10장 '코드 공유: 버전 관리, 종속성, 패키징'에서는 깃을 사용해 버전을 관리하는 기초와 가상 환경에서 프로젝트의 종속성을 관리하는 방법을 다룬다. 또한 스크립트를 파이썬 패키지로 변환하는 데 필요한 과정도 보여준다.

11장 'API'에서는 API 개념을 소개하고 사용 방법을 알아본 다음, FastAPI를 사용하는 기본 예제를 살펴본다.

12장 '자동화 및 배포'에서는 코드 배포의 기본 사항부터 CI/CD와 깃허브 액션을 사용해 코드 배포를 자동화하는 방법과 도커 컨테이너에서 코드를 클라우드 환경으로 배포하는 방법을 설명한다.

13장 '보안'에서는 보편적인 보안 위험, 이 위험을 완화하는 방법, 머신러닝에만 잠재한 보안 위협 중 일부를 설명한다.

14장 '소프트웨어 업계에서 일하기'에서는 애자일 작업 방식을 포함해 소프트웨어 개발팀의 보편적인 작업 방식을 소개하고 소프트웨어 팀의 일반적인 역할을 설명한 다음, 그보다 광범위한 커뮤니티를 소개한다.

15장 '다음 단계'에서는 미래에 코딩이 어떻게 바뀔지에 대한 몇 가지 생각과 다음으로 무엇을 할 수 있는지에 대한 몇 가지 제안으로 마무리한다.

읽는 순서

이 책을 순서대로 읽을 필요는 없지만, 1장부터 읽기를 권장한다. 1장에서 좋은 코드를 작성하는 방법의 핵심을 설명하고, 나머지 부분에서는 더 자세히 다룰 주제를 소개한다. 또한 책 전반에서 사용할 여러 코드 예제도 소개한다.

1장 이후의 대부분의 장은 단독으로 읽어도 되지만, 다음은 예외다.

- 3장을 읽기 전에 2장을 읽어야 한다.
- 12장을 읽기 전에 6, 7, 10, 11장을 읽어야 한다.

몇몇 장에서는 머신러닝 주제를 좀 더 깊이 다루는 절이 포함되어 있다. 이러한 절의 이름에는 ML이 포함되어 있으며, ML 관련 업무를 하지 않는다면 해당 절을 건너뛰어도 나머지 부분을 이해하는 데 무리가 없을 것이다.

감사의 글 _____

이 책을 만드는 데 도움을 준 모든 분께 깊은 감사를 전한다! 그들의 의견, 피드백, 토론, 지원은 정말 귀중했다.

오라일리 팀과 함께 일하게 되어 정말 기뻤다. 버지니아 윌슨Virginia Wilson에게 감사의 말을 전한다. 지원을 아끼지 않는 최고의 편집자였다. 함께 일하는 과정이 정말 즐거웠다. 니콜 버터필드Nicole Butterfield에게도 고마움을 전하고 싶다. 제시해준 책의 전반적인 방향은 매우 귀중했으며, 책의 제안 단계에서 많은 도움을 주었다. 이 책의 여러 장에 대해 꼼꼼히 검토해준 제프 블라일Jeff Bleiel과 제작 과정을 순조롭게 진행해준 크리스 포셔Chris Faucher에게 감사드린다.

기술적 측면에서 검토해준 다음 분들에게 진심으로 감사드린다. William Jamir Silva, Ganesh Harke, Jo Stichbury, Antony Milne, Jess Males, Swetha Kommuri. 이들의 피드백은 매우 건설적이었고, 덕분에 훨씬 더 높은 품질의 책을 낼 수 있게 됐다. 이들은 책의 세부적인 사항까지 꼼꼼하게 검토해주었고 이들의 제안은 큰 도움이 됐다. 최종 초안에 대해 훌륭한 피드백을 주었고 집필 과정 전반에 걸쳐 심도 있는 토론을 함께해준 롭 매슨Rob Masson에게도 깊은 감사를 드린다.

귀중한 기술적인 토론 및 통찰을 얻을 수 있는 대화를 함께해준 다음 분들에게 감사한다. Carol Willing, Ricardo Martín Brualla, Chris Trudeau, Michelle Liu, Maryam Ehsani, Shivani Patel, John Sweet, Andy Ross, Abigail Mesrenyame Dogbe. 그 외에도 광범위한 파이썬 및 PyLadies 커뮤니티의 일원이 되어 큰 도움을 받았다. 이 작업에 시간을 할애해준 모든 자원봉사자들에게 감사드린다.

마지막으로 나의 사랑하는 친구와 가족들에게 감사드린다. Rob, 어머니, Richard, Lina, Salomé, Ricardo, Chris, Kiana, Katie. 모두에게 진심을 담아 감사한 마음을 전하고 싶다.

표지에 나오는 동물은 인도-태평양 산호초에 서식하는 화려한 색상의 물고기인 가시나비고기(학명 *Chaetodon auriga*)이다.

최대 9인치(약 23cm)까지 자라며, 몸은 검은색 V자 무늬와 흰색이 어우러진 독특한 패턴과 밝은 노란색의 등 부분으로 장식되어 있다. 눈에 검은 줄이 가로질러 나 있으며, 등지느러미에는 뚜렷한 검은 반점과 실처럼 길게 늘어진 가느다란 돌기가 있다. 이 생김새에서 이름이 유래됐다. 이 실 같은 지느러미는 물고기가 성장하면서 함께 발달하는데, 등지느러미의 다섯 번째와 여섯 번째 가시가 합쳐져 길고 늘어진 실 모양을 형성한다.

이 활발한 가시나비고기는 산호초, 석호, 외해 산호 지역 사이를 누비며 대부분 쌍으로 발견된다. 이 물고기는 길게 뻗은 주둥이를 사용해 틈새를 찌르면서 먹이를 찾는다. 먹이는 벌레, 연체동물, 해면, 해조류, 연산호까지 다양하다.

가시나비고기는 일반적으로 다른 물고기에게는 온순하지만, 같은 종류의 물고기들끼리는 영역 다툼을 벌이기도 하며, 특히 작은 수족관에서는 더욱 그러하다. 이 물고기는 수줍음이 많아 산호초 안의 숨을 곳이 많이 있는 것을 좋아한다.

가시나비고기는 국제자연보전연맹IUCN에서 선정한 최소관심종으로 지정되어 있다. 오라일리 표지에 있는 많은 동물은 멸종 위기에 처해 있으며, 이들 모두 세상에 중요한 존재다.

표지 그림은《Royal Natural History》에서 가져온 판화를 바탕으로 캐런 몽고메리Karen Montgomery가 작업했다. 시리즈 디자인은 에디 프리드먼Edie Freedman, 엘리 폴카우젠Ellie Volckhausen, 캐런 몽고메리가 맡았다.

1

좋은 코드란 무엇인가?

이 책은 여러분이 더 나은 코드를 작성하도록 돕는 것을 목표로 한다. 그러기 앞서 '좋은 코드란 어떻게 만들어지는가?'에 대해 생각해보자. 이에 대해서는 여러 관점에서 생각해볼 수 있다. 가장 좋은 코드란 가장 빨리 실행되는 코드다. 또는 가장 읽기 쉬운 코드일 수도 있다. 아니면 유지관리 하기 쉬운 코드가 좋은 코드일 수 있다. 이는 프로젝트에 변경사항이 발생했을 때 작성한 코드를 수정해서 새로운 요구사항을 반영하기 쉬워야 한다는 뜻이다. 해결하려는 비즈니스 문제가 바뀌거나 연구 방향이 새롭게 수립되거나 또는 코드베이스codebase[1] 중 어디선가 변경사항이 발생하는 등의 이유로 코드에 대한 요구사항도 자주 바뀌게 된다.

또한 코드는 복잡해서는 안 되고, 예상치 못했던 입력에 작동을 멈춰서도 안 된다. 간단한 기능은 코드에 추가하기 쉬워야 한다. 만약 이조차 어렵다면 코드를 제대로 작성하지 못했다는 뜻이다. 이번 장에서는 좋은 코드의 특징을 알아보고 그에 대한 예제를 소개한다. 좋은 코드의 특징은 크게 간결성, 모듈성, 가독성, 성능, 안정성의 5가지 범주로 나뉜다.

---

1 [옮긴이] 소프트웨어 개발에서 코드베이스는 특정 소프트웨어 시스템, 응용 소프트웨어, 소프트웨어 구성 요소를 빌드하기 위해 사용되는 소스 코드의 모음이다. 일반적으로 코드베이스에는 사람이 쓴 소스 코드 파일만 포함한다. https://ko.wikipedia.org/wiki/코드베이스

1.1 좋은 코드가 왜 중요한가?

좋은 코드의 가치는 데이터 과학 코드를 큰 시스템에 통합할 때 특히 빛을 발한다. 머신러닝 모델을 상품화하거나 배포 범위가 광범위한 패키지를 작성할 때, 또는 다른 데이터 과학자를 위한 도구를 만드는 경우가 이에 해당할 것이다. 즉 좋은 코드는 반복적으로 실행될 대규모 코드베이스에서 가장 유용하다. 프로젝트 규모나 복잡도가 증가하면서 좋은 코드의 가치 또한 높아질 것이다.

당장 내일 데모를 위해 오늘 급하게 프로토타입을 만들어야 하는 경우처럼 일회성 코드를 작성해야 할 때도 있다. 정말 딱 한 번만 실행될 코드라면 굳이 예쁘게 만들기 위해 시간을 낭비할 필요는 없다. 그냥 필요한 작업만 수행할 수 있게 코드를 작성하면 그만이다. 그렇지만 일회성 데모를 위해 작성한 코드라도 거의 대부분 다시 실행할 일이 생기거나 다른 목적으로 재사용하는 경우가 생긴다. 그러니 당장 급한 불을 껐다면 재사용할 경우를 대비해 작성한 코드를 정리해두도록 하자.

기술craft**로서의 코드**

대부분의 소프트웨어 엔지니어는 코드라면 특별한 이유나 목적이 없어도 당연히 잘 짜야 한다고 생각한다. 효율적이고 우아한 코드에는 자체의 내재된 고유 가치가 있다. 목수가 문이 부드럽게 열리고 서랍이 딱 들어맞는 아름다운 원목장을 만들었다는 것에 자부심을 갖듯이, 소프트웨어 엔지니어는 코드를 아름답게 짰다는 것에 자부심을 느낀다. 이들은 오래 지속될 수 있는 코드를 만드는 데에서 직업 만족도를 느낀다.

한없이 시간을 들여 코드의 세세한 부분까지 다듬어야 한다는 뜻은 아니더라도 키보드 앞에 앉을 때마다 이러한 점을 고려하면서 내려야 할 소소한 결정들이 꽤 많다. 무엇을 살펴봐야 할지 안다면 더 나은 코드를 작성할 수 있다. 소프트웨어 작성 기술을 연습해서 자부심을 느낄 만한 결과물을 만들어내는 것은 정말 기분 좋은 일이다.

좋은 코드는 유지관리하기도 더 쉽다. 비트 부패bit-rot란 한동안 사용하지 않았던 코드를 업데이트해야 하는 현상을 말한다. 이러한 현상은 코드가 의존하는 것들(예를 들어, 타사 라이브러리나 사용 중인 OS)도 변경되기 때문에 발생한다. 잠깐 사용하지 않던 코드를 다시 작성하게 된다면 코드를 최신화하는 작업이 필요할 것이다. 작성한 코드가 구조화와 문서화가 잘 되어 있다면 이러한 작업이 훨씬 쉬워진다.

 기술 부채는 보통 코드를 정확하게 작성하는 대신 빠르게 작성할 때 초래되는 결과가 뒤늦게 발현되는 것을 뜻한다. 기술 부채는 문서화 누락, 형편없이 구조화된 코드, 부정확하게 명명된 변수 등 일을 쉽게 하려고 절차를 무시하는 형태로 나타난다. 이로써 코드는 유지관리하거나 개선하는 일이 어려워지고 처음에 코드를 잘 짜기 위해 들인 시간보다 더 많은 시간을 나중에 버그를 수정하는 데 쓰게 될 것이다. 그럼에도 때로는 사업적으로 요구되는 마감 시한이나 예산 때문에 기술 부채를 감수해야 할 때도 있다. 코드를 다듬을 수 있는 시간이 늘 있는 것은 아니다.

1.2 변화하는 요구사항에 대응하기

코드를 작성하는 것은 완벽하게 설계되고 계획이 확정된 다음 건설에 들어가는 다리를 건설하는 것과는 다르다. 데이터 과학 프로젝트 등에서 코드를 작성할 때 변하지 않는 한 가지 원칙은 프로젝트를 수행하는 동안 변경사항이 발생할 수 있다는 점을 예상해야 한다는 것이다. 이러한 변경사항은 연구 과정을 통해 발견한 결과이거나 비즈니스 요구사항의 변경 혹은 프로젝트에 포함시키길 원하는 혁신적인 아이디어일 수 있다. 좋은 코드는 이러한 변경사항에 잘 작동할 수 있도록 쉽게 대응할 수 있어야 한다.

이러한 적응력은 코드베이스가 커질수록 더 중요해진다. 소규모 스크립트 하나라면 변경사항을 반영하기 간단하다. 그렇지만 프로젝트 규모가 커지고 여러 스크립트나 노트북으로 나뉘어 서로 의존하는 형태를 갖게 되면 변경하기 더 복잡하고 어려워질 수 있다. 처음부터 코드를 잘 짜두면 큰 프로젝트에서 코드를 수정하기 쉬워질 것이다.

데이터 과학은 아직까지도 상대적으로 새로운 분야지만 데이터 과학팀은 수년간 같은 코드베이스에서 작업해오면서 여러 사람들이 코드를 작성하고 그중 일부는 회사를 떠나는 상황에 직면하기 시작했다. 프로젝트 담당자가 바뀌는 상황에서 코드 품질은 더욱더 중요해지게 된다. 코드가 문서화가 잘되어 있고 읽기 쉽다면 다른 사람의 작업물을 이해하기 훨씬 쉬워진다.

학문으로서 소프트웨어 엔지니어링은 수십 년간 요구사항 변경과 복잡도 증가 문제를 다뤄왔다. 소프트웨어 엔지니어링 분야에서는 데이터 과학자가 차용할 수 있는 여러 유용한 전략을 개발해 왔다. 소프트웨어 엔지니어링을 살펴보는 데서 출발하려면 로버트 C. 마틴이 쓴 책《클린 코드》(인사이트, 2013)의 1장 '깨끗한 코드'나 SOLID(https://oreil.ly/16t90) 문서를 참조해도 된다.

이 책에서는 이 원칙을 좋은 코드의 다섯 가지 특징, 즉 간결성, 모듈성, 가독성, 성능, 안정성으로 구분하기로 했다. 각각의 특징에 대해 자세히 살펴본다.

1.3 간결성

> 간결함이 복잡함보다 낫다.
>
> — **팀 피터스**Tim Peters, **<파이썬의 선**Zen of Python>

데이터 시각화 노트북이나 짧은 데이터 전처리 스크립트 같은 소규모 프로젝트를 수행한다면 한

번에 세부사항까지 전부 챙길 수 있다. 하지만 프로젝트가 커지고 더 복잡해질수록 세부사항을 전부 챙기는 것은 불가능하다. 머신러닝 모델의 학습 단계를 기억할 수는 있어도 입력 데이터 파이프라인이나 모델 배포 절차까지 기억할 수는 없다.

복잡도가 증가하면 요구사항이 변할 때 코드를 고치기 어렵다. 복잡도는 다음과 같이 정의할 수 있다.

> 복잡도는 시스템 구조와 관련된 것으로 시스템을 이해하고 수정하기 어렵게 만든다.
>
> — 존 오스터하우트John Ousterhout, 《A Philosophy of Software Design》

이 정의가 정확하지는 않지만 경험을 통해 시스템이 언제 복잡해지는지 알 수 있다. 이에 대해 생각해볼 수 있는 한 가지 방법은 시스템을 변경하면 예상치 못한 방식으로 관련 없는 부분이 중단된다는 것이다. 예를 들어 자연어 처리natural language processing, NLP 기법을 사용해 고객 리뷰 데이터에 머신러닝 모델을 학습시켜 고객이 구매한 상품을 추출하는 경우를 생각해보자. 이와 별도로 리뷰 데이터를 512자로 자르는 전처리 단계가 있다. 그렇지만 모델을 배포할 때, 추론 코드에 전처리 단계를 추가하는 것을 잊었다. 그러면 갑자기 입력 데이터가 512자보다 크다는 이유로 배포한 모델이 오류를 일으킨다. 이 시스템은 점점 이해하기 어려워지고 복잡해진다.

코드에서 복잡도를 말할 때는 일반적으로 프로젝트의 근본적인 복잡도와 다르게 우연하게 발생한 복잡도를 말한다. 머신러닝 프로젝트는 가장 잘 작동하는 모델과 특성feature을 찾기 위해 다양한 유형의 모델과 다양한 특성의 조합을 시도하기 때문에 복잡해질 수 있다. 분석은 사용하는 데이터에 다양한 상호의존적인 매개변수가 존재하면 복잡해질 수 있다. 이 중 어떤 경우도 더 단순해지기 어렵다. 이러한 유형의 복잡도는 프로젝트의 일부분일 뿐이다. 반면 우연한 복잡도는 어떤 작업을 수행하기 위해 코드에서 어떤 함수를 변경해야 하는지 확신할 수 없는 경우를 말한다.

그렇지만 코드의 복잡도를 감소시키는 데 유용한 방법들이 있다. 모든 부분에서 조금씩 코딩을 단순화시키면 프로젝트 규모가 커질 때 엄청난 이점이 있다. 다음 절에서는 반복을 피하고 코드를 단순하게 유지하는 방법을 살펴본다. 그런 다음 코드를 간결하게 유지하는 방법을 논의해보자. 더불어 1.4절에서 설명하겠지만, 코드를 재사용 가능한 요소로 나눔으로써 코드가 복잡해지는 것을 막을 수 있다.

1.3.1 같은 일을 반복하지 말라(DRY 원칙)

좋은 코드를 작성할 때 가장 중요한 원칙은 정보가 반복되어서는 안 된다는 것이다. 코드에서 모든 지식은 하나의 표현만 가져야 한다. 만일 정보가 여러 곳에서 반복되고, 요구사항이 변경되어 그 정보를 업데이트해야 한다면, 변경사항이 하나씩 생길 때마다 여러 곳을 업데이트해야 한다는 것을 의미한다. 이는 어려운 일이며 코드 복잡도를 높이는 일이다. 게다가 중복은 버그의 발생 가능성을 증가시키며 코드가 길어질수록 읽고 이해하는 데 시간이 더 많이 걸린다.

또한 꽤 비슷하지만 정확히 일치하지 않는 두 개의 코드가 중복되어 있는 것을 보는 일은 여간 신경 쓰이는 일이 아니다. 이 두 코드가 정확히 같은 일을 하는지 아니면 다른 일을 하는지 구분하기 어렵다.

간단한 예로, 3개의 CSV 파일을 열어 팬더스pandas의 데이터프레임DataFrame으로 읽어들여, 몇 가지 처리한 다음 각 데이터프레임을 반환하는 경우를 생각해보자. 이 예에서 데이터는 유엔 지속가능 개발 목표UN Sustainable Development Goals, SDG에서 가져왔다(https://oreil.ly/2Meul). 이 데이터에 대해서는 14페이지의 '이 책에서 사용하는 데이터'에서 더 자세히 설명한다. 코드와 CSV 파일은 이 책의 깃허브(https://oreil.ly/SEforDS)에서 확인할 수 있다.

처음에는 다음처럼 코딩할 수 있다.

```python
import pandas as pd

df = pd.read_csv("../data/sdg_literacy_rate.csv")
df = df.drop(["Series Name", "Series Code", "Country Code"], axis=1)
df = df.set_index("Country Name").transpose()

df2 = pd.read_csv("../data/sdg_electricity_data.csv")
df2 = df2.drop(["Series Name", "Series Code", "Country Code"], axis=1)
df2 = df2.set_index("Country Name").transpose()

df3 = pd.read_csv("../data/sdg_urban_population.csv")
df3 = df3.drop(["Series Name", "Series Code", "Country Code"], axis=1)
df3 = df3.set_index("Country Name").transpose()
```

이 코드는 불필요하게 장황하고 반복적이다. 같은 결과를 내는 더 나은 방식으로는 for 루프 안에 반복되는 코드를 넣는 것이다. 이 코드가 반복적으로 사용될 예정이라면 다음과 같이 코드를 함수에 포함시킬 수 있다.

```
def process_sdg_data(csv_file, columns_to_drop):
    df = pd.read_csv(csv_file)
    df = df.drop(columns_to_drop, axis=1)
    df = df.set_index("Country Name").transpose()
    return df
```

다른 더 미묘한 경우들이 코드 중복을 야기할 수 있다. 몇 가지 예시를 보자.

- 우리가 미처 깨닫기도 전에 여러 프로젝트에서 데이터 처리처럼 매우 유사한 코드를 사용하는 경우가 있을 것이다. 데이터 처리 코드를 분리해 하나의 데이터 타입만 받도록 하기보다 약간씩 다른 데이터를 받을 수 있도록 하면 이러한 중복을 피할 수 있다.

- 유사한 프로젝트를 여러 사람이 수행할 때, 특히 각자 어떤 일을 하고 있는지에 대해 서로 소통하지 않으면 비슷한 코드를 작성할 수 있다. 다른 사람이 사용하기 쉽게 코드를 만들고 문서화를 잘 해둔다면 이러한 유형의 중복을 줄이는 데 도움이 될 것이다.

- 주석과 문서도 일종의 중복이 될 수 있다. 동일한 정보가 코드와 그 코드를 설명하는 문서에 기술될 수 있다. 코드가 하는 일을 정확하게 기술하는 주석을 작성하지 말고, 추가적인 정보를 제공하는 데 사용하는 것이 좋다. 이에 대해서는 9장에서 더 자세히 살펴본다.

DRY$_{don't\ repeat\ yourself}$ 원칙은 좋은 코드를 작성할 때 고려해야 할 매우 중요한 원칙이다. 사소하다 느껴져도 반복을 피하는 일은 코드가 모듈화되고 가독성이 있어야 함을 뜻한다. 이 개념에 대해서는 이 장 후반부에서 다룬다.

1.3.2 장황한 코드를 피하라

때로는 코드 몇 줄을 줄여서 코드를 단순화시킬 수 있다. 이는 버그가 발생할 가능성이 줄어든다는 것이고 다른 사람이 읽고 이해해야 할 코드의 양이 줄어든다는 뜻이다. 그렇지만 코드를 짧게 만들면 그만큼 가독성이 줄어들 수 있다. 코드를 가독성 있게 만드는 방법에 대해 1.5절에서 살펴본다.

코드의 가독성을 훼손하지 않으면서 간결하게 만드는 것을 목표로 해야 한다. 그러기 위해서는 내장 함수를 사용하는 대신 자신만의 함수를 작성하거나, 불필요한 임시 변수를 사용하는 등 코드를 쓸데없이 장황하게 만드는 일을 피해야 한다. 또한 앞 절에서 설명했듯이 반복을 피해야 한다.

다음은 불필요하게 임시 변수를 사용한 예다.

```
i = float(i)
image_vector_append(i/255.0)
```

이 코드는 다음처럼 단순하게 만들 수 있다.

```
image_vector_append(float(i)/255)
```

물론 코드를 몇 줄로 줄이는 데에는 부정적인 면도 있다. 코드 한 줄에서 여러 가지 일이 일어나면 다른 사람들은 어떤 일이 발생하고 있는지 이해하기 어려울 수 있다. 다른 사람이 여러분이 작성한 코드를 가지고 작업하기 더 어렵고 더 많은 버그가 발생할 수 있다는 뜻이다. 확신이 서지 않을 때는 코드가 몇 줄 더 길어지더라도 코드를 가독성 있게 유지하는 것이 좋다.

1.4 모듈성

모듈식 코드를 작성하는 것은 큰 시스템을 작은 컴포넌트로 나누는 기술이다. 모듈식 코드를 작성하면 몇 가지 중요한 이점이 있다. 코드가 읽기 쉬워지고, 문제의 원인이 무엇인지 파악하기 쉬워지며, 향후 프로젝트에서 코드를 재사용하기 쉬워진다. 또한 7장에서 다루겠지만 더 작은 컴포넌트로 나눈 코드는 테스트하기도 쉽다.

그렇다면 대규모 작업은 어떻게 다루면 될까? 작업 전체를 수행하는 하나의 큰 스크립트를 작성하면 되며 소규모 프로젝트의 출발점으로는 괜찮을 수 있다. 그렇지만 프로젝트가 커지면 작은 부분으로 나눌 필요가 있다. 그러기 위해 프로젝트의 미래를 가능한 한 멀리 생각해야 하고, 전체 시스템이 무엇을 수행할지 그리고 시스템을 어디에서 나누는 것이 합리적일지 예상하려고 노력해야 한다.

모듈식 코드를 작성하는 것은 지속적으로 진행되어야 하는 과정으로 그 시점에 최선을 다하더라도 처음부터 완벽할 수 없는 일이다. 프로젝트가 진행되면서 코드를 변경하는 일이 발생할 것을 예상해야 한다. 코드를 개선할 수 있는 기법에 대해 8.4절에서 다룬다.

대규모 데이터 과학 프로젝트의 업무 흐름은 그림 1.1처럼 일련의 단계로 나눌 수 있다. 먼저 데이터를 추출한 다음 탐색하고 정제하고 시각화한다.

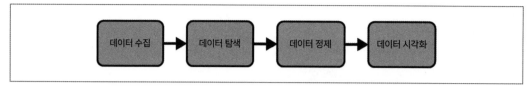

그림 1.1 대규모 데이터 과학 프로젝트를 개별 단계로 나누기

처음에는 일련의 주피터 노트북으로 나눌 수 있다. 각 노트북의 마지막 부분에서 데이터를 파일에 저장하고 다음 노트북에서 그 파일을 다시 적재하면 된다. 프로젝트가 성숙 단계로 접어들면 비슷한 분석을 반복적으로 수행하게 될 것이다. 그런 다음 시스템 구조를 결정할 수 있다. 데이터를 추출한 다음 그 데이터를 데이터 정제 함수로 전달하는 데이터 추출 함수를 만드는 식이다. 여기서는 `pass` 문을 써서 미구현 함수를 생성했다. 이로써 코드가 작성되기 전까지 이 함수를 호출하더라도 오류가 발생하지 않을 것이다.

예를 들어 다음 코드는 데이터를 적재하고 최대 길이로 잘라 정제한 다음, 지정된 시각화 매개변수로 데이터를 시각화하는 시스템의 구조다.

```python
def load_data(csv_file):
    pass

def clean_data(input_data, max_length):
    pass

def plot_data(clean_data, x_axis_limit, line_width):
    pass
```

이 구조를 구성함으로써 시스템을 개별 컴포넌트로 나누고 각 컴포넌트가 무엇을 입력으로 받아야 할지 알게 됐다. 동일한 작업을 파이썬 파일 단위로 수행할 수 있다. 객체지향 프로그래밍이나 함수형 프로그래밍 같은 프로그래밍 패러다임을 사용하면 코드를 함수나 클래스로 나누는 방법을 알아내는 데 도움이 될 것이다(자세한 내용은 4장에서 알아보자). 하지만 시스템을 어떻게 나누든 각 컴포넌트가 가능한 한 독립적이어야 한다. 그래야 하나의 컴포넌트가 변경되더라도 다른 컴포넌트가 영향을 받지 않는다. 모듈식 코드에 대해서는 8장에서 더 자세히 다룬다.

1.5 가독성

코드를 작성하는 시간보다 코드를 읽는 시간이 훨씬 더 많다.

— PEP8

코드를 작성할 때 다른 사람도 그 코드를 사용할 수 있도록 하는 것이 중요하다. 만약 다른 프로젝트나 다른 직장으로 옮기거나, 한동안 프로젝트를 떠났다가 한 달 또는 6개월 아니면 6년 뒤에 돌아와도 여전히 코드를 작성했던 대로 이해할 수 있을까? 아마 중요한 작업을 위해 코드가 작성된 이유가 있을 텐데 말이다. 코드를 읽기 쉽게 만들면 그 코드에 지속성이 부여된다.

코드의 가독성을 높이는 방법에는 프로그래밍 언어의 표준과 규칙convention 준수, 좋은 이름 선택, 사용하지 않는 코드 제거, 코드에 대한 문서 작성이 있다. 이러한 내용은 뒤로 미뤄두고 코드의 기능에 더 집중하려는 유혹에 빠지기 쉽지만 코드를 작성하는 시점에 코드를 가독성 있게 만드는 데 주의를 기울인다면 덜 복잡하고 유지관리가 쉬운 코드를 작성하게 될 것이다. 이 방법에 대해 이번 절에서 소개하고 더 자세한 내용은 6장과 9장에서 다룬다.

1.5.1 표준과 규칙

코딩 표준과 포맷은 이 책에서 다루게 될 주제 중 가장 지루해 보이지만 생각보다 훨씬 중요하다. 두 개의 정수를 더할 때 + 기호 앞뒤로 띄어 쓸 것인가 하는 세세한 부분까지 동일한 코드를 표현하는 방법은 다양하다. 코딩 표준은 파이썬 코드를 작성하는 모든 사람이 일관된 스타일을 유지할 수 있도록 개발됐으며 다른 사람이 작성한 코드라도 익숙하게 느낄 수 있게 만드는 것을 목표로 한다. 이는 직접 작성하지 않은 코드를 읽고 편집하는 데 드는 노력을 줄이는 데 도움이 된다. 이 주제에 대해서는 6장에서 더 자세히 다룬다.

파이썬은 태생적으로 수많은 프로그래밍 언어에 비해 상당히 가독성이 높아서 코딩 표준을 잘 따르면 코드를 읽기 훨씬 쉬워진다. 파이썬의 주요 코딩 표준은 2001년에 제정된 PEP8Python Enhancement Proposal 8(https://oreil.ly/UwHsO)이다. 다음은 PEP8에서 발췌한 예로 코드의 가장 세세한 부분까지 지정된 규칙을 확인할 수 있다. 구글 파이썬 스타일 가이드(https://oreil.ly/Q3eZL)와 같은 스타일 가이드는 추가 지침과 정보로 PEP8을 보완한다.

다음은 PEP8에서 어디까지 상세하게 지정하는지 보여주는 예로, 괄호 안에 띄어쓰기에 대한 올바른 방법과 잘못된 방법을 알려준다.

```
# Correct:
spam(ham[1], {eggs: 2})

# Wrong:
spam( ham[ 1 ], { eggs: 2 } )
```

다행스럽게도 작성한 코드가 코드 표준을 따르는지 자동으로 검사할 수 있는 방법이 많아 + 기호를 따라다니며 앞뒤로 한 칸씩 띄어쓰기 했는지 검사하는 지루한 작업을 직접 하지 않아도 된다. Flake8과 파이린트Pylint 같은 린터[2]는 작성한 코드 중 PEP8을 따르지 않는 부분을 강조하여 표시해준다. 블랙Black 같은 자동 포매팅 도구는 작성한 코드를 코드 표준에 맞춰 자동으로 수정해준다. 이러한 도구를 사용하는 방법은 6장에서 다룬다.

1.5.2 이름

데이터 과학을 위한 코드를 작성할 때, 함수, 변수, 프로젝트, 심지어 전체 도구를 가리키는 이름처럼 이름 정할 일이 많다. 어떤 이름을 선택하는지에 따라 코드가 얼마나 쉽게 작동하는지에 영향을 준다. 설명할 수 없거나 정확하지 않은 이름을 선택하면 그 이름의 진짜 의미를 기억하고 있어야 하기 때문에 코드에 대한 인지부하가 증가하게 된다. 예를 들어 다음 코드처럼 팬더스 라이브러리를 p로 임포트하고 변수를 x와 f로 명명할 수 있다.

```
import pandas as p

x = p.read_csv(f, index_col=0)
```

이 코드는 오류 없이 제대로 작동한다. 그렇지만 다음 예제 코드처럼 변수에 대한 정보를 담아 변수 이름을 정하고 표준 규칙을 따르면 코드가 더 읽기 쉬워진다.

---

2 [옮긴이] 린트(lint) 또는 린터(linter)는 소스 코드를 분석하여 프로그램 오류, 버그, 스타일 오류, 의심스러운 구조체에 표시(flag)를 달아놓기 위한 도구들을 가리킨다. https://ko.wikipedia.org/wiki/린트_(소프트웨어)

```
import pandas as pd

df = pd.read_csv(input_file, index_col=0)
```

좋은 이름을 작성하는 방법은 9장에서 더 자세히 살펴본다.

1.5.3 코드 정리

코드의 가독성을 높이는 또 다른 방법으로는 함수 생성을 마친 뒤에 코드를 정리하는 것이다. 함수를 테스트해서 제대로 작동한다는 확신이 들면, 주석 처리된 코드를 제거하고 간단한 디버깅 형태로 사용했던 불필요한 `print()` 함수 호출을 제거해야 한다. 다른 사람의 코드에서 주석 처리된 부분을 보는 것은 매우 혼란스럽다.

코드가 어수선하면 그 프로젝트에서는 코드 품질이 낮아도 된다는 메시지가 될 수 있다. 즉 다른 기여자들이 좋은 코드를 작성할 동기부여가 되지 않는다는 의미다. 또한 그 어수선한 코드를 프로젝트의 다른 부분에서 복사 및 수정해서 썼을 수도 있다. 이러한 현상을 깨진 유리창 이론broken window theory(https://oreil.ly/3sa7c)이라고 부른다. 프로젝트에서 기준을 높게 설정하면 모든 사람이 좋은 코드를 작성하려고 노력하게 된다.

코드 품질을 향상시키기 위해 코드 리팩터링을 결정할 수 있다. 리팩터링refactoring이란 코드의 전반적인 행위를 변경하지 않고 코드를 바꾼다는 뜻이다. 코드가 더 효율적일 수 있는 방법을 생각했을 수도 있고 팀원이 다른 프로젝트에서 코드 일부분을 사용할 수 있도록 구조화하는 더 나은 방법을 생각했을 수도 있다. 이 과정에서 새로 작성한 코드가 전반적으로 여전히 동일한 행위를 한다는 것을 확인하기 위해 테스트는 필수다. 리팩터링에 대해서는 8.4절에서 다룬다.

1.5.4 문서화

문서화documentation를 하면 다른 사람들이 코드를 읽는 데도 도움이 된다. 코드는 간단한 인라인 주석에서 시작해 전체 기능을 설명하는 독스트링docstring, 깃허브 저장소를 표시하는 README 페이지, 심지어 사용자에게 패키지를 사용하는 방법을 알려주는 튜토리얼까지 다양한 수준으로 문서화할 수 있다. 이러한 문서는 미래에 코드를 작성한 자신에게(매우 중요한 청중이다!) 코드를 설명해줄 수도 있다. 작성한 코드를 다른 사람이 사용하기 원한다면 문서화를 잘해서 그들이 쉽게 사용할 수 있도록 해야 한다.

훌륭한 문서를 작성하는 것도 중요하지만 문서를 유지하고 최신 상태를 유지하는 것도 필요하다. 문서가 구버전의 코드를 가리키느니 차라리 문서가 없는 것이 낫다. 구버전의 문서는 혼란을 야기하고 해결하기까지 추가 시간이 소요된다. 9장에서 모든 형태의 문서를 훨씬 자세하게 설명할 것이다.

1.6 성능

좋은 코드는 성능이 우수performant해야 한다. 성능은 코드 실행 시간과 메모리 사용량으로 측정된다. 코드를 어떻게 작성할지 결정할 때 어떤 데이터 구조와 알고리즘이 더 효율적일지 아는 것이 유용하다. 코드 실행 속도를 현저히 떨어뜨릴 일을 하고 있다는 것을 인지한다는 것은, 특히 즉시 사용할 수 있는 대안이 있다면 이는 정말 좋은 일이다. 또한 코드의 어떤 부분에서 시간이 오래 걸리는지도 알아두어야 한다.

성능은 사용자가 특정 행동을 취할 때마다 호출될 운영 코드를 작성할 때 특히 중요하다. 사용자 층이 확대되거나 프로젝트가 성공하면 코드는 매일 수백만 회 호출될 수 있다. 이 경우 코드를 조금만 개선해도 사용자는 많은 시간을 절약할 수 있다. 대규모 애플리케이션에서 당신이 작성한 코드가 성능을 저하시키는 지점이 되기를 바라진 않을 것이다. 2장에서는 코드 성능을 측정하는 방법에 대해 설명하고 3장에서는 코드 성능을 최적화하기 위해 가장 적합한 데이터 구조를 선택하는 방법에 대해 알아본다.

1.7 안정성

좋은 코드는 안정적robust이어야 한다. 즉, 재현 가능해야 한다는 뜻이다. 코드를 처음부터 끝까지 실패 없이 실행할 수 있어야 한다. 또한 시스템 입력이 예상하지 못한 방식으로 변경되더라도 코드에서 매끄럽게 응답할 수 있어야 한다. 대규모 시스템의 실패를 초래할 수 있는 예기치 못한 오류를 발생시키는 대신 변경사항에 반응하도록 설계되어야 한다. 오류를 적절하게 처리하고 발생한 일을 로깅하고 좋은 테스트를 작성하면 코드를 훨씬 더 안정적으로 만들 수 있다.

1.7.1 오류와 로깅

안정적인 코드는 잘못된 입력을 받았을 때 예기치 않게 작동해서는 안 된다. 예상치 못한 입력에 코드를 중단시킬지, 오류를 처리하고 이에 대해 조치를 취할지 선택해야 한다. 예를 들어 CSV 파일에 예상한 데이터 행의 절반이 누락된 경우 코드에서 오류를 반환할 것인지 아니면 계속해서 데이터의 절반만 가지고 평가할 것인지 선택해야 한다. 어떤 것이 예상과 다르다는 것을 경고하거나, 오류를 처리하거나, 조용히 실패하는 것 중 하나를 명시적으로 선택해야 한다. 오류에 대해서는 5장에서 더 자세히 살펴본다.

오류를 처리했지만 앞으로 그러한 오류가 발생하기 원하지 않는다면 아무런 알림 메시지 없이 실패하지 않게 오류가 발생했음을 기록하는 것이 여전히 중요할 수 있다. 이것은 로깅의 하나의 사례로 다른 로깅의 용례에 대해서는 5장에서 알아보도록 하자.

1.7.2 테스트

테스트는 안정적인 코드를 작성하는 핵심이다. 소프트웨어 엔지니어링에서는 소프트웨어를 사용하는 사람이 제대로 작동하는지 확인하는 사용자 테스트와 자동화된 테스트를 주로 사용한다. 자동화된 테스트의 일반적인 방법은 예제 입력을 코드에 전송하고 기대한 결과가 나오는지 확인하는 것이다. 이 책에서는 자동화된 테스트만 다룬다.

지금 시스템에서 코드가 완벽하게 실행되더라도 다른 사람의 시스템이나 심지어 미래에 사용하는 시스템에서도 작동한다는 것을 뜻하지 않기 때문에 테스트가 필요하다. 데이터는 바뀌고, 라이브러리는 업데이트되며 다른 시스템에서 서로 다른 파이썬 버전이 돌아간다. 만약 누군가가 자신의 시스템에서 여러분의 코드를 사용하고자 한다면 그 코드가 작동하는지 확인하기 위해 여러분이 작성한 테스트를 실행할 수 있다.

테스트에는 몇 가지 유형이 있다. 단위 테스트는 단위 기능을 테스트하고, 엔드투엔드end-to-end 테스트는 전체 프로젝트를 테스트하고, 통합 테스트는 전체 프로젝트보다 작지만 많은 함수를 포함한 코드 블록을 테스트한다. 테스트 전략과 라이브러리에 대해서는 7장에서 자세히 살펴본다. 테스트하지 않은 대규모 코드베이스가 있다면 문제가 발생했을 때 같은 일이 다시 발생하지 않도록 테스트를 작성하는 데에서 시작하는 것이 좋다.

1.8 요약

좋은 코드를 사용하면 여러모로 도움이 된다. 다른 사람이 여러분의 코드를 사용하기 더 쉬워지고, 마지막으로 작업하고 6개월이 지난 뒤 다시 작업에 복귀했을 때 무엇을 하고 있었는지 이해하는 데 도움이 될 수 있다. 이는 코드를 확장하고 더 큰 시스템에 인터페이스하는 데 도움이 된다. 또한 좋은 코드는 원래 프로젝트 계획에 없었던 기능을 코드에 추가해야 하는 경우에도 일을 훨씬 쉽게 만들어준다.

좋은 코드를 작성하는 원칙에 대해 더 알고 싶으면 다음 책들을 읽어보면 좋다.

• 《실용주의 프로그래머(20주년 기념판)》(인사이트, 2022)
• 《A Philosophy of Software Design》(Yaknyam Press, 2021)

좋은 코드를 작성하는 방법에 대해 생각해볼 수 있는 몇 가지 방법을 요약하면 다음과 같다.

간결성
코드를 작성할 때 반복, 불필요한 복잡도, 불필요한 코드를 피해야 한다.

모듈성
코드를 입력과 출력이 잘 정의되어 있는 논리적인 함수로 나눠야 한다.

가독성

코드 포맷은 PEP8 표준을 따르고 이름은 신중히 정하고 문서화를 잘 해두어야 한다.

성능

코드를 실행하는 데 불필요하게 오랜 시간이 걸리거나 가용 자원보다 더 많은 자원을 소모해서는 안 된다.

안정성

코드는 재현 가능해야 하고 유용한 에러 메시지를 낼 수 있어야 하며 예기치 못한 입력을 실패 없이 처리할 수 있어야 한다.

다음 장에서는 좋은 코드의 특징 중 하나인 성능에 대해 더 자세히 알아본다.

2

코드 성능 분석

1장에서는 좋은 코드를 작성하는 데 필요한 몇 가지 측면에 대해 알아보았는데, 이번 장에서는 그 중 하나인 성능에 대해 심도 있게 알아보자. 만약 대규모 시스템의 일부를 구성하는 코드를 작성한다면 그 코드는 성능이 좋아야 한다. 이 코드는 제때 결과를 반환해야 하고 가용한 컴퓨팅 자원을 초과해서는 안 된다.

하지만 가장 중요한 것은 코드가 제대로 작동해야 한다는 것이다. 이번 장과 다음 장에서 다룰 기법을 적용하기 전에, 코드가 문제에 대한 예상 결과를 반환하는지 확인해야 한다. 코드가 제대로 실행된 다음 최적화나 성능 개선을 해야 한다.

둘째로 성능 개선이 필요한지 확인해야 한다. 작성한 코드와 연계된 큰 시스템이 기대하는 바를 알아야 한다. 코드가 특정 시간 내에 결과를 반환해야 하는가? 사용자가 코드 결과에 따라 조치를 취하기 위해 기다리고 있는가? 그렇다면 코드가 빨리 작동할수록 사용자 경험이 좋아진다.

예를 들어 머신러닝 모델이 예측 결과를 사용자에게 보여주기 위해 100ms 내에 예측을 반환해야 할 수 있다. 이미 코드가 주어진 시간 내에 결과를 반환하고 있다면 코드 성능을 최적화하느라 시간 낭비하지 않아도 될 것이다.

그렇지만 이번 장에서 다루는 원칙들을 알아두기를 바란다. 나중에라도 코드를 최적화할 수 있도록 언제 비효율적인 코드를 작성하는지(예를 들어, 급하게 무언가를 만들어내야 할 때) 알아두는 것이 유용하다. 3장에서는 코드에 가장 효율적인 데이터 구조를 선택하는 방법을 다룬다.

데이터 과학자로서 무엇을 측정하는지가 중요하다는 생각은 익숙할 것이다. 코드 성능을 개선하는 첫 단계는 코드의 어느 부분에서 속도가 가장 저하되는지 또는 가장 많은 메모리를 사용하는지를 알아내는 것이다. 이 데이터를 수집했다면 속도가 느리거나 메모리를 가장 많이 사용하는 부분을 고칠 수 있는지 여부를 알게 될 것이다. 속도 저하는 코드의 비효율성에서 비롯될 수도 있고, 이미 최대한으로 효율적인 상태일 수도 있지만 둘 중 어느 경우에 해당하는지 알려면 데이터가 필요하다. 코드 성능을 측정하는 방법에 대해 2.2절과 2.3절에서 알아본다.

섣부른 최적화

> 섣부른 최적화는 프로그래밍에서 만악의(적어도 대부분은) 근원이다.
>
> — 도널드 커누스, 《The Art of Computer Programming》

도널드 커누스의 이 말은 소프트웨어 엔지니어링 분야에서 자주 회자되는 명언이다. 데이터 과학 분야에 다른 많은 것들이 해로운 것으로 설명될 수 있지만 이 조언은 여전히 유효하다. 이 문장은 코드 수행 시간이나 메모리 사용량을 알거나 어느 부분이 병목 지점인지 알아내기 전에 코드를 최적화하지 말라는 충고로 볼 수 있다.

2.1 성능 개선 기법

여기에서 성능이 좋다는 것은 코드의 컴퓨터 자원 사용량을 최소화하는 것으로 정의한다. 컴퓨터 아키텍처는 그 자체만으로도 방대한 주제이므로 여기서는 자세히 다루지 않겠다. 그렇지만 서로 다르게 작성된 코드가 작업을 완료하기 위해 걸리는 시간이나 필요한 컴퓨터 메모리양에 미치는 영향을 측정할 수 있다. 따라서 성능이 좋은 코드는 더 빠르거나 더 작은 메모리를 사용하는 코드를 뜻하지만 종종 코드가 빨라지면 더 많은 메모리를 사용하는 상충 관계에 놓이기도 한다.

코드 성능을 개선하기 위한 기법 중 무엇을 선택할지는 기타 여러 요인 중 사용하는 프로그래밍 언어에 따라 달라진다. 파이썬에서 주로 사용할 수 있는 기법은 다음과 같다.

알고리즘 선택
작성한 코드에서 어떤 선택을 하느냐에 따라 코드 성능에 큰 차이를 만들 수 있다. 예를 들어 리스트를 한 번만 반복해야 할 때 두 번 반복하지 않도록 가능하면 중첩 루프를 피하라.

데이터 구조 선택

수행해야 할 작업이 무엇인지에 따라 데이터 구조마다 서로 다른 장단점을 갖는다. 예를 들어 딕셔너리에서 값을 찾는 것이 리스트에서 찾는 것보다 훨씬 빠르다. 이에 대해서는 3장에서 자세히 다룬다.

내장 함수 사용

문제를 해결하기 위한 내장 함수가 있다면 직접 작성한 함수보다 그 함수를 사용하는 것이 대체로 더 효율적이다. 내장 함수 중 다수는 C로 구현되어 있으며 이는 일반적으로 동일한 함수를 파이썬으로 다시 구현한 것보다 더 빠르다.

파이썬 컴파일

Cython(https://cython.org), Numba(https://numba.pydata.org), PyPy(https://www.pypy.org) 같은 도구를 사용해 파이썬을 저수준 프로그래밍 언어low-level programming language[1]로 컴파일함으로써 코드 실행 속도를 높일 수 있다. 어떤 도구를 선택할지는 경우에 따라 다르다. Numba는 파이썬의 일부를 포함한다. Cython은 파이썬을 모두 포함하면서 C로 구현된 추가 옵션을 제공한다. PyPy는 즉시 컴파일just-in-time, JIT을 사용하여 파이썬을 다시 구현한 것이다.

비동기식 코드

코드에서 하나의 작업 결과를 기다리는 동안 다른 작업을 완료시킴으로써 실행 속도를 높일 수 있다. 속도가 느린 네트워크를 통해 API가 응답을 반환하는 것을 기다리는 경우를 예로 들 수 있다.

병렬 컴퓨팅과 분산 컴퓨팅

병렬 컴퓨팅은 코드를 한 대의 컴퓨터에서 두 개 이상의 프로세서에서 실행시키는 것을 뜻한다. 멀티프로세싱 모듈을 사용해 여러 CPU에서 동시에 코드를 실행시킬 수 있다. 분산 컴퓨팅은 코드를 여러 대의 컴퓨터에서 동시에 실행시키는 것을 의미한다.

이 책에서는 수많은 새로운 도구와 기법을 배우지 않고도 일상적으로 작성하는 코드를 개선하기 위해 할 수 있는 방법을 중점적으로 다룬다. 따라서 위에서 언급한 기법들에서 사용할 수 있는 모든 옵션들을 다루지 않는다. 이번 장에서는 성능을 측정하는 방법과 알고리즘을 선택하는 방법에 집중해보자. 여러분이 작성한 코드의 성능을 측정하는 방법을 알면 성능 개선을 위해 언제 내장

---

1   옮긴이 컴퓨터가 이해하기 쉽게 작성된 프로그래밍 언어로, 일반적으로 기계어와 어셈블리어를 일컫는다. 실행 속도가 매우 빠르지만 배우기가 어려우며 유지보수가 힘든 것이 단점이다. https://ko.wikipedia.org/wiki/저급_프로그래밍_언어

함수를 사용해야 할지 알게 될 것이다. 또한 3장에서는 용례에 따라 최적의 데이터 구조를 선택하는 방법을 알아본다. 3.2.3절에서 병렬 컴퓨팅과 분산 컴퓨팅에 대해 간단히 다룰 것이다.

코드 성능에 대해 더 깊이 공부하고 싶다면 다음 단계로 미샤 고렐릭과 이안 오스발트가 쓴 《고성능 파이썬》(한빛미디어, 2021)을 읽어보기를 추천한다. 이 책은 파이썬의 다양한 컴파일러에 대해 매우 자세히 다룬다. 비동기식 코드에 대해서는 FastAPI 문서(https://oreil.ly/JtZED)에서 확인할 수 있다.

2.2 코드 시간 측정

코드에서 어느 부분이 느린지 알아내는 가장 간단한 방법은 함수 또는 코드 한 줄을 실행하는 데 걸리는 시간을 측정하고 수정한 다음 다시 측정하는 것이다. 한 번에 하나만 수정하는 것이 좋은데 그렇지 않으면 어디에서 속도가 향상 또는 저하됐는지 알 수 없기 때문이다.

 이번 장에서는 단순한 통계 함수를 예제로 사용한다. 다만 이 코드를 사용하거나 함수를 직접 구현해보는 것은 권장하지 않는다(여기에서 사용되는 함수는 통계 패키지나 넘파이에서 이미 제공되는 것들이다). 요점을 설명하기 위해 사용했을 뿐이다.

다음 예제는 숫자 리스트에서 최빈값을 계산하기 위한 간단한 코드를 보여준다. 이 코드를 예제로 활용해 코드 실행 시간을 어떻게 측정할 수 있는지 알아보자.

```python
def slow_way_to_calculate_mode(list_of_numbers):
    result_dict = {}
    for i in list_of_numbers:
        if i not in result_dict:
            result_dict[i] = 1
        else:
            result_dict[i] += 1

    mode_vals = []
    max_frequency = max(result_dict.values())
    for key, value in result_dict.items():
        if value == max_frequency:
            mode_vals.append(key)

    return mode_vals
```

다음으로 이 함수의 입력으로 1,000,000개의 랜덤 정수 리스트를 생성하자.

```
import numpy as np

random_integers = np.random.randint(1, 1_000_000, 1_000_000)
```

이 함수를 실행하는 데 얼마나 많은 시간이 걸리는지 측정하는 가장 단순한 방법은 `time` 모듈을 사용하는 것이다. 함수 실행 전후로 컴퓨터 시계 기준의 시간을 기록한 다음 그 차이를 출력할 수 있다.

```
import time

start = time.time()
slow_way_to_calculate_mode(random_integers)
end = time.time()

print(end - start)
```

그렇지만 함수 실행 시간은 실행할 때마다 달라질 수 있으므로 안정적인 결과를 얻으려면 여러 차례 시간을 측정하는 것이 좋다. 이때 `timeit` 모듈을 사용할 수 있다. 주피터 노트북으로 작업한다면 `%%timeit`이라는 셀 매직 명령어를 사용하면 깔끔하다.

```
>>> %%timeit
>>> slow_way_to_calculate_mode(random_integers)

... 267 ms ± 23.4 ms per loop (mean ± std. dev. of 7 runs, 10 loops each)
```

이 경우 `timeit`은 코드를 10회 루프를 돌리고 이 10회를 한 세트로 하여 7세트를 실행한 결과에 대한 통계를 요약하여 반환했다. `timeit`은 기본적으로 2초 동안 수행할 수 있는 실행 횟수와 반복 횟수를 설정하지만 -r 플래그를 사용해 실행 횟수를, -n 플래그를 사용해 루프 수를 설정할 수 있다.

독립적으로 실행되는 스크립트를 사용한다면 이 예제에서 보여주는 대로 `timeit`을 사용하면 된다.

```
import numpy as np
import timeit
```

```
random_integers = np.random.randint(1, 100_000, 1000)

def slow_way_to_calculate_mode(list_of_numbers):
    result_dict = {}
    for i in list_of_numbers:
        if i not in result_dict:
            result_dict[i] = 1
        else:
            result_dict[i] += 1

    mode_vals = []
    max_frequency = max(result_dict.values())
    for key, value in result_dict.items():
        if value == max_frequency:
            mode_vals.append(key)

    return mode_vals

mode_timer = timeit.Timer(stmt="slow_way_to_calculate_mode(random_integers)",
                          setup="from __main__ import"\
                          "slow_way_to_calculate_mode,random_integers")

time_taken = mode_timer.timeit(number=10)

print(f"Execution time: {time_taken} seconds")
```

그렇지만 이 코드가 좋은 코드일까? 267ms면 빠른 걸까, 느린 걸까? 실제 실행 속도에 대한 요구
사항이 없는 예제이므로 최빈값을 계산하는 다른 방식과 비교해 성능이 개선됐는지 알아본다. 다
음은 동일한 계산을 수행하는 다른 방법을 보여준다.

```
from collections import Counter

def mode_using_counter(list_of_numbers):
    c = Counter(list_of_numbers)
    return c.most_common(1)[0][0]
```

다시 timeit을 사용해 이 코드 실행 시간을 측정해보자.

```
>>> %%timeit
>>> mode_using_counter(random_integers)
```

```
... 23.2 ms ± 737 µs per loop (mean ± std. dev. of 7 runs, 10 loops each)
```

이번 코드가 실행하는 데 훨씬 적은 시간이 든다. 이전 코드가 평균적으로 약 267ms가 걸리는 대신, 이번 코드는 약 23ms면 실행된다. 표준편차 역시 훨씬 작아 코드를 실행하는 데 최대 얼마의 시간이 걸리는지를 보장하는 데 도움이 된다.

이 예제를 통해 두 가지를 알 수 있다. 첫째, 정확히 똑같은 기능을 수행하는 코드가 여러 개 있을 수 있지만 한 버전이 다른 버전보다 훨씬 빠를 수 있다는 점이다. 두 번째로는 내장 함수(이 경우 collections 모듈의 Counter)를 사용하는 것이 직접 작성한 함수보다 대체로 훨씬 빠르다는 점이다. Collections와 itertools 모듈 둘 다 일반적인 함수의 속도를 높이는 데 도움이 될 만한 내장 함수를 많이 보유하고 있다.

2.3 코드 프로파일링

%%timeit을 사용해 코드 실행 시간을 측정하는 것은 코드 한 줄을 측정할 때는 훌륭한 방법이겠지만 그보다 긴 함수나 스크립트 전체를 측정할 때는 코드 한 줄 한 줄을 노트북 셀로 나누고 각각의 실행 시간을 측정하는 것은 번거로운 일이다. 이때 프로파일러를 사용하면 된다. 프로파일러는 함수에서 어느 부분에서 가장 시간이 많이 걸리는지 알려주고 코드의 병목이 발생하는 지점을 찾아내기 쉽게 더 자세한 정보를 제공할 수 있다. 이번 절에서는 코드의 메모리 사용량을 프로파일링할 수 있는 방법을 자세히 다룬다.

2.3.1 cProfile

cProfile은 파이썬의 내장 프로파일러로 이를 사용하여 긴 스크립트에서 병목이 발생하는 위치에 대한 기본적인 개요를 알 수 있다. 다음 예제에서는 프로파일러에서 더 많은 내용을 볼 수 있도록 앞 절에서 살펴본 최빈값을 구하는 함수 내부에 랜덤 숫자 생성 함수를 포함시킨다.

```
import numpy as np
from collections import Counter

def mode_using_counter(n_integers):
    random_integers = np.random.randint(1, 100_000, n_integers)
    c = Counter(random_integers)
```

```
return c.most_common(1)[0][0]
```

다음 명령어를 사용해 프로파일러를 실행시킨다.

```
%%prun
mode_using_counter(10_000_000)
```

그러면 다음과 같은 결과를 얻게 될 것이다.

```
        25 function calls in 2.585 seconds

  Ordered by: internal time

  ncalls  tottime  percall  cumtime  percall filename:lineno(function)
       1    2.467    2.467    2.467    2.467 {built-in method
                                             _collections._count_elements}
       1    0.104    0.104    0.104    0.104 {method 'randint' of
                                             'numpy.random.mtrand.RandomState'
                                             objects}
       1    0.007    0.007    2.584    2.584 <string>:1(<module>)
       1    0.006    0.006    0.006    0.006 {built-in method builtins.max}
       1    0.000    0.000    2.467    2.467 __init__.py:649(update)
       1    0.000    0.000    2.585    2.585 {built-in method builtins.exec}
       1    0.000    0.000    0.000    0.000 {method 'reduce' of
                                             'numpy.ufunc' objects}
       1    0.000    0.000    2.577    2.577 3744758285.py:
                                             (mode_using_counter)
       1    0.000    0.000    2.467    2.467 __init__.py:581(__init__)
       1    0.000    0.000    0.000    0.000 fromnumeric.py:69(_wrapreduction)
       1    0.000    0.000    0.006    0.006 heapq.py:521(nlargest)
       1    0.000    0.000    0.006    0.006 __init__.py:600(most_common)
       1    0.000    0.000    0.000    0.000 <__array_function__ internals>:177
                                             (prod)
       1    0.000    0.000    0.000    0.000 {built-in method
                                             _abc._abc_instancecheck}
       1    0.000    0.000    0.000    0.000 fromnumeric.py:2927(prod)
       1    0.000    0.000    0.000    0.000 abc.py:117(__instancecheck__)
       1    0.000    0.000    0.000    0.000 {built-in method
                                             builtins.isinstance}
       1    0.000    0.000    0.000    0.000 {built-in method numpy.core.
                                             _multiarray_umath.
                                             implement_array_function}
       1    0.000    0.000    0.000    0.000 {built-in method builtins.getattr}
       1    0.000    0.000    0.000    0.000 fromnumeric.py:70(<dictcomp>)
```

```
2    0.000    0.000    0.000    0.000 {method 'items' of 'dict' objects}
1    0.000    0.000    0.000    0.000 {built-in method builtins.iter}
1    0.000    0.000    0.000    0.000 {method 'disable' of
                                            '_lsprof.Profiler' objects}
1    0.000    0.000    0.000    0.000 fromnumeric.py:2922
                                            (_prod_dispatcher)
```

이 결과에서 tottime 컬럼이 이 코드를 실행할 때 컴퓨터가 Counter 함수인 built-in method _
collections._count_elements 함수에서 대부분의 시간을 쓴다는 사실을 보여준다. 그다음으로
시간이 많이 소요되는 부분은 랜덤 숫자 리스트를 생성하는 단계에 해당하는 'numpy.random.
mtrand.RandomState' objects의 randint 메서드다. 나머지 단계들이 쓰는 시간은 매우 적다.
cProfile을 사용하면 이러한 각 함수 호출이 코드의 어느 행에 해당하는지 매핑해줘야 한다는
불편함이 있다.

cProfile의 결과를 시각화하기 위해 SnakeViz 패키지를 사용할 수도 있다.

다음 명령어를 사용해 SnakeViz를 설치하면 된다.

```
$ pip install snakeviz
```

그런 다음, 주피터 노트북에서 작업하고 있다면 SnakeViz 확장 기능을 사용하면 된다. 다음 명령
어로 확장 기능을 로드할 수 있다.

```
>>> %load_ext snakeviz
```

이어서 SnakeViz를 실행하면 된다.

```
>>> %%snakeviz
>>> mode_using_counter(10_000_000)
```

결과는 그림 2.1과 같다.

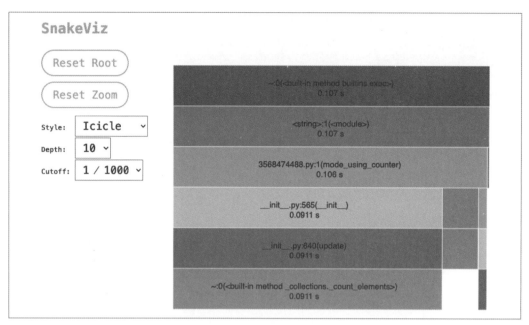

그림 2.1 SnakeViz를 사용해 cProfile 결과를 시각화하기

cProfile의 기본 출력보다 해석하기 훨씬 쉬울 것이다.

2.3.2 line_profiler

cProfile은 컴퓨터가 시간을 어떻게 쓰는지 세부 분석을 제공하며 파이썬 내부 동작의 상세를 포함한다. 그렇지만 그 결과는 특히 읽기 쉽지 않고 코드에서 호출한 파이썬 내장 메서드를 깊게 파고들어야 할 수 있다. line_profiler(https://oreil.ly/KcGKg) 패키지는 코드를 보다 읽기 쉽게 분석해준다.

line_profiler는 기본 설치되어 있지 않으며 다음 명령어를 사용해 설치할 수 있다.

```
$ pip install line_profiler
```

다음으로 주피터 노트북에서 별도의 확장 기능으로 이 기능을 로드해야 한다.

```
>>> %load_ext line_profiler
```

-f 플래그를 사용해 line_profiler에 어떤 함수를 살펴봐야 하는지 명시적으로 알려줘야 한다.

다음 명령어를 사용하면 함수를 실행할 수 있다.

```
>>> %lprun -f mode_using_counter mode_using_counter(10_000_000)
```

다음은 mode_using_counter 함수의 결과다.

```
Timer unit: 1e-09 s

Total time: 2.60904 s
File: .../3744758285.py
Function: mode_using_counter at line 1

Line # Hits          Time        Per Hit   % Time  Line Contents
================================================================
    1                                              def mode_using_counter
                                                        (n_integers):
    2     1   124198000.0   124198000.0      4.8   some_list = np.random.randint
                                                        (1, 100000, n_integers)
    3     1  2479064000.0  2479064000.0     95.0   c = Counter(some_list)
    4     1     5780000.0     5780000.0      0.2   return c.most_common(1)[0][0]
```

이 결과는 cProfile의 결과보다 훨씬 읽기 쉽다. 이 함수에서 약 5% 정도의 시간은 랜덤 숫자 리스트를 생성하는 데 소요되고 95%의 시간은 Counter 내장 함수를 사용해 리스트를 세는 데 소요된다. 이는 이 함수의 성능을 개선하려면 Counter가 포함된 줄에 초점을 맞춰야 한다는 사실을 알려준다. 가장 많은 시간이 걸리는 줄을 식별할 수 있는 능력은 긴 함수와 스크립트에서 특히 중요하다.

또한 프로파일링하려는 함수를 식별하기 위해 데코레이터를 사용하는 스크립트로 line_profiler를 사용할 수 있으며 그 방법에 대해서는 line_profiler 문서(https://oreil.ly/xwGkQ)에서 자세히 확인할 수 있다.

2.3.3 Memray를 활용한 메모리 프로파일링

코드 실행 시간과 함께 메모리 사용량도 프로파일링할 수 있다. 메모리 사용량은 코드의 요구사항에 따라 최적화가 필요할 수도 있다. 데이터 크기가 증가함에 따라 이를 고려하는 것이 중요하다. 사용하는 하드웨어의 상한에 도달할 수 있기 때문이다. 게다가 CPU는 메모리를 관리하기 위해 더 많은 일을 해야 한다. CPU가 코드를 실행하는 대신 메모리를 관리하느라 너무 많은 시간을 소비

한다면 코드 실행 시간이 늘어날 수 있다.

Memray(https://oreil.ly/n-HqF)는 코드의 메모리 사용량에 대해 다양한 리포트를 제공할 수 있는, 블룸버그에서 개발한 메모리 프로파일링 도구다. 다음 명령어를 사용해 Memray를 설치할 수 있다.

```
$ pip install memray
```

mode_using_counter 함수를 포함하고 있는 독립형 파이썬 스크립트로 Memray를 사용하는 방법을 살펴보자. 다음은 전체 스크립트다.

```
import numpy as np
from collections import Counter

def mode_using_counter(n_integers):
    random_integers = np.random.randint(1, 100_000, n_integers)
    c = Counter(random_integers)
    return c.most_common(1)[0][0]

if __name__ == '__main__':
    print(mode_using_counter(10_000_000))
```

작성한 스크립트의 메모리 사용량에 대한 데이터를 수집하기 위해 다음 명령어를 사용해 Memray를 실행한다.

```
$ memray run mode_using_counter.py
```

그 결과는 다음과 같다.

```
Writing profile results into memray-mode_using_counter.py.17881.bin
26008
[memray] Successfully generated profile results.

You can now generate reports from the stored allocation records.
```

Memray는 이 결과를 가지고 이진 파일(.bin)을 생성했다. 이제 이 이진 파일로부터 다양한 리포트를 생성하기 위해 다른 명령어를 실행시킬 수 있다. flamegraph 명령어가 가장 유용하다.

```
$ memray flamegraph memray-mode_using_counter.py.17881.bin
```

여기에서 `memray-mode_using_counter.py.17881.bin`을 Memray로 생성한 파일명으로 교체해야 한다. 이 명령어는 HTML 파일을 생성하는데 이 파일을 열면 그림 2.2와 같은 것을 볼 수 있다.

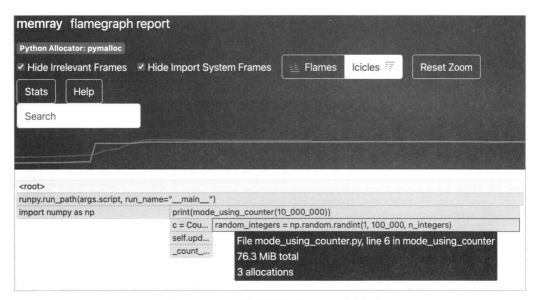

그림 2.2 Memray에서 작성한 Flamegraph 리포트

코드 각 줄의 메모리 사용량을 확인할 수 있다. 이 예제에서는 `random_integers = np.random.randint(1, 100_000, n_integers)` 행에서 메모리 사용량이 76.3MB로 가장 크다. 여기에서는 간단한 예제를 살펴봤지만, 이 도구는 긴 스크립트에서 메모리 사용량이 가장 높은 줄을 추적하기에 상당히 유용하다. 이로써 작성한 스크립트의 메모리 사용량을 최적화해야 할 때 어디에 노력을 기울여야 할지 알 수 있다.

또한 주피터 노트북에서는 `memray` 확장 기능을 이용해 Memray를 사용할 수도 있는데 자세한 내용은 Memray 문서(https://oreil.ly/i-E-J)에서 확인할 수 있다.

어떤 방법을 사용해 코드 성능을 측정하든 2.1절에서 설명한 기법들을 사용해 코드를 최적화하기 전에 코드 성능을 측정하는 것이 중요하다. 이렇게 하면 병목이 어디에서 발생하는지 알게 되고 정확한 곳에 노력을 집중할 수 있게 된다.

2.4 시간 복잡도

앞 절에서 코드의 병목 지점을 찾는 방법을 소개했다. 현재 보유한 데이터양에서 얼마큼의 성능을 내는지 알 수 있지만 앞으로 데이터양이 증가할 것으로 예상될 경우에는 어떻게 될까? 혹은 코드 일부가 실행되는 데 시간이 너무 오래 걸려 측정하기 여의치 않다면 어떻게 될까? 여기에서 시간 복잡도 개념이 도움을 줄 수 있다.

시간 복잡도는 입력 데이터 크기가 커짐에 따라 알고리즘의 실행 시간이 얼마나 증가할지 나타낸다. 이는 전반적인 추이를 뜻하는 것으로, 특정 하드웨어에 한정된 것이 아니다. 더 구체적으로 이 질문에 대해 생각해보자. 만약 숫자 리스트에 코드를 실행한다면, 이 리스트의 길이가 두 배가 된다면 코드 실행 시간은 어떻게 될까? 실행 시간이 똑같을까, 두 배로 늘어날까, 아니면 다른 결과가 나올까?

2.4.1 시간 복잡도 추정 방법

다음은 그 예제다. 이 함수는 숫자 리스트와 그 숫자에 적용할 가중치 리스트를 입력으로 받아 가중평균을 계산한다.

```python
def weighted_mean(list_of_numbers, weights):
    running_total = 0
    for i in range(len(list_of_numbers)):
        running_total += (list_of_numbers[i] * weights[i])
    return (running_total/sum(weights))
```

num_list 길이가 두 배가 되면, for 루프에서 반복 횟수 또한 두 배로 늘어난다. 이 함수의 다른 행(누적 합계 running_total을 초기화하고 이를 리스트 길이로 나누는 작업)은 실행 시간을 늘리지 않는다. 이를 함수의 단계 수에 따른 코드 실행 시간에 대한 방정식으로 생각할 수 있다. 각 단계는 코드에서 수행되는 연산이다. 누적 합계를 초기화하는 것이 첫 번째 단계이고, 누적 합계에 값을 더하는 각 단계가 또 다른 단계이고, 결과를 반환하는 것이 또 하나의 단계다. 방정식은 다음과 같다.

Number_of_steps = n + 2, 여기에서 n은 입력 리스트 길이다.

따라서 n의 크기가 커지면 단계 수가 선형적으로 증가하지만 두 단계는 상수로 남는다.

다음 함수는 두 개의 리스트를 입력으로 받고 공분산(두 랜덤 변수 간의 상관관계의 강도를 측정하는

지표)을 계산한다. 다시 말하지만 이 함수가 공분산을 계산하는 최선의 방법은 아니며, 단지 논점을 설명하기 위한 목적으로 작성된 것이다.

```python
def covariance(X, Y):
    cov_sum = 0
    for i in range(len(X)):
        for j in range(len(Y)):
            cov_sum += 0.5 * (X[i] - X[j]) * (Y[i] - Y[j])
    return cov_sum / (len(X) ** 2)
```

이 함수에는 두 개의 중첩된 for 루프가 있기 때문에 X와 Y의 크기가 2배가 되면 결과를 계산하는 단계는 4배로 증가한다. 이 함수에서 X와 Y는 같은 길이여야 한다. 코드 실행 시간은 데이터셋 크기가 증가하면 그 제곱에 비례하여 증가한다.

여기에서 코드를 개선할 수 있는 방법을 알 수 있다. 이와 동일한 계산을 수행하면서 더 빠른 방법이 있다면 어떨까? 다음 함수도 공분산을 계산하지만 하나의 for 루프만 사용한다.

```python
def covariance_fast(X, Y):
    avg_X = sum(X) / len(X)
    avg_Y = sum(Y) / len(Y)

    result = 0
    for i in range(len(X)):
        result += (X[i] - avg_X) * (Y[i] - avg_Y)

    return result / len(X)
```

덧붙이자면 2.2절과 2.3절에서 소개했던 시간 측정 방법과 프로파일링 방법에서도 중첩된 for 루프가 함수에서 가장 많은 시간을 소요하는 부분이었다. 따라서 더 효율적인 알고리즘을 찾기에 적합한 곳이다.

2.4.2 빅오 표기법

> 빅오는 데이터가 증가함에 따라 코드가 얼마나 느려지는지를 말해준다.
>
> — 네드 배첼더Ned Batchelder, PyCon 2018

빅오 표기법(대문자 O 표기법)big O notation은 앞 절에서 소개한 대로 데이터 크기가 커짐에 따라 코드 실행 시간이 얼마나 증가하는지 그 패턴을 보여주는 공식적인 방법이다. 여기에서 문자 O는 함수의 차수order를 말하며 함수의 증가율을 나타내는 또 다른 방식이다. 데이터셋이 커질 때 알고리즘이 어떻게 행동하는지에 따라 다양한 등급class의 알고리즘을 나타낼 수 있는 유용한 방법이다. 또한 이 표기법은 사용하는 하드웨어에 영향을 받지 않는다. 함수는 강력한 컴퓨터에서는 빠르게 실행되고 덜 강력한 컴퓨터에서는 느리게 실행된다. 이 분석을 통해 코드를 어느 컴퓨터에서 실행시키는지 상관없이 코드의 성능을 예측할 수 있다.

빅오 표기법은 앞 절에서 살펴본 가중평균 예제의 연산 단계를 계산하는 방정식과 유사하지만 계수는 제외했다. 빅오 표기법에서 실행 시간은 입력 크기 n의 함수로 표현되며 $O(f(n))$으로 표기한다. $f(n)$은 n의 함수로 알고리즘에 의해 수행된 연산 수의 상한이다. 따라서 가중평균 예제는 $O(n)$ 등급으로 분류된다.

앞에서 단계 수를 산출하는 방정식이 $number\ of\ steps = n + 2$였다는 점을 고려했을 때 가중평균 예제가 왜 $O(n+2)$가 아니라 $O(n)$인지 궁금할 것이다. 빅오 표기법은 n이 커졌을 때 이 방정식의 한계를 평가하는 방법으로, 부가적으로 붙는 2단계의 영향도는 미미하다. 이 표기법은 서로 다른 접근 방식을 비교하는 데 도움이 되는 근사치로 코드를 실행하는 데 드는 시간을 정확하게 측정한 값이 아니다. 이와 유사하게 만약 코드를 실행하는 데 n^2+n 단계가 걸린다면 이는 $O(n^2)$에 근사한다.

빅오 표기법에서 보편적으로 등장하는 등급은 다음과 같다.

$O(1)$
'상수 시간'이라고도 하며, 실행 시간은 데이터셋 크기와 무관함을 뜻한다. 리스트에서 특정 요소를 찾는 것이 여기에 해당한다. 리스트가 매우 크더라도 리스트의 마지막 요소를 반환하는 데는 동일한 시간이 걸린다.

$O(n)$
'선형 시간'이라고도 하며, 가중평균 예제에서 봤듯이 실행 시간이 데이터셋 크기에 선형적으로 증가함을 뜻한다.

$O(n^2)$
'이차 시간'이라고도 하며, 느린 공분산 예제에서 봤듯이 실행 시간은 데이터셋 크기의 제곱에 비례함을 뜻한다.

이 세 분류를 지수 시간 $O(2^n)$, 로그 시간 $O(\log n)$, $O(n \log n)$과 함께 그래프로 그려보면 그림 2.3과 같다. 지수 시간은 실행 시간이 데이터셋 크기에 대한 지수함수로 증가하는 것을 의미하며 대체로 재귀 알고리즘의 시간 복잡도가 $O(2^n)$이다. 로그 시간은 실행 시간이 데이터셋 크기의 로그에 비례해 증가하고 다수의 검색 알고리즘이 이 복잡도를 갖는다.

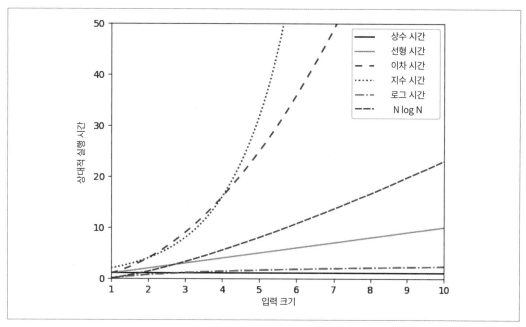

그림 2.3 **입력 크기에 상대적인 실행 시간**

그래프에서 $O(n^2)$과 $O(2^n)$은 매우 빠른 속도로 느려지는 것을 확인할 수 있다. 따라서 코드의 성능을 개선하려면 이 복잡도는 피하도록 하라.

또한 섣부른 최적화를 피하기 위해 각자의 경우에 맞는 n의 현실적인 범위를 고려해야 한다. 예를 들어 n이 5를 넘지 않는다면 코드 실행 시간이 선형적으로나 지수적으로 증가하더라도 큰 문제가되지 않는다.

다음 장에서 다양한 데이터 구조를 선택하는 방법을 논의할 때 빅오 표기법이 얼마나 유용할 수 있는지에 대한 예를 보게 될 것이다.

2.5 요약

코드 성능을 고려할 때 우선 최적화하기 적절한 때가 언제인지 알아야 한다. 만약 데이터양이 적거나 코드가 이미 모든 요구사항을 만족했다면 코드를 최적화하는 데 시간을 낭비하지 말라.

그렇지만 코드 성능을 개선할 필요가 있다면 그 첫 단계로 병목 지점이 어디인지 찾기 위해 코드 성능을 측정해야 한다. 가장 간단한 방법은 함수나 코드 한 줄을 실행하는 데 걸리는 시간을 측정하는 것이다. 더 자세한 내용을 알고 싶거나 긴 스크립트의 실행 시간을 상세하게 분석하고 싶다면 프로파일러를 사용하라.

또한 성능 측정은 코드가 취할 단계 수와 데이터양이 증가할 때 그 단계가 얼마나 증가할지 고려할 때 매우 유용할 수 있다. 이를 설명하기 위해 빅오 표기법이 사용되는 것을 종종 보게 될 것이다. 종합적으로 동일한 코드를 작성하기 위해 수많은 옵션이 있고 그중 일부는 다른 것보다 더 나은 성능을 보인다는 점을 기억하자.

3

데이터 구조를 효율적으로 사용하기

앞 장에서 코드 성능을 측정하는 방법을 살펴봤다. 이번 장에서는 데이터 구조로 무엇을 선택하는지에 따라 코드 성능에 어떠한 영향을 미치는지 살펴보고, 해결하고 싶은 문제에 가장 적합한 데이터 구조를 선택하는 방법을 알아본다.

데이터 과학자라면, 코드를 작성할 때 데이터를 저장하기 위해 다양한 데이터 구조를 사용한다. 사용할 수 있는 데이터 구조에는 많은 선택지가 있고, 일부는 작업하고 있는 문제에 적합할 가능성이 크고 일부는 그보다 덜 적합할 것이다.

> 성능 좋은 프로그래밍에서 가장 중요한 것은 데이터에 어떤 질문을 던지고 싶은지 아는 것과
> 그 질문에 빠르게 답할 수 있는 데이터 구조를 선택하는 것이다.
>
> **— 미샤 고렐릭, 이안 오스발트, 《고성능 파이썬》**

여러분이 작업 중인 문제에 적합한 데이터 구조를 사용하는 것은 두 가지 이유에서 중요하다. 첫째, 데이터 구조는 해당 용례에 맞춰 최적화되어 있고 둘째, 유용한 메서드가 거기에 연계되어 있기 때문이다. 따라서 적합한 데이터 구조를 선택하면 코드의 성능이 개선되고 사용하기도 쉬워진다. 이는 또한 여러분의 코드가 더 예측 가능하고 이해하기 쉬워진다는 것을 뜻한다.

이번 장에서는 데이터 과학 코드를 작성할 때 사용할 보편적인 데이터 구조 중 일부로 파이썬 리스트, 튜플, 딕셔너리, 집합과 넘파이 배열과 팬더스 데이터프레임을 살펴본다. 각각의 장단점을 설명하고 시간과 메모리 사용량 관점에서 어떤 데이터 구조가 더 나은 성능을 보이는지 살펴본다.

수많은 책과 글을 통해 이 책에서 다루지 않는 다양한 데이터 구조를 찾아볼 수 있는데 연결 리스트, 힙, 큐, 이진 검색 트리 등이 그 예다. 이러한 데이터 구조는 데이터 과학보다 소프트웨어 엔지니어링에서, 특히 파이썬이 아닌 다른 프로그래밍 언어에서 더 중요해지고 있다. 데이터 구조에 대해 더 배우고 싶다면 《누구나 자료 구조와 알고리즘(개정2판)》(길벗, 2021)을 읽어보기를 추천한다.

3.1 파이썬 기본 데이터 구조

이번 절에서는 파이썬의 기본 데이터 구조인 리스트, 튜플, 딕셔너리, 집합을 살펴보고자 한다. 여러분은 이미 코드에서 이것들을 사용하고 있을 것이다. 각 데이터 구조가 어떻게 구현되는지 이해하고 보편적으로 사용되는 연산의 시간 복잡도를 더 자세히 설명하고자 한다. 이를 위해 2.4절에서 설명한 빅오 표기법을 사용한다. 이러한 데이터 구조가 어떤 일을 빠르게 수행할 수 있고 어디에서 느린지 직감적으로 이해하는 것이 중요하다. 이로써 각자의 사례에 맞는 최적의 데이터 구조를 선택하는 데 도움이 되고, 코드 최적화가 필요한 경우 어디에 노력을 기울여야 할지 알 수 있다.

3.1.1 리스트

리스트는 파이썬의 핵심 데이터 구조이며 자주 보게 될 것이다. 파이썬에서 리스트는 일부 순서를 갖는 일종의 배열이다. 이는 리스트의 첫 번째, 세 번째, 또는 임의의 위치에 있는 요소를 조회할 수 있음을 의미한다.

파이썬 리스트는 동적 배열이며 이는 더 많은 요소가 추가되는 경우 크기가 조정될 수 있음을 뜻한다. 또한 다양한 유형의 요소를 저장할 수 있어서 하나의 리스트에 문자열과 정수를 모두 포함할 수 있다.

파이썬은 리스트 크기에 맞춰 연속된 메모리를 할당한다. 리스트의 한 요소는 메모리에서 다음 요소의 바로 옆에 위치한다. 여기에서 중요한 사실을 알 수 있는데 리스트에서 한 요소를 조회하는 것은 매우 쉽다는 것이다. 파이썬 인터프리터는 리스트의 시작점에 해당하는 메모리 위치를 알기 때문에 리스트에서 다섯 번째 요소를 조회하는 경우 시작점에서 다섯 번째 메모리 위치의 요소를 가져오면 된다.

리스트가 커질 때 리스트에서 요소 하나를 조회하는 데 걸리는 시간이 어떻게 바뀌는지 측정해보

자. 먼저 10개 요소를 갖는 리스트를 생성한다.

```
small_list = list(range(10))
```

그런 다음 %%timeit(2.2절에서 소개한 바 있다)을 사용해 리스트의 마지막 요소를 조회하는 데 걸리는 시간을 측정해보자.

```
>>> %%timeit
>>> last_element = small_list[-1]

... 19.6 ns ± 0.13 ns per loop (mean ± std. dev. of 7 runs, 10,000,000 loops each)
```

다음으로 10,000개 요소를 갖는 리스트를 생성해 동일한 실험을 한다.

```
large_list = list(range(10_000))
```

마지막으로, 마지막 요소를 조회하는 데 걸리는 시간을 측정한다.

```
>>> %%timeit
>>> last_element = large_list[-1]

... 18 ns ± 0.0944 ns per loop (mean ± std. dev. of 7 runs, 100,000,000 loops each)
```

두 번째 리스트가 첫 번째보다 1,000배는 더 크더라도 두 리스트에서 걸리는 시간은 거의 동일했다. 리스트 조회는 $O(1)$(상수 시간) 복잡도를 갖는다(2장에서 설명한 빅오 표기법이다). 리스트가 아무리 크더라도 그 안에서 요소 한 개를 조회하는 데에는 거의 같은 시간이 걸린다.

리스트에 요소를 추가할 때마다 메모리에서 추가 공간을 차지한다. 파이썬은 원래 리스트 길이보다 여유 있게 메모리 공간을 할당하지만 이 공간이 가득 차면 전체 리스트는 연속된 공간을 더 확보할 수 있는 새로운 메모리 위치로 복사되어야 한다. 리스트의 마지막에 요소를 추가하는 것은 $O(1)$의 복잡도를 갖지만 추가 할당된 공간까지 가득 차면 리스트를 복사해야 하므로 약간의 오버헤드가 수반된다.

리스트 중간에 새로운 요소를 추가한다면 그다음에 오는 것은 모두 새로운 메모리 위치로 이동해야 한다. 따라서 `insert` 연산은 $O(n)$이다. 리스트 중간에서 요소를 제거하는 것 역시 $O(n)$이다. 리스트는 항상 연속된 메모리 공간에 위치해야 하기 때문에 리스트에서 요소 추가, 삭제는 모두 $O(n)$이다.

만약 리스트에 특정 길이까지 요소가 추가될 것을 안다면 `.append()`가 가장 효율적인 방법은 아닐 것이다. 리스트 컴프리헨션list comprehension(https://oreil.ly/ZqTuO)을 사용하거나 초깃값으로 0을 채운 정확한 길이의 리스트를 생성한 다음 값을 업데이트하는 것이 더 나을 것이다. 리스트의 시작과 마지막에 아이템을 추가하고자 한다면 `collections` 모듈의 양방향큐 `deque`(https://oreil.ly/7a7CU) 데이터 구조를 사용할 수 있다.

리스트에서 요소를 검색해야 한다면 검색할 요소를 리스트의 전체 아이템과 비교해야 할 것이다. 이전 코드 예제에서 생성한 리스트를 사용해 리스트가 커질 때 이 성능이 어떻게 변하는지 측정할 수 있다.

먼저 10개 요소가 포함된 리스트를 검색하는 데 걸리는 시간을 측정해보자.

```
>>> %%timeit
>>> 4200 in small_list

... 75.8 ns ± 0.298 ns per loop (mean ± std. dev. of 7 runs, 10,000,000 loops each)
```

그런 다음, 10,000개 요소를 갖는 리스트에서 동일하게 시간을 측정해보자.

```
>>> %%timeit
>>> 4200 in large_list

... 23.8 µs ± 1.9 µs per loop (mean ± std. dev. of 7 runs, 10,000 loops each)
```

10,000개 요소를 갖는 리스트에서 약 1,000배[1] 더 걸린다. 이 방식으로 파이썬 리스트를 검색하는 연산은 $O(n)$이다. 리스트 검색 방법으로는 $O(\log n)$의 복잡도를 갖는 이진 검색을 포함해 더 효율적인 방식들이 있다. 그렇지만 어떤 요소가 존재하는지 자주 검색해야 한다면 아마도 딕셔너리나 집합을 사용하는 것이 더 낫다. 이에 대해서는 다음에 살펴본다.

---

1 옮긴이 실제 예제에서의 시간으로는 약 314배 정도 크지만, 여기에서는 소요 시간의 단위, 즉 µs와 ns의 차이에 초점을 맞추어 설명했다고 보면 된다.

3.1.2 튜플

파이썬에서 튜플 역시 일종의 배열이지만 고정된 크기를 갖는다. 한 번 튜플을 생성했으면 변경할 수 없다. 예를 들면 튜플 마지막 위치에 다른 요소를 추가할 수 없다.

튜플은 데이터 구조에 저장하려는 아이템 수가 적고 그 아이템들이 변경되지 않는 경우 유용하다. 한 가지 주의할 점은 튜플은 메모리에 저장되지 않고 파이썬 런타임의 캐시에 저장될 수 있기 때문에 리스트보다 튜플에서 데이터를 조회하는 것이 훨씬 빠르다. 튜플에서 요소를 조회하는 연산은 $O(1)$이다.

3.1.3 딕셔너리

딕셔너리 역시 파이썬의 기본 데이터 구조이며 키-값 쌍을 기반으로 한다. 이는 사람 이름과 그들이 사는 거리 주소처럼 서로 간 연결 고리가 있는 데이터 요소 쌍으로 구성된다는 뜻이다. 딕셔너리는 고유의 순서가 없는 데이터에 적합하다.

내부적으로 파이썬 딕셔너리는 해시 테이블에 의해 구동된다. 이 데이터 구조는 키를 리스트의 인덱스로 변환하기 위해 해시 함수를 사용한다. 그림 3.1은 그 작동 원리를 보여준다. 여기에서는 'Heather Hancock'이 해시 함수에 의해 인덱스 '3'으로 변환되고 이로써 이 사람 이름과 연계된 주소를 가져올 수 있다.

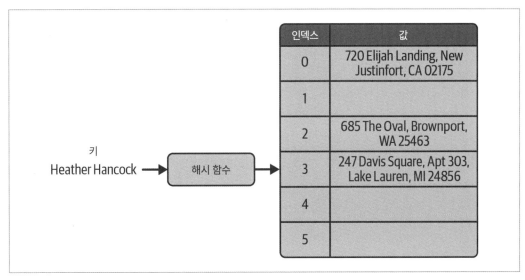

인덱스	값
0	720 Elijah Landing, New Justinfort, CA 02175
1	
2	685 The Oval, Brownport, WA 25463
3	247 Davis Square, Apt 303, Lake Lauren, MI 24856
4	
5	

키
Heather Hancock → 해시 함수 →

그림 3.1 해시 테이블을 사용한 딕셔너리 조회

해시 함수는 문자열이든 정수든 상관없이 딕셔너리 키와 그 키와 관련된 값 리스트의 인덱스에 해당하는 정수를 매핑한다. 해시 함수에는 매우 다양한 유형이 있다. 정수의 나머지를 취하는 것은 간단한 예제다. 파이썬 딕셔너리의 해시 함수는 훨씬 더 복잡하다. 또한 딕셔너리의 키는 정확한 값을 반환할 수 있도록 고유한 값을 가져야 한다. 딕셔너리 키는 문자열, 정수, 부동소수점처럼 해시가 가능한 타입이어야 한다. 파이썬 리스트는 해싱할 수 없다.

해시 테이블은 유용한 특징을 제공한다. 덕분에 딕셔너리에서 특정 키에 해당하는 값을 조회하는 일이 $O(1)$의 복잡도를 갖는다. 리스트에서 요소를 조회하는 것과 동일한 성능을 갖지만 리스트의 순서를 알 필요가 없다. 키-값 쌍을 추가, 변경, 삭제하는 일은 모두 $O(1)$의 복잡도를 갖는다. 해시 테이블에서 아이템은 순서와 상관없이 추가될 수 있다.

딕셔너리 조회가 상수 시간이 걸린다는 것을 직접 실험을 통해 확인할 수 있다. Faker(https://oreil.ly/4JRuL) 라이브러리는 이러한 실험에 매우 유용하다. 이 라이브러리는 이름, 주소, 이메일 주소 등 개인정보를 포함한 가짜 데이터를 실제 데이터처럼 보이게 생성한다.

다음 명령어를 사용하면 Faker 생성기를 초기화해 가짜 데이터를 생성할 수 있다.

```
from faker import Faker

fake = Faker()
```

이제 다음 명령어를 사용해 실험에 필요한 데이터를 딕셔너리에 채운다.

```
small_dict = {}

for i in range(10):
    small_dict[fake.name()] = fake.address()
```

10개의 키-값 쌍을 갖는 작은 딕셔너리에서 데이터를 조회하는 데 시간이 얼마나 걸리는지 측정할 수 있다.[2]

---

2 옮긴이 코드의 Erin Hogan 등 이름 키는 가상의 이름이고 Faker에 의해 그때그때 다르게 생성된다. 딕셔너리에서 이름을 먼저 확인하고 알맞게 코드를 수정해서 실행하자.

```
>>> %%timeit
>>> small_dict['Erin Hogan']

... 21.7 ns ± 0.125 ns per loop (mean ± std. dev. of 7 runs, 10,000,000 loops each)
```

그런 다음 10,000개의 키-값 쌍을 갖는 딕셔너리를 만들어보자.

```
large_dict = {}

for i in range(10_000):
    large_dict[fake.name()] = fake.address()
```

이 딕셔너리의 키에서 값을 조회하는 데 걸리는 시간을 측정해보자.

```
>>> %%timeit
>>> large_dict['Nicole Morgan']

... 23.9 ns ± 0.449 ns per loop (mean ± std. dev. of 7 runs, 10,000,000 loops each)
```

이 딕셔너리는 이전보다 무려 1,000배가 크지만 거의 동일한 시간이 걸린다. 딕셔너리에서 무엇인가를 조회하는 것은 무척 효율적이다. 단점이라면 딕셔너리는 대체로 메모리 사용량이 크다는 점이다.

3.1.4 집합

집합은 내재된 순서가 없는 데이터를 다룰 때 유용한 데이터 구조다. 파이썬에서 집합은 딕셔너리와 유사하게 해시 테이블을 사용해 구현되어 있다. 그렇지만 키-값 쌍 대신 고유한 키의 집합만을 갖는다. 이는 집합의 모든 요소가 유일무이해야 함을 뜻한다.

집합은 아이템을 추가, 삭제, 변경하는 일이 $O(1)$ 복잡도를 갖는다는 점에서 딕셔너리와 같은 속성을 공유한다. 집합에서 요소를 조회하는 것도 $O(1)$이다. 리스트에서 고유한 요소의 개수를 세는 효율적인 방법은 리스트를 집합으로 변환한 다음 집합의 길이를 구하는 것이다.

집합 조회는 $O(1)$이지만 리스트 조회는 $O(n)$이니까 리스트를 집합으로 변환한 다음 조회하는 것이 더 효율적일까? 이 질문의 답을 구하기 위해 테스트를 해보자.

앞에서 생성했던 10,000개 요소를 갖는 큰 리스트를 사용해 리스트 조회에 걸리는 시간을 측정해보자.

```
>>> %%timeit
>>> 4200 in large_list

... 23.8 µs ± 1.9 µs per loop (mean ± std. dev. of 7 runs, 10,000 loops each)
```

다음으로 이 리스트를 집합으로 변환한 다음 조회할 때 걸리는 시간을 측정해보자.

```
>>> %%timeit
>>> large_set = set(large_list)
>>> 4200 in large_set

... 76.7 µs ± 1.28 µs per loop (mean ± std. dev. of 7 runs, 10,000 loops each)
```

리스트를 집합으로 변환하고 조회를 수행하는 것이 리스트를 조회하는 것보다 3배 더 걸린다. 리스트를 집합으로 변환하는 데 걸리는 시간이 추가적으로 필요했기 때문이다. 그렇지만 한 번 리스트를 집합으로 변환해두면 그다음부터 조회할 때는 빠르다.

```
>>> %%timeit
>>> 4592 in large_set

... 22 ns ± 0.188 ns per loop (mean ± std. dev. of 7 runs, 10,000,000 loops each)
```

집합 조회는 리스트 조회보다 1,000배 더 빠르다. 어떤 아이템이 리스트에 존재하는지 반복적으로 확인해야 한다면 집합으로 변환하는 것이 훨씬 낫지만 그런 일이 자주 일어나지 않는다면 그다지 가치 있는 일은 아니다. 이 장의 모든 내용과 마찬가지로 작업 중인 특정 문제에 무엇이 더 빠른지 실험하고 측정하는 것이 중요하다.

딕셔너리와 집합의 내부 작동 원리에 대해 더 알고 싶다면 루시아노 하말류Luciano Ramalho가 쓴 블로그 포스트(https://oreil.ly/MFOuT)를 읽어보기를 추천한다.

여기에서 다루지는 않았지만 각자의 경우에 따라 유용할 만한 기본 파이썬 데이터 구조가 있다. 네임드 튜플named tuple(https://oreil.ly/TxRJc)은 위치 대신에 할당된 이름으로 요소를 조회할 수 있는 튜플이다. 데이터클래스dataclass(https://oreil.ly/qtVog)는 데이터를 저장하는 데 최적화된 일종의 클래스다(4장에서 다룬다).

3.2 넘파이 배열

이번 절에서는 기본 파이썬 데이터 구조에 이어 넘파이 배열에 대해 알아보고자 한다. 넘파이는 데이터 과학 분야에서 가장 보편적으로 사용되는 파이썬 라이브러리 중 하나이며 이는 n차원 배열인 ndarray라는 핵심 데이터 구조 덕분이다.

여기에서 넘파이 배열을 생성하고 사용하는 방법을 자세히 설명하거나 이를 사용해 어떤 일들을 할 수 있는지 전부 다루지 않는다. 이를 위해서는 《파이썬 라이브러리를 활용한 데이터 분석(3판)》(한빛미디어, 2023)을 읽어보기를 권한다.

여기서는 넘파이 배열을 선택하는 이유와 왜 넘파이가 데이터 과학에서 그렇게 인기가 높은지 그이유에 대해 개괄하여 살펴본다. 넘파이 배열을 가지고 어떤 일을 할 수 있는지 개괄적으로 알아보고, 성능 측면에서 고려해야 할 사항도 살펴보기로 한다.

3.2.1 넘파이 배열 기능

넘파이 배열은 n차원 배열이다. 여기에서 넘파이 배열을 언제 사용하는 것이 가장 좋을지에 대한 힌트를 얻을 수 있다. 여러분이 다뤄야 할 데이터가 다차원일 경우가 여기에 해당하며, 이는 자주 맞닥뜨릴 상황이다. 머신러닝에서는 행렬이나 2차원 배열 구조의 데이터에서 이루어지는 계산들이 많다. 넘파이 배열을 사용하면 기본 파이썬 리스트에 비해 이러한 데이터를 다루기 훨씬 쉬우며 많은 ML 라이브러리는 넘파이 배열을 사용했을 때 매우 원활하게 작동한다.

중첩된 파이썬 리스트로 다차원 데이터 구조를 만들 수도 있지만, 작업하기가 금세 어려워진다. 예를 들어 2차원 배열이 있을 때 어떻게 첫 번째 컬럼의 값들만 조회할 수 있을까?

중첩된 리스트를 사용해서 이 작업을 하려면 모든 행을 검사하면서 첫 번째 값을 추출하는 코드를 작성해야 한다. 다음은 그중 리스트 컴프리헨션을 사용하는 방법을 보여준다.

```python
python_2d_list = [[1, 3, 5], [2, 4, 6], [7, 9, 11]]

first_column = [python_2d_list[i][0] for i in range(len(python_2d_list))]
```

하지만 넘파이 배열을 사용한다면 넘파이 배열의 슬라이싱 구문을 사용해 첫 번째 컬럼의 값을 간단하게 조회할 수 있다.

```
import numpy as np

np_2d_array = np.array([[1, 3, 5], [2, 4, 6], [7, 9, 11]])

first_column = np_2d_array[:, 0]
```

 리스트에서 요소를 조회하고 선택한 요소에 새로운 변수 이름을 할당한다면 해당 요소에 대한 새로운 사본을 생성한다. 동일한 작업을 넘파이 배열로 한다면 이것은 원본 배열의 뷰가 된다. 따라서 위 예제의 `np_2d_array` 객체에서 값을 변경한다면 `first_column` 객체에서 그에 대응하는 값도 변경된다. 뷰를 생성하는 것이 사본을 생성하는 것보다 빠르고 메모리 사용에서도 더 효율적이다. 이 점이 넘파이 배열이 리스트보다 더 좋은 성능을 보여주는 또 다른 이유다.

비슷한 맥락에서 다차원 데이터에서 수행되는 여러 연산은 중첩 리스트보다 넘파이 배열을 사용하는 것이 훨씬 쉽다. 여기에는 행렬 곱셈, 배열 결합, 배열 전치, 배열 형태 변환이 포함된다.

그렇지만 넘파이 배열을 사용할 때 한 가지 고려할 사항이 있는데 넘파이 배열은 한 가지 유형의 데이터만 포함할 수 있다는 것이다(다음 절에서 더 자세히 다룬다). 따라서 다루고자 하는 데이터가 여러 데이터 타입이 혼재되어 있다면(예를 들어, 문자열과 정수를 모두 포함하는 데이터 구조가 필요하다면) 넘파이 배열을 선택하는 것은 적절하지 않다.

3.2.2 넘파이 배열의 성능 고려사항

앞 절에서 언급했듯이 넘파이 배열은 단일 타입의 데이터만 담을 수 있다. 이 점은 제약사항처럼 보일 수 있지만 실제로 성능 측면에서는 이득을 줄 수 있다. 이는 파이썬 리스트와는 대조적인데 파이썬 리스트에서는 다음 코드가 유효하다.

```
mixed_type_list = ["one", 2, 3.14]
```

파이썬 리스트는 하나의 데이터 구조 안에 문자열, 정수, 부동소수점을 모두 포함할 수 있다. 다음과 같이 넘파이 배열을 생성해 같은 데이터를 저장해볼 수 있다.

```
mixed_type_array = np.array(["one", 2, 3.14])
```

이 코드는 오류 없이 실행되지만, 배열을 들여다보면 모든 요소가 문자열로 변환되었다.

```
>>> print(mixed_type_array)
... ['one' '2' '3.14']
```

모든 요소가 동일한 데이터 타입을 갖도록 넘파이가 변환한 것이다.

넘파이 배열에서 요소의 데이터 타입은 넘파이 배열과 함께 저장되고, .dtype 속성을 사용해 데이터 타입을 조회할 수 있다.

```
>>> integer_array = np.array([1, 2, 3])

>>> print(integer_array.dtype)
... dtype('int64')
```

여기에서 데이터 타입은 표준 파이썬 데이터 타입인 int가 아니라 int64다.[3] 넘파이에서는 표준 파이썬 데이터 타입과 다른 데이터 타입을 사용하는데, 이 역시 성능 측면에서 이점을 줄 수 있다. 이에 대해서는 이 절 후반부에서 논의한다.

넘파이 배열의 모든 요소가 동일한 데이터 타입을 갖는다는 사실을 알면 성능 측면에서, 특히 벡터화된 계산으로 알려진 연산에서 엄청난 이점을 얻을 수 있다. 일반 파이썬의 for 루프에서는 파이썬 인터프리터가 여기에 어떤 함수를 적용할지 알기 위해 모든 요소의 데이터 타입을 확인해야 한다. 하지만 넘파이에서는 이 단계를 생략할 수 있고 곧장 다양한 수학 연산을 위해 최적화된 C 코드를 실행할 수 있다. 넘파이는 배열의 요소마다 반복하면서 연산을 하는 대신 한 번에 모든 요소에 연산을 수행한다. 이 과정을 벡터화라고 한다. 벡터화에 대해 더 자세히 알고 싶다면 이타마르 터너-트라우링Itamar Turner-Trauring의 글(https://oreil.ly/DumcS)을 읽어보기 바란다.

다음 예제를 통해 넘파이 배열을 사용했을 때 파이썬 리스트에 비해 성능 측면에서 얻을 수 있는 이점을 확인할 수 있다. 먼저 넘파이를 사용해 100,000개의 랜덤 정수를 포함한 배열을 생성하고 이를 일반 파이썬 리스트로 변환한다.

```
random_int_array = np.random.randint(1, 100_000, 100_000)
random_int_list = list(random_int_array)
```

3　　[옮긴이] 윈도우에서는 int32가 기본값이다(넘파이 2.0 이상에서만 윈도우에서도 운영체제 아키텍처를 따라간다).

이제 파이썬의 내장 함수 `sum()`을 사용하여 리스트의 합계를 구해보자. 2.2절에 설명했던 `%%timeit`을 사용하여 소요 시간을 측정하겠다.

```
>>> %%timeit -r 7 -n 100
>>> sum(random_int_list)

... 1.96 ms ± 463 µs per loop (mean ± std. dev. of 7 runs, 100 loops each)
```

다음으로 벡터화된 연산인 `np.sum()`을 사용해 동일한 연산을 수행하고 시간을 측정해보자.

```
>>> %%timeit -r 7 -n 100
>>> np.sum(random_int_array)

... 13.9 µs ± 3.63 µs per loop (mean ± std. dev. of 7 runs, 100 loops each)
```

약 100배 더 빠르다! 성능이 엄청나게 향상됐다. 원하는 연산이 벡터화된 넘파이 배열 메서드로 제공된다면 기본 파이썬 메서드를 쓰거나 직접 코드를 작성하는 대신 반드시 이를 사용해야 한다. 어떤 연산을 사용할 수 있는지는 넘파이 문서(https://oreil.ly/11vRd)에서 확인할 수 있다.

넘파이 배열을 사용할 때 나중에 배열에 요소를 더 추가할 필요가 있을지에 대해서도 고려해야 한다. 일반 파이썬 리스트와는 달리 넘파이는 배열에 대한 공간을 사전에 할당하기 때문에 추가 공간을 허용하지 않는다. 따라서 넘파이 배열에 새로운 요소들을 추가할 때마다 전체 배열이 새로운 메모리 위치로 이동해야 한다. 이는 넘파이 배열에 요소를 추가하는 작업은 $O(n)$ 복잡도를 가짐을 뜻한다. 정확한 크기의 공간을 가지고 배열을 초기화하는 것이 절대적으로 중요하며 이를 위한 쉬운 방법으로는 다음처럼 `np.zeros`를 사용해 배열을 초기화하는 방법이 있다.

```
array_to_fill = np.zeros(1000)
```

그런 다음 배열에 새로운 요소를 추가하는 대신 0을 새로운 요소로 대체하면 된다.

또한 넘파이에서 제공하는 다양한 데이터 타입의 이점을 취해 넘파이 배열의 메모리 공간을 많이 절약할 수 있다. 넘파이 배열은 메모리에 로드되기 때문에 대규모 배열을 다룰 때는 배열 크기를 줄이는 것이 도움이 된다.

이전과 마찬가지로 랜덤 정수 배열을 생성한다.

```
random_int_array = np.random.randint(1, 100_000, 100_000)
```

.nbytes 속성을 검사하면 이 배열이 차지하는 바이트 수를 조회할 수 있다.

```
>>> random_int_array.nbytes
... 800000
```

이 배열은 최대 800,000바이트의 공간을 차지한다.

.dtype 속성을 사용해 데이터 타입을 확인할 수 있다.

```
>>> random_int_array.dtype
... dtype('int64')
```

이 경우 배열의 데이터 타입은 int64다. 넘파이 문서(https://oreil.ly/beqRz)에 따르면 이는 -9,223,372,036,854,775,808 ~ 9,223,372,036,854,775,807 사이의 값을 갖는 64비트 정수다.

이 정도의 범위까지 필요 없다면 배열을 -2,147,483,648 ~ 2,147,483,647 범위를 갖는 32비트 정수 타입으로 변환할 수 있다. 또는 데이터 범위가 충분히 작다면 16비트 정수를 사용할 수도 있다.

.astype 메서드를 사용하면 행렬을 변환할 수 있다.

```
random_int_array_32 = random_int_array.astype(np.int32)
```

바이트 수를 검사해보면 int64를 사용했을 때의 공간의 절반을 차지함을 확인할 수 있다.

```
>>> random_int_array_32.nbytes
... 400000
```

배열을 초기화할 때 dtype을 지정하여 기본적으로 이 작업을 수행할 수 있다.

```
small_array = np.array([1, 3, 5], dtype=np.int16)
```

넘파이 문서(https://oreil.ly/uHITq)에서 사용할 수 있는 데이터 타입을 모두 확인할 수 있다.

3.2.3 대스크를 사용한 배열 연산

넘파이 배열을 사용해 코드 성능을 개선하기 위해 이전 절에서 설명한 전략을 시도해봤지만 여전히 코드를 더 최적화해야 한다면 대스크_{Dask} 라이브러리(https://www.dask.org)를 사용하는 것이 좋다. 계산 속도를 높이거나 사용 중인 컴퓨터 메모리에 맞지 않는 데이터를 다뤄야 할 때 대스크를 사용하면 배열 연산을 병렬로 수행할 수 있다. 대스크는 표준 넘파이 배열과 매우 유사한 인터페이스를 제공하지만 약간의 복잡성이 더해지기 때문에 성능 개선이 필요할 때만 사용하는 것이 좋다. 이 라이브러리를 사용하면 코어 여러 개를 활용해 동시에 계산을 실행할 수 있으며, 이는 분산 시스템(클러스터)에서도 가능하다.

대스크는 배열을 여러 조각으로 나누어, 하나 또는 여러 조각을 동시에 계산하고 그 결과를 결합하는 방식으로 작동한다. 예를 들어 매우 큰 배열의 최댓값을 찾고 싶다면 배열을 몇 개의 조각으로 분할하고 각 조각마다 최댓값을 찾은 다음 각 조각에서 찾은 결과를 결합하고 그중 최댓값을 찾으면 된다. 이처럼 모든 연산이 병렬처리될 수는 없지만 작업 중인 문제에 각각 적용하면 훨씬 효율적인 코드를 작성할 수 있다.

대스크를 사용하면 시스템 메모리보다 큰 데이터에 대한 계산을 실행할 수 있다. 모든 조각이 한 번에 로드되어 평가되는 것은 아니므로 전체 배열을 메모리에 로드할 필요가 없으며 각 조각을 순차적으로 평가할 수 있다.

다음 명령어로 대스크를 설치할 수 있다.

```
$ python -m pip install "dask[complete]"
```

같은 연산을 넘파이와 대스크를 사용해서 실행하면 각각의 시간을 비교할 수 있을 것이다.

실험 삼아 큰 배열에서 최댓값을 찾아보자. np.random.randint()를 사용해 랜덤 정수로 채워진 넘파이 배열을 생성할 수 있다. 다음 코드는 10억 개 정수로 이루어진 배열을 생성한다.

```
large_np_array = np.random.randint(1, 100000, 1000000000)
```

표준 넘파이 배열을 사용해 이 계산을 하는 데 걸리는 시간을 측정해보자.

```
>>> %%timeit -r 1 -n 7
>>> np.max(large_np_array)
... 30.7 s ± 0 ns per loop (mean ± std. dev. of 1 run, 7 loops each)
```

대스크 배열은 넘파이 배열과는 다른 데이터 구조를 가진다. 많은 넘파이 메서드가 대스크에 복제되어 있으므로 이 코드를 사용해 랜덤 정수로 구성된 대스크 배열을 생성할 수 있다.

```
import dask.array as da

large_dask_array = da.random.randint(1, 100_000, 1_000_000_000)
```

또한 다음처럼 넘파이 배열에서 대스크 배열을 생성할 수 있다.

```
large_dask_array = da.from_array(large_np_array)
```

대스크를 사용할 때는 넘파이를 사용할 때에 비해 추가적인 단계가 필요하다. 먼저 연산을 초기화해야 하며, 이 경우에는 `.max()` 메서드를 사용한다. 그런 다음 `.compute()` 메서드를 사용해 연산을 수행해야 한다. 이 단계에서 수행 시간을 측정해 넘파이 배열을 사용했을 때와 비교할 수 있다.

```
>>> %%timeit -r 1 -n 7
>>> array_max = large_dask_array.max()
>>> array_max.compute()
... 1.51 s ± 0 ns per loop (mean ± std. dev. of 1 run, 7 loops each)
```

대스크 배열에서 최댓값을 찾는 것은 넘파이 배열을 사용할 때보다 약 20배 빠르다.

각 조각에 대한 계산은 서로 다른 코어나 컴퓨터에서 실행될 수도 있다. Dask distributed(https://oreil.ly/yTAkl)는 작업을 대신 스케줄링해준다. 이를 사용하려면 `Client` 객체를 생성해야 한다.

```
from dask.distributed import Client

client = Client(n_workers=4)
client
```

그림 3.2는 노트북의 모든 코어를 사용할 수 있게 준비된 로컬 클라이언트를 보여준다.

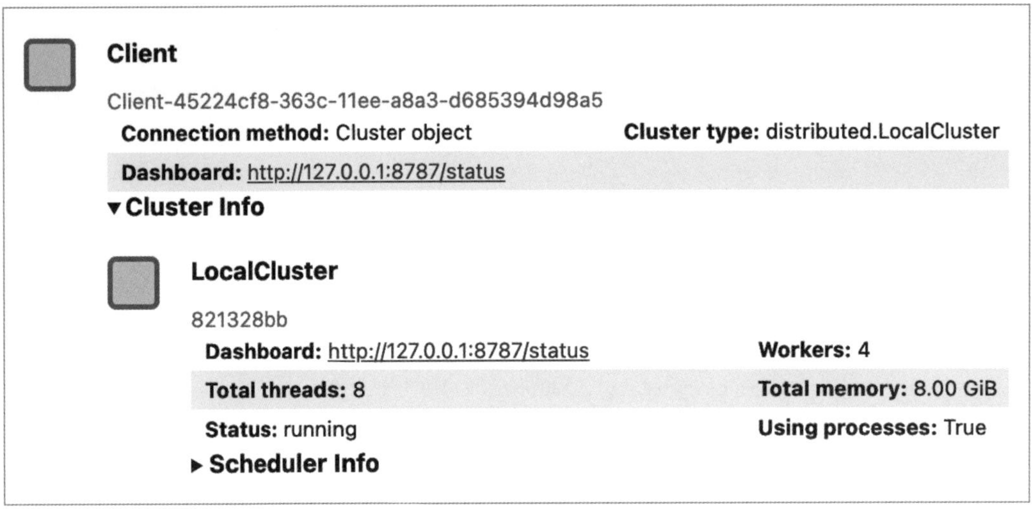

Client

Client-45224cf8-363c-11ee-a8a3-d685394d98a5
    Connection method: Cluster object   **Cluster type:** distributed.LocalCluster
    Dashboard: http://127.0.0.1:8787/status
▼ **Cluster Info**

LocalCluster

821328bb
    Dashboard: http://127.0.0.1:8787/status   **Workers:** 4
    Total threads: 8   **Total memory:** 8.00 GiB
    Status: running   **Using processes:** True
▶ **Scheduler Info**

그림 3.2 **대스크 로컬 클러스터 대시보드**

이 클라이언트가 준비됐으면 위와 같이 대스크 배열을 사용할 수 있고, 대스크 배열 계산은 지정한 개수만큼의 작업자에 분산된다.

대스크에 대해 더 알고 싶으면 대스크 문서(https://oreil.ly/ES1l9)를 참조하라. 여기에는 참고할 만한 훌륭한 예제들도 있다.

3.2.4 머신러닝에서의 배열

배열 곱셈은 여러 머신러닝 알고리즘에서 큰 부분을 차지한다. 머신러닝에서 데이터는 범주형 데이터, 이미지 데이터, 텍스트 데이터를 막론하고 종종 행렬(2차원 배열)이나 텐서(고차원 배열)에 저장된다. 머신러닝 모델이 점점 더 커짐에 따라 모델의 학습 속도를 높이기 위해 배열 연산을 더 효율적으로 만드는 데 많은 노력을 기울여왔다.

머신러닝 모델에서 가장 널리 사용되는 학습 프레임워크인 텐서플로Tensorflow와 파이토치PyTorch는 GPU에서의 훈련으로 얻어진 속도 개선을 활용하는 최적화된 데이터 구조를 제공한다. 두 프레임워크 모두 넘파이 배열을 쉽게 변환할 수 있다.

이전처럼 넘파이 배열을 생성해보자.

```
np_tensor = np.random.rand(4,4)
```

그런 다음 이 배열을 텐서플로의 `tensor` 형식으로 다음과 같이 변환한다.

```
import tensorflow as tf

tf_tensor = tf.convert_to_tensor(np_tensor)
```

또는 파이토치의 `tensor` 형식으로 변환한다.

```
import torch

pytorch_tensor = torch.from_numpy(np_tensor)
```

머신러닝 데이터 구조는 GPU에 최적화되어 있는데 이 프로세서는 다수의 텐서 연산을 병렬로 실행시킬 수 있기 때문이다. 수많은 머신러닝 알고리즘은 신경망에서의 역전파를 포함해 병렬처리하기 매우 쉽다.

희소행렬sparse matrix에 대해서도 살펴보자. 희소행렬은 대부분의 값이 0인 행렬을 저장하기 위해 메모리를 효율적으로 사용하는 데이터 구조다. 희소행렬이 유용함을 보여주는 일반적인 예로는 텍스트 데이터에서 서로 다른 단어의 빈도를 계산하는 것이다. 어떤 텍스트 블록이 주어졌을 때, 사용하는 단어 목록vocabulary의 크기가 크다면 대부분의 특성이 0이 된다. 사이킷런scikit-learn에서 `CountVectorizer`는 사이파이SciPy 희소행렬을 사용한다. 이 희소행렬을 넘파이 배열로 또는 그 반대로 변환할 수 있지만 희소행렬이 메모리 측면에서 훨씬 더 효율적이다.

머신러닝 모델 학습을 최적화하는 것은 여기에서 다루기에는 상당히 무거운 주제다. 모델 학습을 최적화할 수 있도록 파이토치PyTorch(https://oreil.ly/Bz2H0)와 텐서플로(https://oreil.ly/zhG6e)는 학습 코드의 어느 지점에서 병목현상이 발생하는지 알아내기 위한 프로파일러를 제공한다.

3.3 팬더스 데이터프레임

팬더스는 파이썬에서 데이터 과학을 할 때 가장 많이 쓰이는 라이브러리다. 팬더스는 데이터를 가공하고 분석하기 위한 핵심 라이브러리다. 팬더스는 느리고 메모리 사용량이 큰 것으로 악명이 높지만 이번 절에서는 그 성능을 개선할 수 있는 다양한 방법을 보여줄 것이다.

팬더스는 본래 넘파이 위에 구현되었으며 팬더스로 작업할 때 이 점을 기억하는 것이 중요하다. 넘파이 배열에 적용되는 수많은 원칙들이 팬더스 데이터프레임에도 적용되지만, 이 외에 팬더스에서만 제공되는 기능이 있다. 2023년 4월에 출시된 팬더스 2.0에는 백엔드로 파이애로PyArrow(https://oreil.ly/vVzYz) 데이터 구조를 사용할 수 있는 옵션이 추가되었다.

이 책에서는 넘파이 배열과 마찬가지로 팬더스 데이터프레임과 관련된 함수를 전부 다루지는 않을 것이다. 더 자세한 내용을 알고 싶다면 《파이썬 라이브러리를 활용한 데이터 분석》(한빛미디어, 2023)을 읽어보기를 추천한다.

3.3.1 데이터프레임 기능

팬더스에는 데이터프레임DataFrame과 시리즈Series라는 두 개의 핵심 데이터 구조가 있다. 데이터프레임은 하나 이상의 시리즈로 구성된다. 시리즈는 1차원 넘파이 배열과 비슷하지만 인덱스가 추가되었다는 것이 주요 차이점이다. 그렇기 때문에 시리즈에서는 위치뿐만 아니라 인덱스를 이용해서 아이템을 조회할 수도 있다.

다음과 같이 시리즈를 생성할 수 있다.

```
usa_data = pd.Series([13.33, 14.02, 14.02, 14.25], index=["2000", "2001", "2002", "2003"])
```

이로써 연도를 인덱스로 하는 다음과 같은 구조를 얻을 수 있다.

```
2000    13.33
2001    14.02
2002    14.02
2003    14.25
dtype: float64
```

넘파이 배열과 마찬가지로 시리즈는 연속된 메모리 공간으로 생성된다. 이는 성능 측면에서 몇 가지 고려할 사항이 있음을 뜻한다. 예를 들어 시리즈의 마지막에 새로운 아이템을 추가하려면 전체 구조가 새로운 메모리 위치로 이동해야 하기 때문에 느리다. 다음 절에서는 성능 측면에서 고려해야 할 사항에 대해 자세히 알아본다.

팬더스 데이터프레임은 팬더스 시리즈 구조를 컬럼 인덱스를 사용해 2차원으로 배치한 것이다. 다음과 같이 팬더스 시리즈로부터 팬더스 데이터프레임을 구성할 수 있다.

```
india_data = pd.Series([9.02, 9.01, 8.84, 8.84], index=["2000", "2001", "2002", "2003"])

df = pd.DataFrame({'USA': usa_data, 'India': india_data})
```

이 코드로 다음의 데이터프레임을 얻을 수 있다.

```
        USA    India
2000    13.33  9.02
2001    14.02  9.01
2002    14.02  8.84
2003    14.25  8.84
```

넘파이 배열과 달리 데이터프레임의 각 컬럼은 서로 다른 데이터 타입을 가질 수 있다. 팬더스는 **object** 컬럼 타입도 제공하기 때문에 한 개의 시리즈 내에 다양한 타입의 데이터를 함께 담을 수 있다. 또한 팬더스에는 넘파이보다 누락된 데이터를 처리할 수 있는 함수가 더 많다.

팬더스 데이터 구조는 특히 행과 열 정보를 갖춘 2차원 테이블 형태의 데이터에서 유용하다. 스프레드시트 스타일의 데이터에도 잘 맞는다. 또한 데이터베이스 테이블과 유사하게 사용될 수 있어서 데이터를 조인하거나 쿼리할 수 있지만 이 데이터 구조는 프로젝트 규모가 완전한 데이터베이스를 구축할 필요가 없을 만큼 작을 때 가장 적합하다. 팬더스는 시계열 작업에 특화된 다양한 함수도 제공한다.

3.3.2 데이터프레임의 성능 고려사항

넘파이와 마찬가지로 팬더스 라이브러리에는 배열의 모든 요소를 동시에 계산할 수 있는 벡터화된 연산이 많다. 이들 중 다수는 내부적으로 넘파이를 사용한다. 벡터화 연산을 사용할 수 있는 작업을 하고 있는 경우라면 벡터화 연산을 사용했을 때 거의 언제나 최고의 성능을 낼 수 있다.

예를 들어 산술 연산은 벡터화된다.

```
>>> %%timeit
>>> df["India_fraction"] = df["India"] / 100

... 65.7 µs ± 1.01 µs per loop (mean ± std. dev. of 7 runs, 10,000 loops each)
```

넘파이에서 사용할 수 있는 벡터화된 연산에 더해 팬더스에는 벡터화된 문자열 연산(https://oreil.ly/CwzmR)도 제공한다. 여기에는 `lower`, `strip`, `split` 등이 포함된다. 일반 파이썬 `.lower()` 메서드를 사용하는 것보다 `df['column_name'].str.lower()`를 사용하는 것이 더 빠르다.

여러분이 하고 싶은 작업이 내장 함수로 구현되어 있지 않다면 `apply`를 사용해 정의한 함수를 적용하면 된다(`apply`에 대해서는 다음 장에서 더 알아본다). 다음과 같이 `apply`는 계산과 별개로 오버헤드가 다소 발생한다.

```
>>> %%timeit
>>> df["India_fraction"] = df["India"].apply(lambda x: x / 100)

... 87.7 µs ± 302 ns per loop (mean ± std. dev. of 7 runs, 10,000 loops each)
```

데이터프레임의 모든 행에 대해 어떤 작업을 수행하려는 경우, 모든 행을 반복하는 것이 직관적으로 보일 수 있다. 팬더스는 이러한 작업 방식을 위해 `iterrows` 메서드를 제공한다. 하지만 아래에서 보다시피 이는 벡터화된 연산을 사용하거나 `apply`를 사용하는 것보다 훨씬 느리기 때문에 피하는 것이 좋다.

```
>>> %%timeit
>>> df["India_fraction"] = [row['India'] / 100 for index, row in df.iterrows()]

... 348 µs ± 4.14 µs per loop (mean ± std. dev. of 7 runs, 1,000 loops each)
```

기본적으로 팬더스 데이터프레임은 메모리에 로드된다. 따라서 데이터프레임이 컴퓨터 메모리보다 크다면 문제가 발생한다. 또한 데이터 처리에 얼마나 많은 메모리를 사용하게 될지 추정하기 어렵다. 따라서 데이터프레임이 컴퓨터 메모리보다 작더라도 여전히 문제가 생길 수 있다. 팬더스에서 메모리를 관리하는 방법은 빠르게 개선 중이지만 데이터프레임이 컴퓨터 메모리보다 큰 경우 해볼 수 있는 몇 가지 기본적인 조치 방법들이 있다. 먼저 작업할 컬럼만 로드하면 된다. 예를 들어 `read_csv`에서 `usecols` 인수를 사용해 CSV 파일에서 읽어들이고자 하는 컬럼을 지정할 수 있다. 둘째로 반복자를 생성할 때 `chunksize` 인수를 사용해 한 번에 전체 행 중 일부만으로 작업할 수 있다. 파이애로의 최근 소개에 따르면 보다 메모리 효율적인 데이터 타입도 지원한다(https://oreil.ly/kCzMf).

대량의 데이터를 처리하는 다른 방법으로는 대스크 라이브러리를 사용하는 것이다. 넘파이에서 봤듯이 다루는 데이터가 메모리 크기에 맞추기에 훨씬 큰 경우 대스크는 데이터를 나눌 수 있다. 또한 데이터 처리가 느려서 여러 개의 코어나 컴퓨터에서 병렬로 처리하고 싶은 경우를 지원한다. 대스크는 자체적으로 데이터프레임 구조(https://oreil.ly/yv913)를 가지고 있으며, 데이터에서 바로 대스크 데이터프레임을 생성할 수도 있고 기존 팬더스 데이터프레임에서 생성할 수도 있다.

데이터프레임 성능을 개선하기 위해 폴라스Polars(https://www.pola.rs/) 라이브러리로 전환하는 것도 생각해볼 수 있다. 폴라스는 팬더스만큼 성숙기에 이른 프로젝트는 아니지만 속도가 빠르고 메모리를 효율적으로 사용한다. 폴라스는 내부적으로 러스트Rust로 작성되었으며 아파치 애로Apache Arrow를 사용하지만 팬더스와 매우 비슷한 인터페이스를 갖추고 있다.

3.4 요약

이번 장에서는 다양한 경우에 따라 효과적으로 데이터 구조를 사용하는 방법을 살펴봤다. 이러한 데이터 구조별로 어떤 성능을 기대할 수 있는지와 함께 각자 작성중인 코드와 문제에서 가장 잘 작동하는 데이터 구조가 무엇인지 알아보기 위해 다양한 옵션을 가지고 실험해보고 성능을 측정하는 것이 중요하다.

종종 파이썬에 내장된 데이터 구조만으로도 문제를 해결하기에 충분할 수 있다. 리스트는 인덱스를 가지고 아이템을 조회해야 할 때 효율적이지만 리스트에서 아이템을 검색할 때는 상대적으로 느리다. 딕셔너리는 키를 사용해 조회를 자주해야 할 때 좋고 집합은 아이템이 존재하는지 여부를 확인하는 데 효율적일 수 있다.

넘파이 배열은 다차원 데이터를 다루기에 완벽하다. 이 배열은 하나의 데이터 타입만 포함하기 때문에 넘파이는 벡터화된 연산을 위해 빠르고 컴파일된 C 코드로 바로 넘길 수 있다. 이로써 속도가 엄청나게 향상될 수 있기 때문에 여러분이 수행하려는 계산에 대해 사용할 수 있는 벡터화된 메서드가 있다면 무조건 사용하면 좋다!

또한 메모리 사용량을 줄이기 위해 넘파이의 데이터 타입을 사용할 수도 있고 메모리보다 큰 배열 또는 병렬 계산을 위해 대스크를 사용할 수도 있다. 머신러닝 프로젝트에서는 GPU에 최적화된 데이터 구조를 활용하는 것이 유리하고 희소행렬이 도움이 될 수도 있다.

팬더스 데이터프레임은 테이블 형태의 데이터에 대해 기본적인 데이터 분석을 수행할 때 완벽한 데이터 구조다. 데이터프레임은 성능 측면에서 넘파이 배열과 비슷한 고려사항들을 갖고 있으므로 가능하다면 벡터화된 연산을 사용하는 것이 좋다. 데이터프레임에서 행마다 연산을 반복하는 것은 매우 비효율적이다. 표준 팬더스보다 더 효율적인 성능이 요구된다면 대스크 라이브러리나 폴라스 라이브러리를 살펴볼 수 있다.

이번 장에서 다뤘던 개념에 대해 더 자세히 배워보고 싶다면 다음 참고 문헌들을 읽어보기를 추천한다.

- 《Python in a Nutshell》(O'Reilly Media, 2023): 파이썬 데이터 구조에 대해 잘 요약되어 있다.
- 《파이썬 라이브러리를 활용한 데이터 분석(3판)》(한빛미디어, 2023): 넘파이 배열과 팬더스 데이터프레임에 대해 더 자세히 배울 수 있다.
- 《고성능 파이썬》(한빛미디어, 2021): 파이썬 성능을 최적화하는 방법에 대해 자세히 다루고 있다.
- 《Scaling Python with Dask》(O'Reilly Media, 2023): 데이터 과학에서 대스크를 사용하는 방법에 대해 더 자세히 알려준다.
- 파이썬 속도 개선 웹사이트(https://oreil.ly/ptdyp)의 데이터 과학 주제 관련 문서

객체지향 프로그래밍과
함수형 프로그래밍

이번 장에서는 데이터 과학 분야에서 경력을 쌓게 되면 접하게 될 가능성이 높은 객체지향 프로그래밍object-oriented programming, OOP과 함수형 프로그래밍functional programming, FP에 대해 알아본다. 이 두 가지 프로그래밍 유형을 알아두면 상당히 도움이 될 것이다. 이러한 스타일로 코드를 작성하지 않더라도 둘 중 하나를 폭넓게 사용하는 패키지를 접하게 될 것이다. 여기에는 팬더스와 맷플롯립matplotlib 같은 표준 파이썬 데이터 과학 패키지가 포함된다. 이 장을 통해 OOP와 FP를 이해함으로써 여러분이 접하는 코드를 더 효과적으로 사용할 수 있기를 바란다.

OOP와 FP는 기본 컴퓨터 과학 원리에 기반한 프로그래밍 패러다임이다. 일부 프로그래밍 언어는 이 중 하나만 지원하거나 하나를 다른 것보다 강력하게 선호한다. 파이썬의 경우는 둘 다 지원한다. OOP가 파이썬의 전반적인 스타일로 더 인기 있지만 가끔 FP를 사용하는 경우도 있다.

이러한 스타일은 코드를 분해하는 방법에 대한 기본 뼈대를 제공하기도 한다. 코드를 작성할 때 원하는 작업을 긴 하나의 스크립트로 작성할 수도 있다. 그렇게 해도 제대로 작동하기는 하지만 유지관리나 디버깅하기 어렵다. 1장에서 논의했듯이 코드를 더 작은 단위로 분해하는 것은 중요하며 OOP와 FP 모두 이를 수행하기에 좋은 방법을 제공한다.

필자의 코드에서는 함수형 프로그래밍이나 객체지향 프로그래밍 두 원칙 중 어느 하나를 고수하지 않는다. 때로는 OOP 원칙에 따라 클래스를 정의하기도 하고, 경우에 따라 FP 원칙을 따르는 함수를 작성하기도 한다. 현재 파이썬 프로그램은 대체로 이 두 패러다임을 결합한 중간 지대를 차지하고 있다. 이번 장에서는 이 두 패러다임의 기본 개념을 이해할 수 있도록 두 스타일의 개요를 살펴본다.

4.1 객체지향 프로그래밍

객체지향 프로그래밍은 파이썬에서 매우 보편적으로 사용된다. 하지만 이 맥락에서 '**객체**object'는 무엇을 의미하는 걸까? 객체란 명사로 나타낼 수 있는 것이라고 생각하면 된다. 데이터 과학 코드에서 보편적으로 사용되는 객체로는 팬더스 데이터프레임, 넘파이 배열, 맷플롯립 피겨figure, 사이킷런 추정기estimator를 들 수 있다.

객체는 데이터를 저장할 수 있고 그와 연관된 동작들을 제공하며 다른 객체와 상호작용할 수 있다. 예를 들어, 팬더스 데이터프레임 객체에는 컬럼명 목록을 포함한다. 데이터프레임 객체와 연계된 동작으로는 컬럼명을 변경하는 것이다. 데이터프레임은 새로운 컬럼으로 팬더스 시리즈를 추가함으로써 해당 시리즈와 상호작용할 수 있다.

또한 객체를 맞춤형 데이터 구조로도 볼 수 있다. 나중에 어떤 작업을 수행할 수 있도록, 원하는 데이터를 저장하는 데이터 구조를 설계한다. 다시 팬더스 데이터프레임을 예로 들면, 팬더스 설계자는 표 형태로 데이터를 보관할 수 있는 구조를 생각해냈다. 그런 다음, 행과 열의 데이터에 접근해 해당 형식의 데이터에서 작업할 수 있다.

다음 절에서는 OOP의 주요 용어를 소개하고 이미 사용하고 있는 몇 가지 예를 알아본다.

4.1.1 클래스, 메서드, 속성

클래스, 메서드, 속성은 OOP에서 만나게 될 중요한 용어다. 각각에 대한 개요는 다음과 같다.

- 클래스class는 객체를 정의하며, 이는 다양한 객체를 더 많이 만들기 위한 청사진으로 생각하면 된다. 개별 객체는 해당 클래스의 인스턴스이고 각 객체는 개별적인 '사물'이다.
- 메서드method는 해당 클래스의 객체에 할 수 있는 작업이다. 메서드는 해당 객체의 행위를 정의하고 객체의 속성을 수정한다.
- 속성attribute은 해당 클래스의 특성을 나타내는 변수이며, 각 객체는 이 속성들에 서로 다른 데이터를 저장할 수 있다.

이 내용은 매우 추상적이니 구체적인 예를 들어보자. 객체지향 용어를 실제 적용할 수 있는 방법은 다음과 같다. 지금 읽고 있는 책, 《데이터 과학을 위한 소프트웨어 엔지니어링》은 'Book' 클래스의 객체다. 이 객체의 속성 중 하나는 페이지 수이고 다른 하나는 저자 이름이다. 이 객체에 대해 호출할 수 있는 메서드로는 그 책을 '읽는' 것이다. 'Book' 클래스에는 많은 인스턴스가 있지만 이들 모두 특정 수의 페이지가 있고 모두 읽을 수 있다.

파이썬에서는 일반적으로 클래스 이름을 `CamelCase`로 짓기 때문에 클래스를 명명할 때는 `my_class`보다는 `MyClass`로 쓴다. 이 규칙을 따르면 클래스를 식별하기 더 쉽다. `class_instance.attribute` 형식을 사용해 속성을 조회할 수 있다. `class_instance.method()`를 사용해(구문에 괄호가 포함됨을 주의하자) 메서드를 호출할 수 있다. 메서드는 인수를 받지만, 속성은 인수를 받을 수 없다.

예를 들어 팬더스 데이터프레임을 생각해보자. 새로운 데이터프레임을 생성하는 구문은 익숙할 것이다.

```
import pandas as pd

my_dict = {"column_1": [1, 2], "column_2": ["a", "b"]}

df = pd.DataFrame(data=my_dict)
```

객체지향 관점에서 이 구문을 보면 `df = pd.DataFrame(data=my_dict)` 라인을 실행하면 데이터프레임 형식의 새로운 객체를 초기화하고 그 데이터프레임의 속성을 설정하기 위해 사용될 데이터를 전달한다.

해당 데이터프레임의 속성은 다음과 같이 조회할 수 있다.

```
df.columns

df.shape
```

`.columns`와 `.shape`는 `df` 객체의 속성이다.

그리고 해당 데이터프레임 객체에 대해 다양한 메서드를 호출할 수 있는데 예를 들면 다음과 같다.

```
df.to_csv("file_path", index=False)
```

여기에서 `.to_csv()`가 메서드다.

다른 익숙한 예제로는 사이킷런에서 새로운 객체를 생성하고 메서드를 호출하는 것이다. 만약 훈련 특성feature을 포함하는 `X_train`과 학습 레이블을 포함하는 `y_train`, 이 두 배열에 대해 머신러닝 모델을 학습시킨다면 다음과 같이 코드를 작성할 것이다.

```python
from sklearn.linear_model import LogisticRegression

clf = LogisticRegression()
clf.fit(X_train, y_train)
```

이 예제에서는 새로운 `LogisticRegression` 분류기 객체를 초기화하고 그 객체에 `.fit()` 모델을 호출했다.

또 다른 예제를 살펴보자. 다음은 2장에서 그림 2.3을 그린 코드다. 여기서는 맷플롯립 `figure` 객체와 맷플롯립 `axes` 객체를 생성한다. 그런 다음 여러 메서드가 호출되어 해당 객체에 대해 다양한 작업을 수행한다. 이에 대해 코드 주석에서 설명한다.

```python
import matplotlib.pyplot as plt
import numpy as np

n = np.linspace(1, 10, 1000)
line_names = [
    "Constant",
    "Linear",
    "Quadratic",
    "Exponential",
    "Logarithmic",
    "n log n",
]
big_o = [np.ones(n.shape), n, n**2, 2**n, np.log(n), n * (np.log(n))]

fig, ax = plt.subplots() ❶
fig.set_facecolor("white") ❷

ax.set_ylim(0, 50) ❸
for i in range(len(big_o)):
    ax.plot(n, big_o[i], label=line_names[i])
ax.set_ylabel("Relative Runtime")
ax.set_xlabel("Input Size")
ax.legend()
```

```
fig.savefig(save_path, bbox_inches="tight")  ❹
```

❶ `fig`와 `ax` 객체를 초기화한다.

❷ `fig` 객체에 대해 `white` 인수를 전달해 `set_facecolor` 메서드를 호출한다.

❸ 다음 몇 줄의 코드에 나오는 모든 메서드는 `ax` 객체에 작동한다.

❹ 그림을 저장하는 것은 `fig` 객체에서 호출되는 메서드다.

`figure`와 `axes` 객체에는 이 객체를 업데이트하기 위해 호출할 수 있는 다양한 메서드들이 있다.

 맷플롯립에는 두 가지 유형의 인터페이스가 있어서 때로는 혼란스럽게 느낄 수 있다. 그중 하나는 객체지향적이고 다른 하나는 매트랩MATLAB에서 차트 그리는 것을 모방하도록 설계되어 있다. 맷플롯립은 2003년에 최초로 출시되었고 개발자들은 매트랩을 사용하는 데 익숙한 사람들이 친숙하게 받아들이기 원했다. 이전 코드 예제에서 보여줬듯이 최근에는 객체지향 인터페이스를 사용하는 것이 훨씬 더 보편적이다. 하지만 사람들이 작성한 코드가 두 가지 유형의 인터페이스에 의존적이기 때문에 여전히 두 가지 유형 모두 존재해야 한다. '왜 맷플롯립을 싫어하는가Why You Hate Matplotlib'라는 글(https://oreil.ly/rYXUJ)에서 이 주제에 대해 더 자세히 확인할 수 있다.

OOP와 관련된 용어가 익숙하지 않더라도 이미 수많은 보편적인 데이터 과학 패키지에서 자주 사용하고 있을 것이다. 다음 단계로는 자신이 작성한 코드에 객체지향적 접근법을 사용할 수 있도록 직접 클래스를 정의한다.

4.1.2 직접 클래스 정의하기

직접 객체지향 스타일로 코드를 작성하려면 자신만의 클래스를 정의해야 한다. 그 방법에 대해 몇 가지 간단한 예를 살펴보자. 첫 번째, 어떤 텍스트를 특정 횟수만큼 반복한다. 두 번째, 이 책의 다른 예제에서도 사용했던 유엔 지속가능 개발 목표 데이터를 사용한다. 이 데이터에 대해서는 14페이지의 '이 책에서 사용하는 데이터'에서 설명했다.

파이썬에서는 `class` 문을 사용해 새로운 클래스를 정의한다.

```
class RepeatText():
```

객체의 새로운 인스턴스가 초기화될 때마다 몇 가지 속성을 저장하는 것은 매우 보편적이다. 그러기 위해 파이썬은 다음에 정의한 것처럼 `__init__`이라는 특별한 메서드를 사용한다.

```
    def __init__(self, n_repeats):
        self.n_repeats = n_repeats
```

__init__ 메서드의 첫 번째 인수는 새롭게 생성될 객체의 인스턴스를 말한다. 통상적으로 첫 번째 인수의 이름으로는 보통 self를 사용한다. 이 예제에서는 __init__ 메서드에서 또 다른 인수로 n_repeats를 받는다. self.n_repeats = n_repeats 라인은 RepeatText 객체의 새로운 인스턴스마다 n_repeats 속성을 가지며 이 속성은 새로운 객체가 초기화될 때마다 제공되어야 한다.

새로운 RepeatText 객체는 다음과 같이 생성할 수 있다.

```
repeat_twice = RepeatText(n_repeats=2)
```

그런 다음, 다음 구문으로 n_repeats 속성에 접근할 수 있다.

```
>>> print(repeat_twice.n_repeats)
... 2
```

다른 메서드를 정의하는 것은 __init__ 메서드를 정의하는 것과 유사하지만 일반 함수인 것처럼 메서드에 원하는 이름을 지정할 수 있다. 다음과 같이 객체의 각 인스턴스가 동작을 하게 하려면 여전히 self 인수가 필요하다.

```
    def multiply_text(self, some_text):
        print((some_text + " ") * self.n_repeats)
```

이 메서드는 작동하는 클래스 인스턴스의 n_repeats 속성을 조회한다. 이는 해당 메서드를 사용하기 전에 RepeatText 객체의 인스턴스를 생성해야 한다는 뜻이다.

 파이썬에는 self 변수를 인수로 취하지 않는 특별한 메서드가 있다. 클래스 메서드와 정적 메서드가 이에 해당한다. 클래스 메서드는 클래스 인스턴스가 아니라 전체 클래스에 적용되며 정적 메서드는 클래스 인스턴스를 생성하지 않고도 호출될 수 있다. 이에 대해서는 빌 루바노빅이 쓴《처음 시작하는 파이썬(2판)》(한빛미디어, 2020)에서 더 자세히 설명한다.

새롭게 생성된 메서드는 다음과 같이 호출할 수 있다.

```
>>> repeat_twice.multiply_text("hello")
... hello hello
```

다음은 새로운 클래스를 정의하는 전체 코드다.

```
class RepeatText():

    def __init__(self, n_repeats):
        self.n_repeats = n_repeats

    def multiply_text(self, some_text):
        print((some_text + " ") * self.n_repeats)
```

다른 예제도 살펴보자. 이번에는 1장에서 소개했던 유엔 지속가능 개발 목표 데이터를 사용해보자. 아래 예제에서는 제5 목표(https://oreil.ly/tw77-)인 '성평등 달성과 모든 여성과 여아의 권위 강화'와 관련된 데이터를 저장하기 위한 Goal5Data 객체를 생성한다. 이 특정 객체는 목표 5.5 '정치, 경제, 공공 생활에서 모든 차원의 의사결정에서 여성 참여 및 리더십 보장'에 대한 데이터를 저장할 것이다.

각 나라의 데이터를 손쉽게 가공할 수 있도록 객체를 생성하겠다. 다음은 새로운 클래스를 생성하고 데이터를 저장하는 코드다.

```
class Goal5Data():
    def __init__(self, name, population, women_in_parliament):
        self.name = name
        self.population = population
        self.women_in_parliament = women_in_parliament ❶
```

❶ 이 속성은 국가 통치 기구에서 여성이 차지하는 좌석 수의 비율 리스트(연도별)를 담고 있다.

다음은 이 데이터의 요약을 출력하는 메서드다.

```
    def print_summary(self):
        null_women_in_parliament = len(self.women_in_parliament) - np.count_nonzero(
            self.women_in_parliament
        )
        print(
            f"There are {len(self.women_in_parliament)} data points for Indicator 5.1.1,
```

```
'Proportion of seats held by women in national parliaments'."
        )
        print(f"{null_women_in_parliament} are nulls.")
```

이전 예제와 같은 방식으로 이 클래스의 새로운 인스턴스를 다음과 같이 생성할 수 있다.

```
usa = Goal5Data(name="USA",
                population=336262544,
                women_in_parliament=[13.33, 14.02, 14.02, ...])
```

`print_summary` 메서드를 호출하면 다음 결과를 얻을 수 있다.

```
>>> usa.print_summary()
... "There are 24 data points for Indicator 5.5.1,
    'Proportion of seats held by women in national parliaments'. 0 are nulls."
```

이 코드를 메서드로 작성하면 코드가 모듈화되고 잘 구조화되어 재활용이 쉬워진다. 또한 이 코드가 하는 일이 매우 명확해지기 때문에 이 코드를 사용하고 싶은 누구에게나 도움이 될 것이다.

다음 절에서 이 클래스를 사용해 클래스의 또 다른 원칙인 상속에 대해 살펴본다.

4.1.3 OOP 원리

OOP를 공부하다 보면 캡슐화, 추상화, 상속, 다형성이라는 용어를 자주 마주하게 된다. 이번 절에서는 이 용어에 대해 모두 정의하고, 상속이 얼마나 유용할 수 있는지 예제를 들어 알아보기로 한다.

상속

상속inheritance이란 하나의 클래스를 기반으로 다른 클래스를 생성함으로써 클래스를 확장시킬 수 있음을 뜻한다. 이미 작성된 코드와 거의 유사한 새로운 클래스가 필요할 때 사소한 변경을 위해 해당 클래스를 중복해서 작성할 필요가 없기 때문에 코드를 반복적으로 작성하는 작업을 줄이는 데 도움이 된다.

자체적으로 클래스를 정의할 때 상속을 사용할 필요는 없을 수 있지만 타사 라이브러리의 클래스를 가져올 때는 상속을 사용해야만 한다. 이 책 후반부인 7.5.3절, 11.2.2절에서 데이터 검증을 위해 상속을 사용하는 예를 보게 될 것이다. 이번 절에서는 상속을 접했을 때 이를 이해할 수 있도록 도움을 주고자 한다.

다음 구문을 사용하는 클래스는 상속을 사용하는 클래스다.

```
class NewClass(OriginalClass):
    ...
```

NewClass 클래스는 OriginalClass의 모든 속성과 메서드를 사용할 수 있으면서 이 중에서 변경하고 싶은 것은 오버라이드override할 수 있다. '부모'라는 용어는 원래 클래스를 지칭할 때 주로 사용되며 이를 상속한 새로운 클래스를 대체로 '자식' 클래스라 부른다.

다음은 앞 절에서 정의한 Goal5Data 클래스를 상속하여 시계열 데이터로 작업할 수 있는 새로운 클래스인 Goal5TimeSeries를 정의하는 예제다.

```
class Goal5TimeSeries(Goal5Data):
    def __init__(self, name, population, women_in_parliament, timestamps):
        super().__init__(name, population, women_in_parliament)
        self.timestamps = timestamps
```

이번 __init__ 메서드는 약간 달라 보인다. super()는 부모 클래스의 __init__ 메서드가 호출되어 name, population, women_in_parliament 속성을 초기화함을 뜻한다.

새로운 Goal5TimeSeries 객체는 다음과 같이 생성할 수 있다.

```
india = Goal5TimeSeries(name="India", population=1417242151,
                        women_in_parliament=[9.02, 9.01, 8.84, ...],
                        timestamps=[2000, 2001, 2002, ...])
```

그리고 여전히 Goal5Data 클래스의 메서드에 접근할 수 있다.

```
>>> india.print_summary()
... "There are 24 data points for Indicator 5.5.1,
    'Proportion of seats held by women in national parliaments'. 0 are nulls."
```

또한 자식 클래스에 관련된 새로운 메서드를 추가할 수 있다. 예를 들어 이 새로운 fit_trend line()는 데이터에 회귀선을 맞추어 데이터의 추이를 발견한다.

```
from scipy.stats import linregress

class Goal5TimeSeries(Goal5Data):
    def __init__(self, name, population, women_in_parliament, timestamps):
        super().__init__(name, population, women_in_parliament)
        self.timestamps = timestamps

    def fit_trendline(self):
        result = linregress(self.timestamps, self.women_in_parliament) ❶
        slope = round(result.slope, 3)
        r_squared = round(result.rvalue**2, 3) ❷
        return slope, r_squared
```

❶ scipy의 linregress 함수를 사용해 선형 회귀를 사용해 데이터를 직선에 적합시킨다.

❷ 결정계수R-squared, R^2를 계산해 이 선의 적합도를 구한다.

새 메서드를 호출하면 추세선의 기울기와 이 선의 데이터에 대한 적합도의 정규화된 평균 제곱근 오차normalized root mean square error, NRMSE가 반환된다.

```
>>> india.fit_trendline()
... (0.292, 0.869)
```

직접 작성한 클래스에서 상속을 사용한다면 생성한 클래스의 능력을 확장시킬 수 있다. 이는 코드 중복을 줄이고 코드의 모듈성을 유지하는 데 도움이 된다. 또한 타사 라이브러리의 클래스를 상속할 때 매우 유용하다. 다시 말해서 이는 이미 구현된 기능을 중복해서 코딩하지 않고 부가적인 기능을 추가할 수 있다는 의미다.

캡슐화

캡슐화encapsulation는 클래스가 세부사항을 외부로부터 감춘다는 뜻이다. 여러분은 클래스의 인터페이스만 볼 수 있을 뿐 어떤 일이 일어나는지 내부 작동 방식을 볼 수 없다. 파이썬에서는 그렇게 일반적이지는 않지만 다른 프로그래밍 언어의 클래스에서는 종종 외부에서 변경할 수 없는 내부 메서드나 비공개 메서드 혹은 속성을 사용해 설계한다.

그렇지만 캡슐화 개념은 여전히 파이썬에 적용되며 여러 라이브러리와 애플리케이션에서 이를 활용한다. 팬더스가 대표적인 예다. 팬더스는 캡슐화를 사용해 내부 구현의 세부사항을 숨기면서 데이터와 상호작용할 수 있게 해주는 메서드와 속성을 제공한다. 데이터프레임 객체는 데이터를 캡슐화하고 데이터 접근, 필터링, 변환을 위한 다양한 메서드를 제공한다. 3장에서 설명했듯이 팬더스 데이터프레임은 내부적으로 넘파이를 사용하지만 팬더스를 사용하는 데 있어 이 사실을 알 필요는 없다. 각자의 작업을 수행하기 위해 팬더스 데이터프레임 인터페이스를 사용할 수 있지만 내부적으로 더 깊이 이해할 필요가 있다면 넘파이 메서드도 사용할 수 있게 될 것이다.

인터페이스는 상당히 중요하다. 다른 코드나 클래스에서 종종 특정 속성이나 메서드에 대한 종속성을 갖기 때문에 만약 인터페이스를 변경한다면 다른 코드에서 오류가 발생할 수 있다. 클래스의 내부 동작을 변경하는 것, 예를 들어 특정 메서드의 계산 방식을 좀 더 효율적으로 변경하는 것은 괜찮다. 그렇지만 인터페이스는 처음부터 사용하기 쉽게 만들고 사후에 변경하지 않도록 하는 것이 좋다. 인터페이스에 대해서는 8장에서 더 자세히 다루기로 한다.

추상화

추상화abstraction는 캡슐화와 밀접하게 연결되어 있다. 이는 클래스를 적절한 수준의 세부사항으로 다뤄야 한다는 것을 뜻한다. 따라서 특정 계산의 세부사항들은 메서드 내부에 감추고 인터페이스를 통해 계산에 접근하도록 허용하기로 선택할 수 있다. 이 개념 역시 다른 프로그래밍 언어에서 더 보편적으로 쓰인다.

다형성

다형성polymorphism은 서로 다른 클래스에 대해 동일한 인터페이스를 가질 수 있어 코드를 단순화하고 반복을 줄일 수 있음을 뜻한다. 즉, 두 개의 클래스가 유사한 결과를 만들지만 내부 동작은 서로 다른 같은 이름의 메서드를 가질 수 있다. 이 두 개의 클래스는 부모와 자식 클래스일 수도 있고 서로 아무 관계가 없을 수도 있다.

사이킷런은 다형성의 대표적인 예다. 모든 분류기는 다른 클래스로 정의되었더라도, 특정 데이터에 분류기를 학습시키는 fit이라는 같은 이름의 메서드가 있다. 다음은 특정 데이터에 두 개의 서로 다른 분류기를 학습시키는 예제다.

```
from sklearn.linear_model import LogisticRegression
from sklearn.ensemble import RandomForestClassifier

lr_clf = LogisticRegression()
lr_clf.fit(X_train, y_train)

rf_clf = RandomForestClassifier()
rf_clf.fit(X_train, y_train)
```

LogisticRegression과 RandomForestClassfier가 서로 다른 클래스임에도 둘 다 학습 데이터와

학습 레이블을 인수로 취하는 `.fit()` 메서드를 갖는다. 메서드 이름을 공유하면 코드를 많이 변경하지 않고도 분류기를 변경하기 쉽다.

여기까지 객체지향 프로그래밍의 주요 특징에 대한 개요를 간단히 알아보았다. 워낙 방대한 주제라 더 배우고 싶다면 빌 루바노빅이 쓴 《처음 시작하는 파이썬(2판)》(한빛미디어, 2020)을 읽어보기 바란다.

4.2 함수형 프로그래밍

파이썬이 함수형 프로그래밍 패러다임을 지원하지만 파이썬에서 순수하게 FP 스타일로 코드를 작성하는 일은 일반적이지 않다. 수많은 소프트웨어 엔지니어는 스칼라Scala 같은 다른 언어가 FP에 더 적합하다는 의견을 갖고 있다. 그렇지만 파이썬에서 사용할 수 있는 유용한 FP 기능들은 알아둘 가치가 있으므로 이에 대해 살펴보기로 한다.

함수형 프로그래밍은 그 이름에서도 알 수 있듯이 변하지 않는 함수에 중점을 두고 있다. 이러한 함수는 함수 외부에 존재하는 데이터를 변경하거나 어떤 전역 변수도 변경하지 않는다. 정확한 용어를 사용하면, 함수는 '불변'하고 '순수'하며 부작용이 없다. 함수가 반환하는 내용에 반영되지 않는 어떤 것에도 영향을 미치지 않는다.[1] 예를 들어 아이템을 리스트에 추가하는 함수가 있다면 해당 함수는 기존 리스트를 수정하는 대신 새로운 리스트 사본을 반환해야 한다. 엄격한 FP에서 프로그램은 함수에 대한 평가로만 구성된다. 이러한 함수는 중첩될 수 있으며 (하나의 함수가 다른 함수 내부에 정의되는) 함수가 다른 함수의 인수로 전달될 수 있다.

FP에는 다음과 같은 이점이 있다.

- 함수는 특정 입력에 대해 항상 동일한 결과를 반환하기 때문에 테스트하기 쉽다. 함수 외부의 어떤 것도 변경되지 않는다.
- 데이터가 수정되지 않기 때문에 병렬화하기 쉽다.
- 모듈식 코드를 작성할 수밖에 없다.
- 더 간결하고 효율적일 수 있다.

---

1 [옮긴이] 함수가 함수의 반환값에 영향을 미치지 않는 외부 요소나 상태(변수, 파일, 데이터베이스 등)는 전혀 변경하지 않음을 뜻한다.

함수형 스타일의 보편적인 파이썬 개념에는 람다 함수와 `map`, `filter` 내장 함수가 포함된다. 또한 생성기는 종종 이러한 스타일로 작성되며 리스트 컴프리헨션 또한 일종의 FP로 볼 수 있다. FP를 알아두면 좋을 만한 다른 라이브러리로는 `itertools`(https://docs.python.org/ko/3/library/itertools.html)와 `more-itertools`(https://oreil.ly/qOMsA)가 있다. 다음 절에서 람다 함수와 `map()`에 대해 더 자세히 살펴보자.

4.2.1 람다 함수와 map()

람다 함수는 빠른 일회성 작업에 사용할 수 있는 작은 익명의 파이썬 함수다. 이 함수는 이름을 갖는 일반적인 파이썬 함수처럼 정의되지 않기 때문에 '익명anonymous'이라고 불린다.

람다 함수는 다음 구문을 사용한다.

```
lambda arguments: expression
```

람다 함수는 원하는 만큼 많은 인수를 취할 수 있지만 단 하나의 표현만 가질 수 있다. 람다 함수는 종종 `map`과 `filter` 같은 내장 함수와 함께 사용된다. 이 함수는 인수로 함수를 받은 다음 해당 함수를 리스트처럼 반복 가능한 객체의 모든 요소에 적용할 수 있다.

아래의 간단한 예제를 보자. 4.1.2절의 제5 목표 데이터를 사용해 정부 고위 관직에서 여성이 차지하는 자리의 백분율 리스트를 다음 함수를 사용해 0에서 1 사이의 값을 갖는 비율 리스트로 전환할 수 있다.

```
usa_govt_percentages = [13.33, 14.02, 14.02, 14.25, ...]

usa_govt_proportions = list(map(lambda x: x / 100, usa_govt_percentages))
```

여기 코드 한 줄에서 많은 일이 일어나고 있다. 이 경우 람다 함수는 `lambda x: x/100`이다. 이 함수에서 x는 함수 외부에서는 사용되지 않는 임시 변수다. `map()`은 람다 함수를 해당 리스트의 모든 요소에 적용한다. 그리고 마지막으로 `list()`는 매핑 결과에 기반한 새로운 리스트를 생성한다.

이로써 다음의 결과를 얻게 된다.

```
>>> print(usa_govt_proportions)
```

```
... [0.1333, 0.1402, 0.1402, 0.1425, ...]
```

이 함수가 적용되었더라도 원본 데이터는 변경되지 않는다는 점에 주목하자. 변경된 데이터를 갖는 새로운 리스트가 생성된다.

4.2.2 함수를 데이터프레임에 적용하기

앞서 살펴본 `map()` 내장 함수와 비슷한 방식으로 데이터프레임에도 함수를 적용할 수 있다. 이는 특히 기존 컬럼에 기반해 새로운 컬럼을 생성하고자 할 때 유용하다. 다시 말해 다른 함수를 입력으로 취하는 함수를 사용할 수 있다. 팬더스에서는 이러한 함수가 `apply()`이다.

다음 예제는 람다 함수를 데이터프레임의 컬럼에 적용하는 방법을 보여준다.

```
df["USA_processed"] = df["United States of America"].apply(lambda x:
                                                "Mostly male"
                                                if x < 50
                                                else "Mostly female")
```

이 예제에서 `United States of America` 컬럼은 이번 장에서 사용한 정부 고위 관직을 차지하는 여성의 비율에 대한 데이터다. 람다 함수는 정부 고위 관직에서의 여성이 차지하는 관직 수의 백분율을 취해서 만약 그 숫자가 50% 미만이면 `"Mostly male"`을 반환하고 50%보다 크다면 `"Mostly female"`을 반환한다.

`df.apply()` 함수는 다른 곳에서 정의한 명명된 함수와 함께 사용할 수도 있다. 다음은 이전과 동일한 함수지만 명명된 함수로 작성된 것이다.

```
def binary_labels(women_in_govt):
    if women_in_govt < 50:
        return "Mostly male"
    else:
        return "Mostly female"
```

이 함수명을 `apply` 함수에 인수로 전달함으로써 컬럼이 모든 행에서 이 함수를 호출할 수 있다.

```
df["USA_processed"] = df["United States of America"].apply(binary_labels)
```

명명된 함수를 사용하는 것이 람다 함수를 작성하는 것보다 더 나은데 향후에도 이 함수를 재사용할 수 있고 별도로 테스트하고 디버깅할 수도 있기 때문이다. 또한 람다 함수에 비해 더 복잡한 기능도 포함시킬 수 있다.

 팬더스에서 `apply` 함수는 내장 벡터화 함수보다 느린데 `apply` 함수는 데이터프레임의 모든 행을 반복하기 때문이다. 따라서 이미 구현되어 있지 않은 것에 대해서만 `apply`를 사용하는 것이 좋다. 리스트의 최댓값을 가져오는 것처럼 간단한 산술 연산이나 하나의 문자열을 다른 문자열로 대체하는 것과 같은 단순한 문자열 옵션은 이미 더 빠른 벡터화 함수로 존재하기 때문에 가능한 경우에는 이러한 내장 함수를 사용해야 한다.

4.3 어떤 패러다임을 사용할 것인가?

사실 작은 스크립트를 작성하거나 독자적으로 진행하는 짧은 프로젝트에서 작업한다면 이들 중 하나를 온전히 받아들일 필요는 없다. 그 작업에 모듈식 스크립트를 작성하는 것만 지켜도 된다.

그렇지만 프로젝트가 크다면 여러분이 다루는 문제의 유형과 두 패러다임 중 어느 것이 문제 해결에 더 적합할지 생각해보는 것이 좋다. OOP를 고려하게 될 경우는 여러 객체에 대해 어떤 작업을 수행할 필요가 있다고 생각할 때다. 문제 공간을 유사한 행동을 하지만 속성이나 데이터는 다른 인스턴스로 전환할 수 있다. 여기서 중요한 점은 클래스라면 인스턴스가 많아야 한다는 것이다. 만약 어떤 클래스의 인스턴스가 단 하나라면 새로운 클래스를 작성할 가치가 없다. 그러면 불필요하게 복잡도만 가중시킬 뿐이다.

일부 데이터를 고정된 상태로 두면서 새로운 작업을 하려면 FP를 선택하는 것이 좋다. 또한 대량의 데이터에 수행할 작업을 병렬화하려는 경우에도 FP를 살펴볼 가치가 있다.

하지만 여기에는 정답이 따로 없다. 혼자 작업할 때는 개인 선호도에 따라 작업하거나, 표준화를 유지하기 위해 팀에서 주로 사용하는 것을 선택할 수 있다. 언제 이러한 패러다임을 사용하는지 인지하고, 다른 사람들이 작성한 코드에 이러한 패러다임을 사용하고 특정 문제에서 최적의 패러다임이 무엇인지 결정하는 것이 바람직하다.

4.4 요약

OOP와 FP는 앞으로 읽게 될 코드에서 마주칠 프로그래밍 패러다임이다. OOP는 맞춤형 데이터 구조인 객체와 관련되어 있고, FP는 기본 데이터를 변경하지 않는 함수와 관련되어 있다.

OOP에서 클래스는 속성과 메서드를 가질 수 있는 새로운 객체를 정의한다. 데이터와 그에 연계된 메서드를 함께 유지하기 위해 고유의 클래스를 정의할 수 있으며 이는 유사한 객체의 인스턴스가 많을 때 사용하기 좋은 접근법이다. 상속을 사용하여 코드 반복을 피하고 다형성을 사용해 표준화된 인터페이스를 유지할 수 있다.

FP에서는 모든 것이 함수 내에 있는 것이 이상적이다. 이는 변경되지 않는 데이터가 있고 그 데이터에 수행해야 할 작업이 많거나 데이터에 수행하는 작업을 병렬화하려는 경우에 유용하다. 람다 함수는 파이썬에서 가장 보편적으로 사용되는 FP의 예다.

어떤 패러다임을 선택할지는 여러분이 작업하고 있는 문제에 따라 달라지지만 둘 다 알아두면 유용할 것이다.

CHAPTER

5

오류, 로깅, 디버깅

이번 장에서는 코드를 더 안정적으로 만들기 위한 몇 가지 기법을 살펴보기로 한다. 안정성은 1장에서 논의한 좋은 코드를 작성하는 원칙 중 하나다. 우선 뭔가 잘못됐더라도, 코드가 예측 가능하게 행동할 수 있게 코드에서 오류를 처리하는 방법을 살펴본다. 다음으로 로깅을 통해 코드가 수행하는 작업에 대한 정보를 저장하는 방법을 알아본다. 이로써 다른 사람들이 여러분이 작성한 코드에 대해 추론할 수 있으며 예상치 못한 오류가 발생했을 때에도 도움이 된다. 마지막으로 코드에서 문제의 근원을 추적하는 방법인 디버깅에 대해 논의한다. 효율적인 디버깅을 위한 몇 가지 전략과 도구를 살펴본다.

5.1 파이썬에서의 오류

오류는 프로그램이 해야 할 작업을 전부 완료하기 전에 코드가 예상치 못하게 중단되는 것을 말한다. 이런 일이 발생하면 그 코드에 종속되어 있는 것들도 모두 중단될 수 있다. 경우에 따라서는 그렇게 되는 것이 좋을 수도 있지만, 어떤 경우에는 코드가 계속 실행될 수 있게 다른 일이 일어나는 것이 더 나을 수도 있다. 이것을 오류 처리error handling라고 한다. 코드는 여러분이 발생할 것으로 기대하는 일련의 일들이 예측 가능해야 하며, 이를 통해 코드의 안정성이 확보된다.

이번 절에서는 파이썬 오류 메시지를 읽는 방법, 오류를 처리하는 방법, 자신만의 오류를 발생시키는 방법에 대해 논의한다.

파이썬 오류 메시지는 암호 같아 보이지만 유용한 정보로 가득하다. 오류는 구문 오류와 예외로 구분할 수 있다. 구문 오류는 파이썬 언어에 완벽하게 맞지 않는 코드를 작성하면 발생한다. 예를 들면 괄호를 닫지 않았거나, 함수 정의에서 def를 쓰는 것을 잊었을 때 구문 오류가 발생한다. 이러한 오류는 파이썬 인터프리터에서 제대로 파싱parsing할 수 없으며 코드가 중단되고 오류를 반환한다.

예외는 그 외 다른 모든 오류를 포함한다. 예를 들면 함수의 입력이 누락됐거나, 딕셔너리에 존재하지 않는 키에 대한 값을 조회하려고 하는 경우다.

다음 예제에서는 파이썬 오류 메시지를 해석하는 방법을 보여주기 위해 고의로 오류를 만들었다. 여기서는 4장에서 봤던 추세선 코드를 별도의 함수로 정의했는데 함수 정의에서 data 인수가 누락됐다.

```python
from scipy.stats import linregress

def fit_trendline(year_timestamps):
    result = linregress(year_timestamps, data)
    slope = round(result.slope, 3)
    r_squared = round(result.rvalue**2, 3)
    return slope, r_squared
```

인수 하나만 가지고 이 함수를 실행시켜볼 수 있다.

```python
fit_trendline(timestamps)
```

그러면 다음과 같은 오류가 발생한다.

```
---------------------------------------------------------------------------
NameError                                 Traceback (most recent call last)
Cell In[7], line 1
----> 1 fit_trendline(timestamps)

Cell In[6], line 2, in fit_trendline(year_timestamps)
      1 def fit_trendline(year_timestamps):
----> 2     result = linregress(year_timestamps, data) ❶
      3     slope = round(result.slope, 3)
```

```
     4      r_squared = round(result.rvalue**2, 3)

NameError: name 'data' is not defined ❷
```

❶ 이 줄이 오류의 근원이다.

❷ 오류의 유형과 오류를 정정하는 방법을 제시한다.

파이썬 오류는 오류 추적traceback 형태로 출력된다. 여기서는 오류를 생성했던 호출된 함수 전체를 살펴보기로 한다. 때때로 여기에는 파이썬 내부 구조나 여러분이 사용 중인 라이브러리에 대한 세부 정보가 포함되기 때문에 읽기가 다소 엄두가 나지 않겠지만, 오류 원인을 파악하는 데 도움이 되는 유용한 정보가 많이 포함되어 있다.

파이썬 오류 메시지를 다루는 전략으로는 메시지의 맨 끝에서부터 시작하는 것이 좋다. 마지막 줄에서 다뤄야 할 오류 유형(예를 들어, `NameError`)과 파이썬이 생각했을 때 도움이 된다면 그 오류를 수정하는 방법에 대한 정보를 알려준다. 오류 유형의 세부사항에 더해 코드에서 오류가 기인된 라인을 화살표로 가리키는 것을 보게 될 것이다. 여기가 문제를 살펴보는 시작점으로 좋지만 이 예제에서 보다시피 실제로는 함수 정의에서 **data** 인수가 누락된 이전 라인이 문제다.

임포트한 모듈에서 오류가 발생할 수 있다. 예를 들어 임포트한 함수에 잘못된 형식의 입력을 넣었을 경우다. 이 경우 더 헷갈릴 수 있는데, 코드에서 오류가 비롯된 라인을 강조할 뿐 아니라 오류 메시지에는 임포트한 함수의 라인과 함께 그 함수를 호출한 다른 함수까지 포함되기 때문이다. 오류 메시지가 아무리 길어도 같은 전략을 쓰면 된다. 마지막 줄에서 출발해 거꾸로 올라오면서 작업하며 문제를 해결하면 된다.

> 파이썬에서 오류 메시지는 3.10 버전(https://oreil.ly/Qpddl)과 3.11 버전(https://oreil.ly/J7nxs)에서 상당한 개선을 이뤘다. 최신 버전은 더 읽기 쉽고 충분한 정보를 제공하며 개선 사항에는 이전 라인이 아닌 코드의 정확한 위치를 가리키는 구문 오류가 포함된다. 가능하다면 파이썬 최신 버전으로 업그레이드하는 것이 좋다.

5.1.2 오류 처리

대체로 오류를 만났을 때 코드가 중단되는 것을 원하지 않을 것이다. 이는 다른 함수가 결과를 반환하기 위해 여러분이 작성한 함수에 의존하고 있다면 중요하다. 큰 시스템에서 연쇄적으로 오류를 일으킬 수 있다. 이런 경우라면 코드가 예측 가능하게 작동하도록 오류를 '처리handle'해야 한다.

파이썬은 try와 except 키워드를 사용해 오류를 처리한다. 이는 두 개의 코드 블록의 형태를 갖는다.

```
try:
    # 실행시키고자 하는 코드
except KeyError:
    # 이러한 유형의 오류가 발생했을 때
    # 대신 일어났으면 하는 동작
```

try 블록에는 오류에 직면할 수 있지만 실행시키기 원하는 코드가 포함된다. except 블록은 특정 유형의 오류, 이 경우에는 KeyError가 발생했을 때 일어나기 원하는 일을 기술한다. 예를 들어, 딕셔너리에서 어떤 키에 해당하는 값을 조회하는 코드가 있다고 하자. 그 키가 딕셔너리에 없다면 오류를 내고 코드를 중단하는 대신 기본값을 반환하게 할 수 있다.

특정 유형의 예외가 발생할 때 실행하려는 코드를 담고 있는 except 블록은 여러 개가 있을 수 있다. 또는 여러 유형의 오류를 하나의 except 블록에서 처리할 수도 있다. 이 경우 except (KeyError, ValueError): 구문을 쓴다.

또한 else 블록이 있는데 이 블록은 반드시 except 블록 다음에 와야 한다. 여기에는 에러가 발생하지 않았을 경우 try 블록 다음에 실행할 코드가 포함된다. 파이썬 에러 처리의 또 다른 기능으로는 에러 발생 여부와 상관없이 실행되는 finally 블록이 있다. 이 블록은 try, except, 만약 있다면 else 블록 다음에 와야 한다. finally 블록은 열었던 파일을 닫는 작업처럼 자원을 해제하기 위해 가장 자주 사용된다. 파이썬 문서(https://docs.python.org/ko/3/tutorial/errors.html)에는 오류 처리 구문에 대해 더 자세한 설명을 담고 있다.

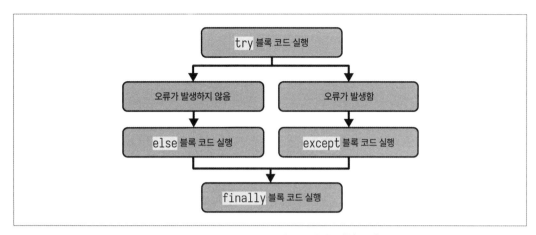

그림 5.1 try, except, else, finally 블록 실행 순서

이번에는 정확한 인수를 써서 5.1.1절의 추세선 함수를 사용해 오류를 처리하는 방법을 알아본다.

```python
from scipy.stats import linregress

def fit_trendline(year_timestamps, data):
    result = linregress(year_timestamps, data)
    slope = round(result.slope, 3)
    r_squared = round(result.rvalue**2, 3)
    return slope, r_squared
```

이제 예외를 일으키도록 잘못된 입력값을 사용해 이 코드를 실행해보자.

```python
timestamps = ["2000", "2001", "2002"]
data = [18.36, 18.36, 17.91]

fit_trendline(timestamps, data)
```

두 리스트는 모두 부동소수점이나 정수로 구성되어야 하기 때문에 타입 에러가 발생한다. 다음과 같이 try, except, else 블록을 사용해 이 에러를 처리함으로써 오류를 일으키지 않고 코드를 실행할 수 있다.

```python
def fit_trendline(year_timestamps, data):
    try:
        result = linregress(year_timestamps, data)
    except TypeError:
        print("두 리스트 모두 부동소수점이나 정수만 포함할 수 있습니다.")
```

```
    else:
        slope = round(result.slope, 3)
        r_squared = round(result.rvalue**2, 3)
        return slope, r_squared
```

에러가 발생하면 코드는 '두 리스트 모두 부동소수점이나 정수만 포함할 수 있습니다'는 메시지를 출력한다. 첫 번째 줄에서 에러가 발생하지 않으면 else 블록이 실행된다.

중요한 것은, 오류 메시지는 충분한 정보를 제공하고 읽기 쉬워야 한다는 점이다. 좋은 오류 메시지는 본인은 물론 다른 사람들에게 무엇이 잘못됐고 오류가 코드 어느 부분에서 발생했는지를 명확하게 안내함으로써 많은 시간을 절약할 수 있다. 오류 메시지는 문제가 무엇인지 설명하고 이상적으로는 그 오류를 수정하기 위해 무엇을 해야 할지 알려줄 수 있어야 한다.

except 블록에서 기본값을 반환할 수도 있다. 기본값을 반환할 때 함수가 성공했을 경우 반환하는 것과 동일한 형식을 유지하는 것이 좋다. 이로써 함수의 인터페이스를 일관되게 유지할 수 있다. 특정 형식의 응답을 반환하는 이 함수에 의존하는 다른 코드가 있다면 이 함수가 이런 오류를 직면했는지 여부와 상관없이 코드는 정상적으로 실행될 것이다.

다음은 기본값을 반환하는 except 블록을 사용하는 예제다.

```
def fit_trendline(year_timestamps, data):
    try:
        result = linregress(year_timestamps, data)
    except TypeError:
        print("두 리스트 모두 부동소수점이나 정수만 포함할 수 있습니다.")
        return 0.0, 0.0
    else:
        slope = round(result.slope, 3)
        r_squared = round(result.rvalue**2, 3)
        return slope, r_squared
```

이 함수는 이제 오류 발생 여부와 상관없이 두 개의 부동소수점으로 구성된 튜플을 반환한다.

처음 이 책을 구상했을 때 처음 데이터 과학 직업을 갖기 전 작성했던 코드를 살펴봤다. 이 코드는 오류를 이렇게 처리해서는 안 된다는 것을 보여준다.

```
except:
    return
```

제발 이렇게 짜지 말자! 이 코드는 직면한 모든 오류에 어떤 메시지도 내지 않기 때문에 함수가 제대로 작동하지 않았다는 사실을 알 수 없게 한다. 여러분이 작성한 함수가 비록 잘못된 입력을 받더라도 예측 가능하게 작동하는 것이 훨씬 낫다.

5.1.3 오류 일으키기

어떤 환경에서는 예상치 못한 어떤 일이 발생했을 때 코드가 오류를 발생시키기를 원할 수 있다. 여러분이 작성한 함수에 의존하는 모든 코드 역시 중단되길 원할 수 있다. 이 경우 일반적으로 오류가 발생할 상황이 아니더라도 파이썬의 raise 키워드를 사용해 오류를 일으킬 수 있으며 그 오류가 무엇인지 직접 정의할 수 있다.

다음 예제에서는 fit_trendline 함수에 들어온 입력이 빈 리스트인지 검사해 그 경우 오류를 일으킬 것이다.

```python
from scipy.stats import linregress

def fit_trendline(year_timestamps, data):
    if not year_timestamps or data:
        raise ValueError("timestamps와 data는 빈 리스트일 수 없습니다.")
    result = linregress(year_timestamps, data)
    slope = round(result.slope, 3)
    r_squared = round(result.rvalue**2, 3)
    return slope, r_squared
```

raise {error}('Message') 구문을 사용해 맞춤 오류 메시지를 제공할 수 있다.

빈 리스트를 가지고 이 함수를 실행할 수 있다.

```python
fit_trendline([], [18.36, 18.36, 17.91])
```

이 경우 맞춤형 오류 메시지를 포함한 다음 결과를 반환한다.

```
---------------------------------------------------------------
ValueError                                Traceback (most recent call last)
Cell In[27], line 1
----> 1 fit_trendline([], [18.36, 18.36, 17.91])
```

```
Cell In[26], line 3, in fit_trendline(year_timestamps, data)
      1 def fit_trendline(year_timestamps, data):
      2     if not year_timestamps or data:
----> 3         raise ValueError('Timestamps and data cannot be empty lists')
      4     result = linregress(year_timestamps, data)
      5     slope = round(result.slope, 3)

ValueError: timestamps와 data는 빈 리스트일 수 없습니다.
```

오류 메시지에는 사람들이 읽을 만한 정보를 제공해야 하고 그래야 여러분이 작성한 코드가 더 가독성이 높아진다. '오류가 발생했습니다'는 유용한 오류 메시지가 아니다.

다음은 2장을 작성하는 동안 마주했던 유용한 오류 메시지다.

```
"UsageError: Cell magic `%%lprun` not found (But line magic `%lprun` exists,
did you mean that instead?)."
```

이 메시지는 무엇이 잘못됐는지 말해주고 이 오류를 수정하기 위해 해야 할 일을 알려준다.

파이썬 오류에서 다루고 싶은 오류를 다루지 않는다면 맞춤형 오류를 정의할 수도 있다. 큰 프로젝트에서는 바람직한 관행인데, 맞춤형 이름으로 오류를 제공하면 그 코드의 사용자들은 오류가 어디로부터 비롯했는지 쉽게 알 수 있기 때문이다. 새 오류를 정의할 때는 다음 형태를 취한다.

```
class NewException(Exception):
```

이는 4.1.3절의 '상속'의 예제다. 새로운 오류 클래스가 `Exception` 클래스를 상속받는다. 맞춤형 오류 정의에 대해서는 이 글(https://oreil.ly/P0bj9)에서 더 자세히 읽어볼 수 있다.

맞춤형 오류를 사용하면 코드를 읽고 유지관리하기 더 쉬워질 수 있다. 오류를 잘 정의하면 코드의 다른 부분에서 특정 오류를 처리하고 적절하게 응답할 수 있다. 이것은 코드베이스의 서로 다른 부분에서 발생한 오류가 혼동되지 않도록 보장한다. 이렇게 상세한 수준으로 오류를 처리하면 의도하지 않은 결과를 예방하는 데 도움이 된다. 또한 디버깅과 문제 해결을 보다 효율적으로 수행할 수 있다.

5.2 로깅

로깅은 코드가 실행되는 동안 코드가 수행한 작업들을 별도 파일로 기록하는 기법이다. 이는 코드가 다른 사람들과 어떤 작업이 수행 중인지 알려줄 수 있어서 다른 사람들이 코드를 이해하는 데 도움을 줄 수 있다. 로깅하면 코드의 가독성이 좋아지고 뭔가 잘못됐을 경우 무슨 일이 발생했는지에 대한 기록이 있기 때문에 안정성이 높아진다.

로깅은 코드가 수행했던 작업의 기록을 저장할 수 있게 해준다. 로깅은 단순히 코드가 메시지를 출력하는 것과는 다른데, 로깅하면 작업 내역으로 검색할 수 있는 별도 파일로 저장할 수 있기 때문이다. 이는 오래 실행되는 프로세스나 운영 시스템에 배포된 코드일 경우 특히 유용하다. 이러한 상황에서 어떤 일이 발생하고 있는지 또는 무엇이 잘못된 것인지 알아내기 위해 코드를 중단하고 싶지는 않기 때문이다.

여기에서 로깅에 대한 기본적인 내용을 소개하겠지만 더 자세하게 공부하고 싶다면 파이썬 문서의 로깅 튜토리얼(https://docs.python.org/ko/3/howto/logging.html)을 읽어볼 것을 추천한다.

5.2.1 무엇을 로깅할 것인가?

파이썬에서 `logging` 모듈을 사용하면 원하는 모든 메시지를 기록할 수 있다. 로깅하기 유용한 내용은 무엇일까? 이는 각자 사례와 프로젝트마다 다르지만 다음 내용들이 포함될 것이다.

- 장기 실행되는 작업이 시작되거나 마쳤음을 알려주는 메시지
- 운영 시스템에서 무엇이 잘못됐는지 알 수 있게 해주는 오류 메시지
- 어느 함수가 다른 함수를 호출했는지를 알 수 있는 메시지
- 함수의 입력과 출력 메시지
- 특정 데이터가 저장된 파일 경로

로깅은 운영 시스템이나 실행 시간이 긴 작업을 디버깅하는 데 있어 매우 유용하다. 이에 대해 5.3절에서 더 자세히 다룬다.

로깅은 코드가 해야 할 일을 했다는 근거로 사용될 수도 있다. 만약 프로젝트에 유용하다면, 수행 작업과 결과를 기술하는 로그 메시지를 포함시켜 보자. 머신러닝 모델이 훈련을 끝냈을 때 정확도를 로깅하는 것이 그 예가 될 수 있다.

로그를 적게 남기는 것보다는 많이 남기는 것이 더 좋다. 메시지에 표준화된 방식으로 구조화되어 있거나 특정 키워드를 포함하고 있다면 찾고 있는 내용을 로그 파일을 검색해서 쉽게 찾을 수 있다. 로그 메시지가 구체적이어야 한다는 것도 중요하다. '파일 저장 시작'이라는 메시지는 쓸모없다. 파일에 포함된 콘텐츠는 무엇인지, 파일명은 무엇인지를 알려줘야 한다. F-문자열은 이 사례를 효율적으로 처리할 수 있는 방법이다.

```
f"Saving {variable_name} data to {file_name}"
```

다음 절에서 파이썬 `logging` 모듈을 사용해 메시지를 로깅하는 방법을 살펴본다.

5.2.2 로깅 설정

파이썬 표준 라이브러리의 `logging` 모듈은 크고 광범위하지만 그중 필요한 것은 아주 일부의 함수다. 이 라이브러리는 남기고자 하는 모든 메시지를 별도의 파일로 저장하기 때문에 어떻게 저장할지에 대해 걱정할 필요가 없다. 그렇지만 몇 가지 구성 설정은 해줘야 한다.

첫 번째 구성은 기록될 로그의 심각도 수준을 고려하는 일이다. 파이썬 `logging` 모듈은 심각도를 `DEBUG`(가장 낮은 수준)에서 `CRITICAL`(가장 심각한 수준)까지 5단계로 나눈다. 이로써 로그를 필터링하여 찾고자 하는 메시지를 쉽게 찾을 수 있고 각자의 경우에 따라 특정 수준 이상의 로그 메시지만 확인할 수 있다. 예를 들어 코드 개발 중이라면 `DEBUG` 수준의 메시지가 필요하지만 운영 환경에서 돌아가는 코드라면 에러와 더 심각한 수준의 메시지를 확인해야 한다.

파이썬 문서에서 가져온 표 5.1은 로깅의 다섯 가지 수준을 모두 설명한다.

표 5.1 **파이썬 로깅 수준**

수준	사용 사례
DEBUG	상세한 정보. 보통 문제를 진단할 때만 필요하다.
INFO	예상대로 작동하는지에 대해 확인할 때 필요하다.
WARNING	예상치 못한 일이 발생했거나 조만간 발생할 문제(예를 들어 '디스크 공간 부족')를 알려준다. 소프트웨어는 여전히 예상대로 작동한다.
ERROR	더욱 심각한 문제로 인해 소프트웨어가 일부 기능을 수행하지 못했음을 알린다.
CRITICAL	심각한 오류. 프로그램 자체가 계속 실행되지 않을 수 있음을 나타낸다.

출처: https://docs.python.org/ko/3/howto/logging.html#logging-basic-tutorial

파이썬 `logging` 모듈의 기본 로깅 수준은 `WARNING`이기 때문에 이 수준 또는 그보다 심각한 수준의 일은 자동으로 로그로 남는다. 이는 로깅 수준을 변경하지 않고 `INFO` 수준의 메시지를 작성한다면 그 메시지는 저장되지 않음을 뜻한다.

로그를 남기기 전 먼저 다음 구문을 사용해 로그 수준을 설정하라.

```
import logging

logging.basicConfig(level=logging.DEBUG)
```

이 경우, 로그 수준을 `DEBUG`로 설정했기 때문에 `DEBUG`에서 `CRITICAL`까지 모든 수준이 로그로 남는다. 이 코드줄은 파이썬 스크립트 첫 부분, 즉 로그가 남겨지기 전에 가장 처음에 나와야 한다.

다음으로 재정의하고 싶은 기본 설정으로는 로그가 저장되는 위치다. 기본적으로는 로그를 콘솔에 출력하지만 로그는 파일로 저장되어 코드 실행이 끝난 후에도 참고할 수 있을 때 가장 유용하다.

로그를 별도 파일로 저장하고 싶다면 스크립트 시작부의 구성 부분에 다음 설정을 추가한다.

```
logging.basicConfig(filename='chapter_5_logs.log', level=logging.DEBUG)
```

파일을 쓸 때 기본 설정은 코드가 실행될 때마다 파일에 로그를 추가하는 것이다. 만약 그 파일을 덮어쓰고 싶다면 `filemode='w'`를 사용하면 된다.

```
logging.basicConfig(filename='chapter_5_logs.log', filemode='w', level=logging.DEBUG)
```

메시지를 파일에 저장하는 것 외에도 로그 뷰어는 파이썬 `logging` 모듈에서 출력을 가져와 다른 곳에 저장하거나 표시할 수 있다. AWS~Amazon Web Services~ 같은 클라우드 서비스를 사용하는 운영 시스템에는 이를 위한 내장 설루션이 있으며 이 설루션은 종종 파이썬 로깅 모듈의 `handlers`(https://docs.python.org/ko/3/library/logging.handlers.html)를 사용한다. 키바나(https://www.elastic.co/kr/kibana)와 프로메테우스(https://prometheus.io/) 같은 독립형 도구에서도 코드에서 생성된 로그를 가져온다.

5.2.3 로그 남기는 방법

스크립트 시작부에 로깅 구성을 설정하는 일을 마쳤으면 다음 단계는 무엇을 로그로 남길지 결정하는 것이다. `fit_trendline` 함수에 `logging.info` 함수를 사용해 `INFO` 수준의 로그를 남기기 위한 코드 몇 줄을 추가한다. 이 함수는 로그로 남기고자 하는 메시지를 인수로 받는다.

```
from scipy.stats import linregress

def fit_trendline(year_timestamps, data):
    logging.info("Running fit_trendline function")
    result = linregress(year_timestamps, data)
    slope = round(result.slope, 3)
    r_squared = round(result.rvalue**2, 3)
    logging.info(f"Completed analysis. Slope of the trendline is {slope}.")
    return slope, r_squared
```

이 함수를 예전처럼 실행할 수 있다.

```
fit_trendline(timestamps, data)
```

그러면 로그 파일에 다음 내용이 생성된다.

```
INFO:root:Running fit_trendline function
INFO:root:Completed analysis. Slope of the trendline is 0.836.
```

특정 줄의 코드가 언제 실행했는지 알 수 있고 향후 더 쉽게 검색할 수 있도록 로그에 타임스탬프를 추가하는 것이 유용할 수 있다. 스크립트 시작부의 구성 설정에서 `format` 인수를 사용하면 이 작업을 할 수 있다.

```
logging.basicConfig(filename="chapter_5_logs.log",
                    level=logging.DEBUG,
                    format='%(asctime)s %(message)s') ❶
```

❶ `format` 인수에는 옵션이 많다. 파이썬 로깅 문서(https://docs.python.org/ko/3/library/logging.html#formatter-objects)에 설명이 잘 나와 있다.

이로써 다음 메시지를 얻을 수 있다.

```
2023-05-26 11:37:43,951 - INFO - Running fit_trendline function
2023-05-26 11:37:43,953 - INFO - Completed analysis. Slope of the trendline is 0.836.
```

오류 메시지를 로그로 남기는 것은 좋은 습관이며 다음 코드에서 보듯이 `logging.exception`을 사용하면 된다.

```
def fit_trendline(year_timestamps, data):
    logging.info("Running fit_trendline function")
    try:
        result = linregress(year_timestamps, data)
    except TypeError as e:
        logging.error("Both lists must contain floats or integers.") ❶
        logging.exception(e) ❷
    else:
        slope = round(result.slope, 3)
        r_squared = round(result.rvalue**2, 3)
        logging.info(f"Completed analysis. Slope of the trendline is {slope}.")
        return slope, r_squared
```

❶ `ERROR` 수준의 메시지를 로그로 남긴다.

❷ 로그에서 전체 추적 내역을 기록한다.

`logging.exception()`은 전체 추적 내역이 로그에 기록되기 때문에 매우 유용하며 그런 다음 디버깅에 이를 사용할 수 있다.

> 주피터 노트북에서 로깅 모듈을 사용하면 결과를 로그 파일에 보존할 수 있기 때문에 노트북을 재실행하지 않아도 된다. 결과를 마크다운 셀에 복사해서 붙여넣는 것보다는 나은 방법이지만, 다르게 말하면 기록할 다른 파일이 있다는 것을 뜻한다. 또한 9.3절에서 설명할 것과 같은 실험 추적 설루션을 사용할 수도 있다.

5.3 디버깅

디버깅은 코드에서 버그를 찾고 제거하는 일을 말한다. 버그란 코드에서 예상치 못한 오류를 내거나 기대하지 않았던 결과를 만들어내는 것을 말한다. 디버깅은 코드 작성에서 필수적인 기술이며 대규모 코드베이스를 다룰 때는 다양한 기법을 갖추고 있어 어떤 상황에도 그에 맞는 조치를 취할 수 있어야 한다. 이번 절에서는 버그를 찾는 몇 가지 전략을 설명하고 디버깅용 도구 몇 가지에 대해 살펴본다.

> 버그가 있는 코드에서 정보를 얻기 위해 내가 가장 좋아하는 방법은 버그가 있는 코드를 실행하고 실험하는 것이다. (print 문을 추가하라! 조금만 변경하라!)
>
> — **줄리아 에번스**Julia Evans

경험이 쌓일수록 아마 까다로운 버그를 추적하기 위해 각자만의 선호하는 전략을 고안해낼 것이다. 그렇지만 처음에는 줄리아 에반스가 추천한 대로 데이터 과학자가 가장 잘하는 일을 하는 것이 좋다. 바로 실험하는 것이다! 한 번에 한 가지만 변경하도록 코드를 약간 변경하고 결과에 어떤 영향을 미치는지 살펴보는 것이다.

이에 대해서는 7장에서 다루겠지만 여기에서 테스트는 매우 유용하다. 테스트를 하면 코드를 변경함으로써 기대했던 결과를 얻을 수 있는지(테스트 통과) 여부를 알 수 있다.

또 다른 유용한 팁으로는 오류를 일으킨 부분은 함수 입력이든, 특정 데이터베이스 쿼리 결과든 그것이 무엇이든지 사본을 저장하라는 것이다. 이때 로깅이 매우 도움이 될 수 있는데 어떤 일이 발생했는지에 대한 기록이 남기 때문이다.

아마 여러분이 그 오류 메시지를 일으키는 실수를 한 최초의 사람은 아닐 것이다. 인터넷에는 여러분의 문제를 해결하는 데 도움이 될 만한 정보들이 넘쳐난다. 구글에서 오류 메시지를 검색해보는 것으로 시작하면 좋다.

다른 사람에게 여러분의 코드에 대해 이야기하는 것도 버그를 발견하는 데 있어 또 다른 훌륭한 전략이 될 수 있다. 팀원에게 코드를 설명하거나 고무 오리에게 큰 소리로 이야기하는 것[1]만으로도 코드만 보는 것과는 조금 다르게 자신이 해왔던 일을 생각하게 되고 해결책을 찾을 수도 있다. 다른 사람들이 자신의 경험을 공유하고 여러분을 도와줄 수도 있다.

누구나 자기 코드에 버그가 있고, 비록 모든 직장 문화가 이를 장려하지 않더라도 어떤 것에 대해 모른다고 말할 수 있어야 하고 실수했다고 말할 수 있어야 한다. 필자 역시 수많은 버그가 있는 코드를 짜기도 한다. 그중 일부는 눈에 잘 띄지 않아 찾기 어려우며 일부는 간단하지만 추적해가는 일이 짜증날 수 있다. 이 책을 쓸 때조차도 누군가 이 책의 온라인판에서 일찌감치 코드에서 실수

---

1   [옮긴이] 고무 오리 디버깅(rubber duck debugging)이라는 개념은 문제를 다른 사람, 심지어 고무 오리 같은 무생물에게 설명하는 과정을 통해 문제에 대한 이해도가 높아지고 그에 대한 해결책을 떠올릴 가능성이 높아진다는 개념이다. https://ko.wikipedia.org/wiki/고무_오리_디버깅

한 부분을 찾아서 이메일로 알려준 바 있다.

또 다른 훌륭한 디버깅 전략으로는 코딩을 잠깐 쉬는 것이다. 차를 한 잔 우리거나, 산책을 하거나 다른 일을 해보라. 완전히 다른 일을 하는 동안 또는 새로운 관점에서 코드를 다시 볼 때 해결책이 떠오를 수 있다. 휴식을 취하면 버그의 여러 가지 가능한 원인을 생각해내는 데도 도움이 된다.

때로는 코드를 세세한 부분까지 철저히 조사해봐야 할 수도 있다. 다음 절에서 다룰 도구들은 매우 유용할 것이다.

5.3.2 디버깅 도구

디버깅 도구는 코드에서 정확히 무슨 일이 일어나고 있는지 추적하는 일을 돕는다. 코드에서 이름이 지정된 변수에 연계된 값에 대한 정보를 얻을 수 있다면 코드가 해야 할 일을 그대로 하고 있는지 확인하는 데 상당히 유용하다. 가장 단순한 방법은 코드에 print 문을 추가하는 것이지만 디버깅 도구를 사용해 더 많은 정보를 얻을 수 있다. 이러한 디버깅 도구를 사용하면 코드를 일시 중지하고 어떤 특정 변수의 값을 표시한 다음 한 번에 한 단계씩 해당 코드를 진행시킬 수 있다.

2장의 예제 코드 일부를 가지고 이러한 방식을 알아본다. 이 예제에서 weighted_mean 함수에 버그가 있어서 정확한 결과를 반환하지 못할 것이다.

```
def weighted_mean(num_list, weights):
    running_total = 0
    for i in range(len(num_list)):
        running_total += (num_list[i] * weights[0]) ❶
    return (running_total/len(num_list))
```

❶ 이 줄에 실수가 있다. weights[0] 대신 weights[i]이어야 한다.

다음처럼 print 문을 추가하면 버그를 발견하는 데 도움이 될 수 있다.

```
def weighted_mean(num_list, weights):
    running_total = 0
    for i in range(len(num_list)):
        running_total += (num_list[i] * weights[0])
        print(f"The running total at step {i} is {running_total}")
    return (running_total/len(num_list))
```

이 함수를 실행하면 다음을 출력한다.

```
>>> print(weighted_mean([1, 6, 8], [1, 3, 2]))
... The running total at step 0 is 1
... The running total at step 1 is 7
... The running total at step 2 is 15
...
... 5.0
```

여기에서 누적 합계가 정확하게 계산되지 않고 있다는 걸 알 수 있다. 1단계에서 19이고 2단계에서 35여야 한다.

그렇지만 코드에 `print` 문을 덕지덕지 붙이는 것은 바람직하지 않다. 이 방법은 코드 결과를 골라 내기 더 어렵게 만들고 코드가 운영 시스템에서 돌고 있다면 이 출력에 접근하지 못할 수도 있다.

다른 방법으로는 5.2절에서 설명했듯이 코드의 중간값을 로그로 남기는 것이다.

다음은 그 예제다.

```python
import logging

logging.basicConfig(filename="chapter_5_logs.log",
                    level=logging.DEBUG,
                    format='%(asctime)s %(message)s')

def weighted_mean(num_list, weights):
    running_total = 0
    for i in range(len(num_list)):
        running_total += (num_list[i] * weights[0])
        logging.debug(f"The running total at step {i} is {running_total}")
    return (running_total/len(num_list))
```

이 코드는 로그 파일에 다음 출력을 생성할 것이다.

```
2023-06-01 17:14:56,976 - DEBUG - The running total at step 0 is 1
2023-06-01 17:14:56,980 - DEBUG - The running total at step 1 is 7
2023-06-01 17:14:56,980 - DEBUG - The running total at step 2 is 15
```

이 출력은 별도 파일에 저장되기 때문에 운영 시스템에서도 접근할 수 있다.

print 문이나 로깅은 이 예제처럼 작은 프로그램에서는 괜찮지만 만약 함수에 수십 개의 변수가 있다면 어떨까? 만약 로그로 남기고자 하는 변수 중 일부가 크기가 큰 딕셔너리라면 어떨까? 이것이 얼마나 빠르게 다루기 까다로워지는지 볼 수 있다. 다행히도 이 문제는 소프트웨어 엔지니어라면 종종 마주치는 일이고 이 상황에서 도움이 될 다양한 도구(디버거debugger)가 있다.

디버거는 브레이크포인트breakpoint 개념을 사용한다. 브레이크포인트는 어디에서 코드 실행을 일시 중지하고 일부 변수(혹은 저장된 파일이나 데이터베이스)의 상태를 검사하려는지를 선택한 지점을 말한다. 모든 것이 예상한 대로인지 확인할 수 있고 그런 다음 코드를 한 줄씩 실행하면서 변수가 어떻게 변하는지 살펴본다. 이는 버그의 근원을 찾는 데 도움이 될 것이다.

통합 개발 환경에는 보통 디버거가 포함되어 있다. 그 사용법에 대해 여기서는 VS Code의 디버거를 사용해 보여주지만 다른 IDE에서도 매우 비슷하다.

다음 예제에서는 다음의 실행 가능한 스크립트를 디버깅하는 방법을 알아본다.

```
def weighted_mean(num_list, weights):
    running_total = 0
    for i in range(len(num_list)):
        running_total += (num_list[i] * weights[0])  ❶
    return (running_total/len(num_list))

weighted_mean([1, 6, 8], [1, 3, 2])
```

❶ 이 줄에 브레이크포인트를 추가했다.

디버거를 사용하면 코드를 단계별로 실행해 함수의 어떤 지점에서라도 각 변수가 무엇인지 쉽게 확인할 수 있다.

그림 5.2는 루프의 첫 번째 반복을 보여준다.

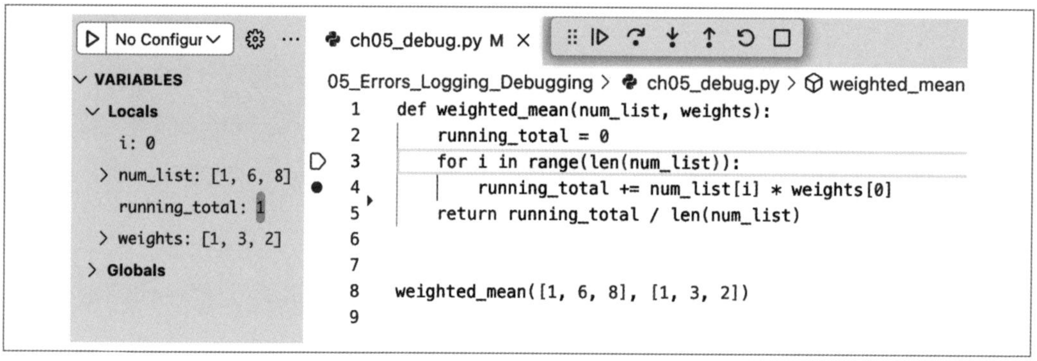

그림 5.2 **IDE 디버거에서 변수 보여주기, 1회차 반복**

디버거에서는 `i` 값이 0일 때 `running_total` 값이 1임을 보여준다.

다음으로 2회차 반복, `i`가 1의 값을 가질 때 코드를 한 줄씩 실행할 것이다. 그림 5.3에서 볼 수 있듯이 이 지점에서 누적 합계가 정확하지 않다. 여기에서 값은 $(1 \times 1) + (3 \times 6) = 19$여야 하는데 대신 7이 나왔다.

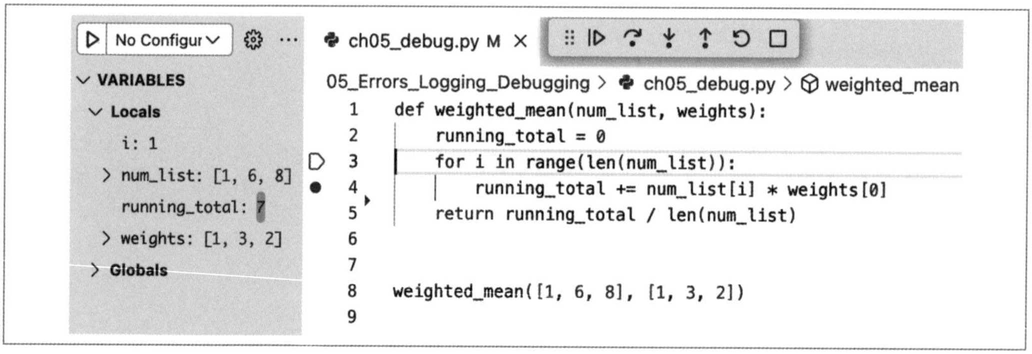

그림 5.3 **IDE 디버거에서 변수 보여주기, 2회차 반복** (`i` 값과 `running_total`이 변경됐다)

함수의 4번째 줄에 버그가 있다. 다음이 정정된 코드다.

```
running_total += (num_list[i] * weights[i])
```

디버거 사용법에 대한 정확한 세부사항들은 각자 사용하는 IDE에 따라 다르지만 모두 비슷한 기능을 제공한다. VS Code 문서(https://learn.microsoft.com/ko-kr/visualstudio/python/debugging-python-in-visual-studio?view=vs-2022)와 PyCharm 문서(https://oreil.ly/xQkOW)에서 더 자세한 사항을 확인할 수 있다.

IDE에서 주피터 노트북을 실행하고 있다면 그림 5.4처럼 디버깅 기능을 사용할 수도 있다.

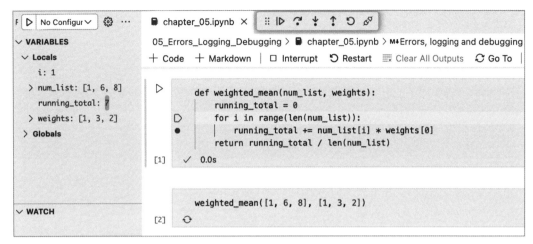

그림 5.4 **IDE에서 노트북 디버깅하기**

단순히 독립적 스크립트에서와 같은 방식으로 브레이크포인트를 추가하면 된다.

또한 IDE를 사용하고 있지 않더라도 여전히 디버거를 사용할 수도 있다. pdb(https://docs.python. org/ko/3/library/pdb.html)는 파이썬 표준 라이브러리에 포함된 명령줄 디버거다.

이 디버거를 사용하려면 코드에 다음과 같이 `breakpoint()` 메서드를 추가하면 된다.

```python
def weighted_mean(num_list, weights):
    running_total = 0
    for i in range(len(num_list)):
        running_total += (num_list[i] * weights[0])
        breakpoint()
    return (running_total/len(num_list))

weighted_mean([1, 6, 8], [1, 3, 2])
```

그런 다음 단순히 평소처럼 스크립트를 실행한다.

```
$ python ch05_debug.py
```

코드는 브레이크포인트에 도달할 때까지 실행된 다음 pdb 디버거를 열어 다음과 같은 내용을 출력한다.

```
> /Users/.../ch05_debug.py(3)weighted_mean()
-> for i in range(len(num_list)):
(Pdb)
```

`p variable_name`을 사용해 모든 변수의 값을 보여줄 수 있다.

```
(Pdb) p running_total
1
(Pdb) p weights
[1, 3, 2]
```

그런 다음 n을 사용해 다음 라인으로 간다.

```
(Pdb) n
> /Users/.../ch05_debug.py(4)weighted_mean()
-> running_total += (num_list[i] * weights[0])
(Pdb) n
> /Users/.../ch05_debug.py(5)weighted_mean()
-> breakpoint()
(Pdb) n
> /Users/.../ch05_debug.py(3)weighted_mean()
-> for i in range(len(num_list)):
(Pdb) p running_total
7
```

완료되면 q를 사용해 디버깅을 중단할 수 있으며 스크립트가 종료된다.

```
(Pdb) q
```

pdb 사용을 마쳤으면 코드를 살펴보면서 모든 `breakpoint()` 호출을 삭제해야 한다. 그렇지 않으면 스크립트를 실행할 때마다 pdb가 시작된다. 12장에서 이를 자동으로 제거하는 방법을 알아보자.

표 5-2는 니나 자하렌코Nina Zakharenko가 쓴 글(https://oreil.ly/z1sx2)을 기반으로 정리한 pdb에서 사용할 수 있는 단축 명령어 목록이다.

표 5-2. pdb 명령어

단축 명령어	기능
p expr	표현의 값을 출력
l	현재 라인 주변의 코드 라인을 출력
n	다음 라인으로 진행
c	다음 브레이크포인트까지 진행
r	현재 함수가 반환할 때까지 계속 진행
q	디버깅을 종료하고 마치기

pdb는 IDE의 디버거와 동일한 기능을 제공하지만 상황에 맞는 도구를 사용할 수 있도록 몇 가지 다양한 도구를 알아두는 것이 좋다. 만약 IDE에서 코드를 개발 중이라면 거기에 포함된 디버거를 사용하는 것이 가장 쉽지만 스크립트를 명령줄에서 실행한다면 pdb가 더 적절하다.

5.4 요약

이번 장에서는 코드를 더욱 안정적으로 만드는 것과 관련한 모든 것에 대해 알아봤다. 로깅은 가독성도 높일 수 있다. 또한 코드에서 문제점을 발견하고 해결하기 위한 기법에 대해 간단히 알아봤다.

오류를 적절하게 처리하면 코드는 예상치 못한 입력에도 안정적으로 돌아가고, 필요하다면 각자가 만든 오류를 일으킬 수 있다.

로깅은 코드가 수행한 작업의 기록을 저장한다. 이는 특히 프로덕션 코드나 실행하는 데 시간이 오래 걸리는 스크립트에 유용하다. 파이썬에 내장된 로깅 모듈에는 필요한 모든 기능이 포함되어 있다.

코드에서 버그를 추적하고 제거하기 위한 다양한 전략과 도구를 갖추고 있다는 것은 매우 유용하다. 디버깅 도구에는 print 문, 로깅, 전용 디버깅 도구까지 다양하며 7장에서 디버깅을 위해 테스트를 사용하는 방법에 대해 알아보기로 한다.

코드 포매팅, 린팅, 타입 검사

이번 장에서는 코드 작성 시 지루하고 번거로운 일을 일부 덜어주기 위해 사용할 수 있는 도구를 다룬다. 코드 포매팅code formatting, 린팅linting, 타입 검사type checking 도구는 코드를 분석해 실수한 부분이나 개선이 필요한 영역을 확인한다. 코드 포매팅 도구는 코드의 외관에 집중하는 반면, 린팅과 타입 검사 도구는 코드가 제대로 기능하는지 확인한다.

아마 코드 포매팅에 굳이 주의를 기울여야 하는지 궁금할 수 있다. 코드가 어떤 모양새를 갖췄는지가 왜 중요할까? 왜 사람들은 + 기호 앞뒤로 띄어쓰기를 몇 번 할지에 대한 표준을 정하는 데 귀중한 시간을 쓸까? 일관되고 표준화된 포맷을 사용하면 코드가 훨씬 더 읽기 쉬워지기 때문이다. 그리고 1장에서 언급했듯이 코드가 읽기 쉬워지면 재활용될 가능성이 훨씬 더 커진다. 코드 포매팅 도구를 쓰면 미적 관점에서 코드를 수작업으로 업데이트하느라 시간을 낭비할 필요가 없다.

린팅과 타입 검사 도구는 코드가 안정적인지 확인하는 데 도움이 된다. 파이썬 코드를 실행할 때 구문 오류가 있는 경우 스크립트 내 어디서든 즉시 코드가 중단되지만, 변수명을 잘못 입력하는 등의 다른 실수가 있는 경우 그 줄에 도달하기까지는 오류가 드러나지 않는다. 이런 이유로 스크립트 실행 시간이 오래 걸리면 무척 답답하다. 린터와 관련 도구는 코드를 실행하기 전에 이런 실수 중 일부를 찾아내는 데 도움을 줄 수 있다.

이번 장에서의 핵심은 코드를 수작업으로 검사하기보다는 도구를 사용해야 한다는 것이다. 세세하게 코드를 포매팅하는 일은 매우 지루하다. 여기에 시간을 쓰고 싶진 않을 것이다. 도구를 설정하고 IDE를 잘 사용해서 준수해야 할 표준을 자동으로 적용시키는 방법을 알아보기로 한다.

이번 장에서 설명하는 도구 중 다수는 주피터 노트북에서 작동하지 않는다. 이 도구들은 분리된 셀로 나뉘어 있는 코드에 적절하지 않다. 그보다는 길이가 긴 스크립트에 사용하도록 설계되어 있다. 독립형 스크립트에 이 도구를 실행시키는 방법을 예제를 통해 살펴보기로 한다.

6.1 코드 포매팅과 스타일 가이드

스타일 가이드에 따라 코드 포매팅하는 일은 좋은 코드를 작성하는 데 있어 중요하다. 스타일 가이드는 구글 스타일 가이드(https://oreil.ly/8yGQU)처럼 회사에서 설정하기도 하고, 회사에 자체 스타일 가이드가 없다면 기본적으로 곧 설명할 PEP8을 사용한다.

코드 포매팅은 코드 모양새를 수정하는 일이지만 코드 작동 방식에 대해서는 어떤 것도 바꾸지 않는다. 포매팅에는 코드에서 줄 바꿈 위치, 등호 앞뒤의 공백, 스크립트에서 서로 다른 함수 사이의 빈 줄 수와 같은 것들이 포함된다.

일관된 스타일을 적용하면 코드의 가독성이 높아진다. 코드가 일관된 스타일로 작성되어 있으면 새로운 코드를 더 빨리 읽을 수 있는데, 이는 예상할 수 있는 구조일 때 코드를 읽기 더 쉽기 때문이다. 이러한 일관성은 괄호를 누락하거나 괄호의 짝이 맞지 않는 것과 같은 구문 오류를 의도치 않게 낼 가능성을 줄여주기도 한다. 다시 말하지만, 이것은 표준화된 코드라면 예상할 수 있는 구조를 더 쉽게 알 수 있기 때문이다.

일관된 스타일을 적용했을 때 또 다른 주요 이점으로는 코드 리뷰할 때 팀과 코드 포맷에 대해 논의할 필요가 없다는 것이다. 이는 코드의 기능과 그 코드가 팀이 정의한 요구사항에 부합하는지 리뷰하는 데 집중할 수 있음을 뜻한다.

> **탭과 스페이스 간 논쟁**
>
> 코드 들여쓰기를 할 때 탭과 스페이스 중 어느 것을 사용하는가? 이 문제는 개발자들이 늘 논쟁하는 클리셰가 되었고 인터넷상에서 둘 중 어느 것이 나은지를 두고 길게 주고받은 논쟁들을 찾아볼 수 있다. 스페이스는 어떤 컴퓨터에서도 일관되게 보이지만 탭은 일관되게 보이지 않지만 빠르게 타이핑할 수 있고 저장해야 할 문자가 적기 때문에 파일 크기를 줄일 수 있다. 2016년 당시 구글의 개발자 옹호자developer advocate[1]인 펠리페 호파Felipe Hoffa는 탭과 스페이스 중 어느 것이 더 대중적으로 쓰이는지 알아내기 위해 10억 개의 코드 파일(https://oreil.ly/d2K4X)(무려 14테라바이트 분량이다!)을 분석했다. 스페이스가 압도적으로 가장 많이 쓰였다.

---

1   [옮긴이] 개발자 옹호자는 개발자 커뮤니티와 구글 제품 간의 가교 역할을 하며, 개발자들이 구글 기술을 효과적으로 활용할 수 있도록 지원하고 홍보하는 역할을 한다.

또한 여기에서 일부 소프트웨어 엔지니어의 사고방식을 알 수 있다. 이 사람들은 자신이 작성하는 코드의 아주 세세한 부분까지도 상당히 집착할 수 있다는 것이다. 그렇지만 이 논쟁은 최근에 어느 정도 해결됐다. 수많은 IDE에서 사용자가 코드를 들여쓰기 위해 탭을 누르면 자동으로 스페이스를 사용한다. 이는 탭을 사용했을 때 속도가 빠르다는 이점을 취하면서도 서로 다른 컴퓨터에서도 일관성을 유지할 수 있다는 스페이스의 장점을 취할 수 있고 그 과정이 자동으로 이루어진다는 것을 뜻한다.

다음 절에서는 코드 임포트를 포매팅하는 방법과 코드 포매팅 절차를 자동화하는 방법 등 PEP8의 주요 특징을 살펴본다.

6.1.1 PEP8

PEP8_{Python Enhancement Proposal 8}(https://oreil.ly/RqeYi)은 파이썬 포맷의 표준을 수립한 문서다. 이 문서는 귀도 반 로섬_{Guido van Rossum}, 배리 워소_{Barry Warsaw}, 닉 코글런_{Nick Coghlan}이 파이썬이 최초로 인기를 얻기 시작하던 2001년에 파이썬 표준 라이브러리를 위한 스타일 가이드로 작성했다. 이 표준은 파이썬으로 코드를 작성하는 모든 사람 사이에 일관성을 높이기 위해 파이썬 개발자 커뮤니티에서 기본 스타일 가이드로 채택되었다.

PEP8에 다음과 같은 내용이 있다.

> 스타일 가이드는 일관성에 관한 것이다. 이 스타일 가이드에 맞추는 것은 중요하다. 프로젝트 내에서 일관성은 더욱 중요하다. 그렇지만 하나의 모듈이나 함수 내에서 일관성이 가장 중요하다.

PEP8에는 코드에서 해야 할 것과 하지 말아야 할 것에 대한 가이드라인으로 가득하다. 이러한 가이드라인 중 하나를 예로 들어 살펴보자. if 문 다음에는 줄바꿈을 해야 한다.

```
# Correct:
if foo == 'blah':
    do_blah_thing()

# Wrong:
if foo == 'blah': do_blah_thing()
```

'Wrong' 형태의 문장을 쓰더라도 코드는 여전히 실행되지만 'Correct' 형태의 코드를 사용하면 읽기 훨씬 쉬워진다.

PEP8은 공백에 대해 많은 지침을 제시하는데, 코드의 가독성을 높이는 데 큰 도움이 되기 때문이다. 예를 들어 PEP8은 = 기호 앞뒤로 띄어쓰기를 하는 것이나 함수 정의가 클래스 내부에 있는지(1줄) 단독으로 있는지(2줄) 여부에 따라 위아래로 빈 줄을 몇 개 넣을지에 대한 모범 사례를 제시한다. 또한 주석 작성, 변수명 선택하는 방법에 대해서도 제시한다. 이 내용은 9장에서 다룬다. PEP8은 코드 들여쓰기를 할 때 환경에 상관없이 일관성을 유지할 수 있도록 탭이 아니라 스페이스를 사용하도록 제안한다.

PEP8에는 훨씬 더 많은 세부사항들을 담고 있지만 전부 읽어볼 필요는 없다. 이번 장에서 설명하는 도구 중 하나를 사용해 코드가 스타일 가이드를 따르고 있는지 확인할 수 있다. Flake8이나 파이린트Pylint는 IDE에서 코드를 강조하여 어디를 변경해야 하는지 알려준다. 이에 대해서는 6.2절에서 살펴본다. 또한 PEP8과 호환되면서도 고유의 스타일을 설정할 수도 있는 블랙Black 코드 포매터에 대해 6.1.3절에서 살펴본다.

6.1.2 임포트 포매팅

외부 모듈을 임포트할 때 종종 버그를 일으킨다. 코드를 업데이트할 때 임포트한 모듈을 업데이트하는 것을 잊어버리기 십상이다. 따라서 사용하는 모듈의 명확한 목록을 갖고 있는 것이 좋다.

PEP8은 임포트를 그룹화하는 방법에 대한 표준을 설정한다.

> 임포트는 다음 순서대로 그룹화한다.
> 1. 표준 라이브러리 임포트
> 2. 관련 타사 라이브러리 임포트
> 3. 로컬 애플리케이션/라이브러리 전용 임포트

다행히 이 일을 수작업으로 하지 않아도 된다. isort(https://oreil.ly/7oNhq) 같은 도구를 사용하면 모듈 임포트를 올바른 순서대로 정렬해준다.

다음 명령어로 isort를 설치할 수 있다.

```
$ pip install isort
```

isort를 실행하기 전에는 임포트문이 다음과 같은 상태였다.

```
import time
from sklearn.metrics import mean_absolute_error

import sys, os
import numpy as np
from sklearn.model_selection import train_test_split
import pandas as pd

from sklearn.neural_network import MLPRegressor
import matplotlib.pyplot as plt

from sklearn.pipeline import Pipeline
from sklearn.preprocessing import StandardScaler
from sklearn.preprocessing import FunctionTransformer, OneHotEncoder
```

다음 명령어로 isort를 실행시킬 수 있다.

```
$ isort my_script.py
```

그러고 나면 임포트문은 다음과 같이 정돈된다.

```
import os
import sys
import time

import matplotlib.pyplot as plt
import numpy as np
import pandas as pd
from sklearn.metrics import mean_absolute_error
from sklearn.model_selection import train_test_split
from sklearn.neural_network import MLPRegressor
from sklearn.pipeline import Pipeline
from sklearn.preprocessing import (FunctionTransformer, OneHotEncoder, StandardScaler)
```

이 도구를 사용하면 코드를 읽거나 PEP8을 따르기 훨씬 쉬워진다. 또한 IDE에 플러그인으로 isort를 사용할 수도 있다. reorder-python-imports(https://oreil.ly/ggPBW)는 isort의 대안이 되는 도구로, 한 줄에 하나의 임포트문만 놓는다.

6.1.3 블랙을 사용해 자동으로 코드 포매팅하기

블랙Black은 코드 포매팅 절차를 자동화해주는 도구다. 이 도구는 코드 스타일을 강제하기 때문에 사람이 코드를 리뷰할 필요가 없다. 블랙의 배경 철학은, 사람이 흉측한 코드를 빠르게 작성하고 파일을 저장만 하면 마법처럼 일관성 있는 코드가 만들어지게 하는 것이다. 블랙은 도구 제작자가 지정한 단일 코딩 스타일을 적용한다. 이 도구의 이름이 블랙인 이유가 여기에 있다. 헨리 포드의 '검은색black이기만 하면, 원하는 어떤 색깔의 차라도 선택할 수 있다'는 유명한 말에서 따온 것이다.

블랙은 PEP8의 일부를 사용하지만 약간의 차이가 있다. 예를 들어 코드의 모든 줄의 길이를 79자로 제한하는 대신 블랙은 긴 줄의 코드를 약 90자로 맞추기 위해 줄을 나누기 적절한 위치를 찾아보려고 할 것이다. 블랙에는 설정 옵션이 많지 않지만 줄의 길이는 재정의할 수 있으며 그 방법은 블랙 문서(https://oreil.ly/V1I_7)에 자세히 나와 있다.

다음 명령어를 사용해 블랙을 설치한다.

```
$ pip install black
```

주피터 노트북에서도 블랙을 실행시키고 싶다면 다음 명령어로 설치하면 된다.

```
$ pip install "black[jupyter]"
```

실제로 블랙이 어떻게 작동하는지 보여주기 위해 다음 스크립트를 사용하고, 6.2절에서 논의할 린팅 도구를 설명할 때 사용한다. 다음은 2장에서 설명한 일반적인 빅오 분류에 대한 복잡도 차트(그림 2.1)를 만드는 코드다. 다만 이 코드에는 임포트문을 누락시키는 한 가지 구문 오류가 있고 PEP8을 준수하지 않은 포맷들이 여러 군데에 있다. 예제 6-1을 통해 블랙을 실행하기 전 코드가 어떻게 생겼는지 알 수 있다.

예제 6-1 **plot_big_o.py**

```python
import matplotlib.pyplot as plt

def plot_big_o(save_path)

    n = np.linspace(1, 10, 1000)
    line_names = ['Constant','Linear','Quadratic','Exponential','Logarithmic']
    big_o = [np.ones(n.shape), n, n**2, 2**n, np.log(n)]
```

```
fig, ax = plt.subplots ()
fig.set_facecolor("white")

ax.set_ylim(0,50)
for i in range(len(big_o)):
    ax.plot(n, big_o[ i], label= line_names[i ])
ax.set_ylabel('Relative Runtime')
ax.set_xlabel('Input Size')
ax.legend()

fig.savefig(save_path, bbox_inches='tight')
```

다음 명령어로 블랙을 실행시켜 스크립트를 포매팅해보자.

```
$ black plot_big_o.py
```

이때 블랙은 오류 메시지를 내는데 구문 오류로 인해 파일 포맷을 변경할 수 없기 때문이다. 오류 메시지는 다음과 같다.

```
error: cannot format plot_big_o.py: Cannot parse: 3:25: def plot_big_o(save_path)

Oh no! 💥 💔 💥 File failed to reformat.
```

이 경우, 함수 정의가 def plot_big_o(save_path):여야 하는데 종결 콜론이 빠졌다.

이 오류를 고친 다음, 블랙을 다시 실행시키면 스크립트는 다음과 같다.

```
import matplotlib.pyplot as plt

def plot_big_o(save_path): ❶
    n = np.linspace(1, 10, 1000)
    line_names = ["Constant", "Linear", "Quadratic", "Exponential", "Logarithmic"] ❷
    big_o = [np.ones(n.shape), n, n**2, 2**n, np.log(n)]

    fig, ax = plt.subplots() ❸
    fig.set_facecolor("white")

    ax.set_ylim(0, 50)
    for i in range(len(big_o)):
        ax.plot(n, big_o[i], label=line_names[i])
```

```
    ax.set_ylabel("Relative Runtime")
    ax.set_xlabel("Input Size")
    ax.legend()

    fig.savefig(save_path, bbox_inches="tight")
```

❶ 함수 정의 다음에 나오는 빈 줄을 제거했다.

❷ 문자열은 작은 따옴표 대신 큰 따옴표로 감쌌다.

❸ 불필요한 공란을 제거했다.

블랙은 주석에서 자세히 설명한 대로 스크립트의 포맷을 정정했다. 예를 들어, `ax.plot(n, big_`
`o[ i], label= line_names[i ])` 줄은 PEP8 스타일 가이드에 맞춰 `ax.plot(n, big_o[i],`
`label=line_names[i])`로 바뀌었다.

또한 다음 명령어를 사용해 블랙이 변경할 내용을 미리 확인할 수 있다.

```
$ black plot_big_o.py --diff
```

블랙이 변경하지 않았으면 하는 코드 줄이 있다면 그 줄 끝에 주석으로 `# fmt: skip`을 달아두면
된다. 또한 코드 블록 시작 부분에 주석으로 `# fmt: off`를 달고 블록 마지막 부분에 `# fmt: on`을
달아두면 해당 블록을 건너뛸 수도 있다.

블랙은 예제 6-1에 포맷을 깔끔하게 정돈했지만 누락된 임포트문에 대해서는 어떤 작업도 하지 않
았다. 이를 위해 린터를 사용해야 하는데, 이는 다음 절에서 살펴본다. 12.2.1절에서 블랙을 자동으
로 실행하는 방법을 설명할 때 다시 한번 블랙에 대해 알아본다.

6.2 린팅

린팅은 코드를 실행하기 전에 오류가 있는지를 점검하는 것을 말한다. 이 이상한 이름은 의류 건
조기의 보푸라기lint 필터에서 유래됐고 이 기능을 수행하는 최초의 도구를 코드에서 먼지를 제거
하기 때문에 린트라고 불렀다. 최초의 린트 도구는 1978년에 C 언어를 위해 개발됐지만 지금은 모
든 프로그래밍 언어에서 보편적으로 사용할 수 있다.

파이썬 린터는 코드를 분석하고 코드를 실행했을 때 오류를 일으킬 만한 내용 중 일부를 경고한

다. 변수명의 철자를 틀렸거나 모듈을 임포트하는 것을 깜박하는 것이 그 예에 해당하며 두 경우 모두 코드를 실행하면 오류를 일으킨다.

파이썬에서 보편적으로 사용하는 린팅 도구로는 Flake8(https://oreil.ly/JSJTW), 파이린트(https://oreil.ly/zVVN2), Ruff(https://oreil.ly/5v5fu) 등이 있다. 이러한 도구들은 모두 코드 포맷이 PEP8이나 그중 일부에서 제시하는 스타일 가이드에 맞는지 검사한다. 파이린트와 Flake8은 포맷상 문제를 찾아도 코드를 변경하지 않고 대신 그 부분을 강조한다. 이것은 코드를 직접 변경하기 전에 포맷에 대해 제안한 내용을 직접 리뷰할 수 있음을 뜻한다. 또는 블랙과 결합해 블랙을 먼저 실행시켜 포맷을 먼저 변경하고 린터는 잠재적 오류만 찾아내게 할 수 있다. Ruff는 코드를 린팅하고 블랙과 유사하게 포맷을 업데이트하기도 한다.

6.2.1 린팅 도구

앞에서 다뤘던 예제 6-1 스크립트에 린팅 도구를 사용하는 방법을 살펴보자. 다음 명령어를 사용해 파이린트를 설치할 수 있다.

```
$ pip install pylint
```

명령줄에서 예제 6-1에 파이린트를 실행하면 다음 결과를 얻게 된다.

```
$ pylint plot_big_o.py

************* Module plot_big_o
plot_big_o.py:3:26: E0001: Parsing failed: 'invalid syntax (<unknown>, line 3)'
(syntax-error)
```

이 코드에 구문 오류가 있기 때문에 파이린트는 전체 스크립트에 대한 분석을 마치지 못했다. 파이린트는 오류가 무엇인지 정확히 알려주지 않지만 3:26은 3번째 줄 26번째 컬럼에 오류가 있음을 뜻한다. 이 경우 함수 정의에 뒤따라 나와야 할 :이 누락됐다.

이 오류를 고치고 파이린트를 다시 실행하면 다음 결과를 얻게 된다.

```
$ pylint plot_big_o.py

************* Module plot_big_o
plot_big_o.py:19:0: C0304: Final newline missing (missing-final-newline)
plot_big_o.py:1:0: C0114: Missing module docstring (missing-module-docstring)
plot_big_o.py:3:0: C0116: Missing function or method docstring
(missing-function-docstring)
plot_big_o.py:5:4: C0103: Variable name "n" doesn't conform to
snake_case naming style (invalid-name)
plot_big_o.py:5:8: E0602: Undefined variable 'np' (undefined-variable)
plot_big_o.py:7:13: E0602: Undefined variable 'np' (undefined-variable)
plot_big_o.py:7:46: E0602: Undefined variable 'np' (undefined-variable)
plot_big_o.py:9:9: C0103: Variable name "ax" doesn't conform to
snake_case naming style (invalid-name)
plot_big_o.py:13:4: C0200: Consider using enumerate instead of iterating
with range and len (consider-using-enumerate)
```

이번에는 파이린트가 스크립트 나머지 부분을 훑어볼 수 있다. 그 결과 몇 가지 오류를 밝혀내고 (E0602처럼 E로 시작하는 메시지) 관행을 따르지 않는 코드 위치(C0304처럼 C로 시작하는 메시지)를 알려준다. 그런 다음 이 메시지들을 사용해 코드를 수정하고 오류를 고칠 수 있다. 만약 코드를 어떻게 고쳐야 할지 명확하지 않다면 파이린트 문서(https://oreil.ly/MurWR)에서 도움을 받을 수 있다.

Flake8은 파이린트와 매우 비슷하게 작동한다. 다음 명령어로 설치할 수 있다.

```
$ pip install flake8
```

예제 6-1에 Flake8을 실행하면 다음과 같은 결과를 얻게 된다.

```
$ flake8 plot_big_o.py

plot_big_o.py:3:25: E999 SyntaxError: invalid syntax
```

Flake8도 파이린트와 비슷하게 스크립트 분석을 완료하지 못하고 중단된 다음 구문 오류를 표시한다. 그렇지만 구문 오류를 고치고 Flake8을 재실행하면 다른 결과를 얻게 된다.

```
$ flake8 plot_big_o.py

plot_big_o.py:3:1: E302 expected 2 blank lines, found 1
plot_big_o.py:5:9: F821 undefined name 'np'
```

```
plot_big_o.py:6:29: E231 missing whitespace after ','
plot_big_o.py:6:38: E231 missing whitespace after ','
plot_big_o.py:6:50: E231 missing whitespace after ','
plot_big_o.py:6:64: E231 missing whitespace after ','
plot_big_o.py:7:14: F821 undefined name 'np'
plot_big_o.py:7:47: F821 undefined name 'np'
plot_big_o.py:9:27: E211 whitespace before '('
plot_big_o.py:12:18: E231 missing whitespace after ','
plot_big_o.py:14:26: E201 whitespace after '['
plot_big_o.py:14:37: E251 unexpected spaces around keyword / parameter equals
plot_big_o.py:14:50: E202 whitespace before ']'
plot_big_o.py:19:48: W292 no newline at end of file
```

Flake8은 파이린트와 다른 스타일 가이드를 사용하고 있어서 다른 포맷 문제를 표시한다.

Ruff는 매우 빠르게 실행되도록 설계된 새로운 린터다. Ruff는 다음 명령어로 설치할 수 있다.

```
$ pip install ruff
```

Ruff는 린팅과 포맷 검사를 분리한다. 다음 명령어로 Ruff를 사용해 코드를 린팅할 수 있다.

```
$ ruff check plot_big_o.py
```

Flake8과 같은 방식으로 Ruff도 구문 오류가 난 곳에서 중단된다. 구문 오류를 고친 다음 재실행하면 다음 결과를 얻게 된다.

```
plot_big_o.py:5:9: F821 Undefined name `np`
plot_big_o.py:7:14: F821 Undefined name `np`
plot_big_o.py:7:47: F821 Undefined name `np`
```

다음 명령어로 Ruff를 실행하면 코드 포맷을 업데이트할 수 있다.

```
$ ruff format plot_big_o.py
```

Ruff는 포맷을 업데이트하지만 무엇을 바꿨는지는 알려주지 않는다.

린터마다 약간씩 다른 스타일 가이드를 사용하기 때문에, 코드의 일관성을 유지하려면 하나의 린터를 선택하고 계속 그 린터를 사용하는 것이 중요하다. 따라서 어느 린터를 사용할 것인지 팀 내에서 합의해야 한다.

6.2.2 IDE에서 린팅하기

코드를 린팅하고 포맷을 통일하기 위해 별도의 도구를 실행하는 대신 일부 IDE는 코드를 작성하는 동안 코드를 검사한다. 그림 6.1은 VS Code에서 `pylance` 확장을 사용하는 예제다.

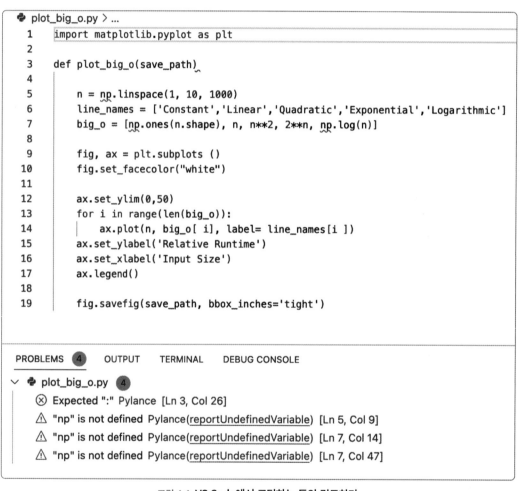

그림 6.1 **VS Code에서 코딩하는 동안 린트하기**

이 도구는 실행 시간에 발생할 오류에 밑줄을 긋고 더 자세한 내용을 목록으로 제공한다. 또한 파이린트, Flake8 외에도 다양한 린터를 사용하도록 설정할 수 있다. 관련 없는 경고는 무시하도록 설정할 수 있다. 그리고 이 확장을 사용해 VS Code에서 주피터 노트북을 린트할 수 있다.

어떤 도구를 선택하더라도 코드를 린팅하면 실제 발생하기 전에 수많은 오류를 식별해내고 코드를 일관되게 만들어주기 때문에 시간을 많이 절약할 수 있다.

6.3 타입 검사

타입 검사는 코드에서 오류를 일으키기 전에 버그를 잡아낼 수 있는 또 하나의 방법이다. '타입'이란 용어는 정수, 문자열, 부동소수점 등과 같이 파이썬에서 사용되는 객체 분류를 말한다. 함수가 기대하는 입력 타입과 함수가 받은 입력 타입이 서로 맞지 않으면 오류를 일으킨다.

예를 들어, 다음 코드는 정수형이나 부동소수점 같은 숫자 타입을 기대하는 함수 math.sqrt()에 문자열을 입력한다.

```
import math

my_int = "100"
print(math.sqrt(my_int))
```

이 코드는 다음과 같은 오류를 낸다.

```
TypeError: must be real number, not str
```

게다가 파이썬은 동적 타입 언어다. 즉, 변수 타입이 변할 수 있다는 뜻이다. 이는 자바Java 같은 다른 언어와 대조적인데, 이런 언어는 한번 변수 타입이 정해지면 고정되어 변할 수 없다.

예를 들어, 다음 코드는 오류 없이 실행되고 변수 타입을 변경한다.

```
>>> my_variable = 10
>>> my_variable = "hello"
>>> type(my_variable)
... str
```

my_variable은 정수로 시작했지만 그다음에 문자열이 됐다.

타입이 잘못되어 버그가 발생하는 일은 매우 흔하다. 함수는 예상과 다른 타입을 받거나 잘못된 타입의 결과를 낼 수 있다. 이러한 일은 너무 흔해서 이러한 문제를 찾아내도록 도구들이 개발되어, 타입 오류를 검사하기 위해 수많은 테스트를 작성할(다음 장에서 다룬다) 필요가 없어졌다.

6.3.1 타입 주석

타입 힌트라고도 부르는 타입 주석type annotation은 잘못된 타입이 일으키는 버그 수를 줄이는 것을 돕기 위해 파이썬 3.5에 도입됐다. 타입 주석은 코드를 읽는 모든 사람에게 함수가 기대하는 입력 타입이나 반환 타입을 알려준다. 이는 코드를 훨씬 더 읽기 쉽게 만드는데 타입 주석이 함수에 기대하는 행동이 무엇인지 알려주기 때문이다. 게다가 타입 주석은 규모가 큰 코드베이스에서 일관성과 표준화를 갖추는 데 도움이 된다.

타입 주석은 파이썬에서는 비교적 새로운 기능이며 여전히 약간의 논란이 있다. 누군가는 가독성에 도움이 된다고 하고 또 다른 누군가는 코드를 더 읽기 힘들게 만든다고 하기도 한다. 또한 주석을 추가하고 확인하는 작업을 추가적으로 해야 한다. 파이썬 개발자들은 PEP 484에서 타입 주석이 파이썬에 선택사항으로 남을 것이라고 밝혔다. 소속된 팀이나 회사 내부에 타입 주석 사용 여부에 대한 권장사항이 있다면 이를 따라야 한다.

타입 주석은 `my_variable: type` 포맷을 따른다. 예를 들어 함수가 반환하는 타입을 정의하려면 다음 포맷을 사용한다.

```
def my_function(some_argument: type) -> return_type:
```

예제 6-2에서는 2장에서 본 함수 중 하나에 타입 주석을 추가했다. 이제 함수 정의에서 볼 수 있듯이, 이 함수는 입력으로 리스트를 기대하고 부동소수점을 반환한다.

예제 6-2 **mode_using_counter.py**

```
from collections import Counter

def mode_using_counter(list_of_numbers: list) -> float:
    c = Counter(list_of_numbers)
    return c.most_common(1)[0][0]
```

다음 구문을 사용해 입력 리스트는 부동소수점만 포함시켜야 한다고 지정할 수도 있다.

```
from collections import Counter
from typing import List

def mode_using_counter(list_of_numbers: List[float]) -> float:
    c = Counter(list_of_numbers)
    return c.most_common(1)[0][0]
```

또한 파이썬 표준 라이브러리 외부에서 정의된 타입을 사용해 타입 주석을 생성할 수 있다. 다음 예제는 넘파이 배열을 사용해 어떻게 타입 주석을 작성할 수 있는지 보여준다.

```
import numpy as np

def array_operation(input_array: np.ndarray) -> np.ndarray:
    ...
```

 파이썬 표준 라이브러리의 일부가 아닌 라이브러리에 대해 데이터 구조의 타입을 검사한다면, 그 라이브러리는 타입을 제공해야 한다. 이는 선택적 기능으로 라이브러리가 타입을 제공하지 않으면 타입 검사기는 그 타입을 Any로 탐지할 것이다.

타입 주석은 실제로 코드 기능에 차이를 만들지 않는다. 예를 들어, 예제 6-3에서 타입 주석 하나가 잘못 표기됐다. 함수 입력이 리스트여야 하는데 부동소수점으로 주석이 달렸다. 그래도 코드는 여전히 올바르게 실행된다.

예제 6-3 **mode_using_counter_incorrect.py**

```
from collections import Counter

def mode_using_counter(list_of_numbers: float) -> float:
    c = Counter(list_of_numbers)
    return c.most_common(1)[0][0]
```

타입 주석은 타입 검사 도구와 함께 사용될 때에만 유용하다. 즉, 타입 주석은 코드를 실행하거나 배포하기 전에 타입 검사기를 돌린다는 것을 전제로 한다. 타입 검사기는 코드를 분석하고 맞지 않는 타입을 검사한다. 타입 검사를 위해 테스트 코드를 작성할 수도 있지만 타입 검사기를 사용하는 것이 더 쉽고 빠르다.

이 책을 쓰는 시기에 가장 많이 쓰이는 타입 검사 도구는 mypy(https://mypy-lang.org/)여서 다음 절에서는 이 도구를 어떻게 사용하는지 살펴보기로 한다. 다른 타입 검사 도구로는 최근 인기를 얻고 있는 Pyright(https://oreil.ly/2BlR2)와 Pyre(https://pyre-check.org/)가 있다. IDE에서도 기본 기능으로 또는 Pyright 같은 확장을 설치하여 타입 검사를 지원하기도 한다. 타입 검사를 사용하기 시작하면 IDE는 이를 자동으로 완성시키고 타입이 맞지 않았을 때 알려준다.

6.3.2 mypy로 타입 검사하기

다음 명령어로 mypy를 설치한다.

```
$ pip install mypy
```

그런 후 다음 명령어로 스크립트에 실행시킨다.

```
$ mypy my_script.py
```

mypy를 타입 주석이 정확한 예제 6-2에 실행시키면 다음 내용을 출력한다.

```
Success: no issues found in 1 source file
```

그렇지만 타입 주석을 잘못 기재한 예제 6-3에 mypy를 실행하면 다음 내용을 출력한다.

```
mode_using_counter_incorrect.py:4: error: No overload variant of "Counter"
matches argument type "float"  [call-overload]
mode_using_counter_incorrect.py:4: note: Possible overload variants:
mode_using_counter_incorrect.py:4: note:    def [_T] Counter(self, None = ..., /)
-> Counter[_T]
mode_using_counter_incorrect.py:4: note:    def [_T] Counter(self, None = ..., /,
**kwargs: int) -> Counter[str]
mode_using_counter_incorrect.py:4: note:    def [_T] Counter(self,
SupportsKeysAndGetItem[_T, int], /) -> Counter[_T]
mode_using_counter_incorrect.py:4: note:    def [_T] Counter(self, Iterable[_T],
/) -> Counter[_T]
Found 1 error in 1 file (checked 1 source file)
```

mypy는 타입 주석에서 오류를 찾아내기 때문에 이 오류를 정정할 수 있다. 그런 다음 이 함수를 사용하는 누구라도 이 함수가 받아야 할 타입과 반환할 타입을 알 것이다.

6.4 요약

이번 장에서는 코드 포매팅, 린팅, 타입 검사가 코드 품질을 얼마나 향상시키는지 그리고 코드를 작성할 때 생산성을 높이는 데 도움이 되는지 설명했다. 스타일 가이드에 따라 포맷을 맞추면 코드의 가독성이 더 좋아진다. 린팅과 타입 검사는 코드가 운영 환경에 배포되기 전 잠재적 오류를 식별하여 코드가 안정적인지 확인한다.

이번 장에서의 핵심은 팀과 회사의 표준을 따르거나, 만약 표준이 없다면 새롭게 도입해야 한다는 점이다. 표준화된 포맷은 버그를 예방하는 데 도움이 되는데 코드가 어떤 일을 하는지 이해하기 더 쉬워지기 때문이다. 또한 코드 스타일을 세세하게 신경 쓰는 대신, 코드 기능을 작업하는 데 시간을 더 쓸 수 있다는 뜻이다.

코드 포매팅, 린팅, 타입 검사에 대해 기억해야 할 가장 중요한 점은 도구를 사용하여 이러한 작업을 수행하는 것이다. 이 작업들을 직접 수행하느라 시간을 쓸 필요는 없다. 이 도구들은 처음 설정하는 데 시간이 좀 걸릴 수 있지만, 여기에 시간을 투자하면 장기적으로 확실히 보상받을 것이다. 12장에서 이 도구들을 자동화하여 시간 소모를 더 줄일 수 있는 방법을 알아보기로 한다.

다음 장에서는 코드의 안정성을 보장하는 또 하나의 핵심인 테스트에 대해 살펴본다.

CHAPTER 7

코드 테스트

테스트 작성은 좋은 코드를 작성하기 위해 배워야 할 중요한 기술이다. 테스트란 함수를 호출하고 그 함수가 해야 할 일을 하는지 점검하는 코드다. 테스트는 코드가 올바르게 작동한다는 증거와 확신을 준다. 이전 장의 로깅과 마찬가지로 테스트도 처음에 설정하는 데 약간의 노력이 필요하지만 프로젝트가 커지면서 노력의 결실을 맛보게 될 것이다.

코드가 작은 일회성 실험용이라면 테스트는 아마 덜 중요할 것이다. 그렇지만 코드가 큰 시스템의 일부이거나, 다른 사람이 코드를 바꿀 수 있거나, 다른 코드가 특정 결과를 반환하기 위해 여러분의 코드에 의존하고 있다면? 테스트는 코드가 작동하는 것을 보장하고 여러분이나 다른 사람이 변경한 사항이 코드에 오류를 일으킬지 여부를 알 수 있다.

테스트는 오롯이 혼자 코드 작업을 할 때도 중요하다. 테스트는 코드를 변경했을 때, 기억에 의존하는 대신 코드가 계속 작동하도록 보장해주는 안전망 역할을 한다. 테스트 코드는 코드가 어떻게 작동해야 하는지를 보여주는 예제 역할도 하고 이 점에서 코드를 읽고 유지관리하기 쉽게 만든다.

테스트를 시작하는 것은 도전적인 일이다. 도전적인 일이지만 코드가 해야 할 일을 하고 있는지 테스트하는 것으로 시작할 수 있다. 이에 대해 7.3.1절에서 살펴본다. 그런 다음 코드가 작동하지 않는 경우를 발견할 때 더 많은 테스트를 추가할 수 있다.

소프트웨어를 구축할 때에는 주로 자동화된 코드 테스트와 전체 소프트웨어 제품에 대한 사용자 테스트를 수행한다. 사용자 테스트는 개발팀이 아닌 별개의 팀에서 처리할 가능성이 높지만 자동화된 테스트는 운영 코드를 작성한 사람이 해야 한다. 이 책에서는 자동화된 테스트만 다루기로 한다.

이번 장에서는 테스트를 왜 작성해야 하는지 심도 있게 다루고, 그런 다음 매우 간단한 테스트와 좀 더 복잡한 테스트를 작성하는 방법을 살펴본다. 테스트를 수작업으로 실행하지 않아도 되도록 테스트를 자동화하는 방법을 살펴보고, 머신러닝에서 데이터 검증과 테스트하는 방법을 자세히 알아보기로 한다.

 한 가지 짚고 넘어가고 싶은 것은 이 책에서 테스트를 말할 때 A/B 테스트는 해당하지 않는다는 것이다. A/B 테스트에서는 두 개의 서로 다른 버전의 소프트웨어 기능을 두고 어느 것을 더 선호하는지 알아내기 위해 실험하는 것이다. 여기에서 다루는 테스트는 코드가 예상대로 작동하는지 여부를 검사하는 것을 뜻한다.

7.1 왜 테스트를 작성해야 하는가?

우리는 대체로 기대하는 결과가 나올 때까지 코드 작업을 계속한다. 그러면 끝이다. 정말 그럴까? 만약 나중에 입력 데이터가 변한다면? 혹은 코드에 가능한 모든 입력을 시도해보지 않았다면? 필자는 어느 한 시점에서는 코드가 잘 작동하지만 그 뒤에 예상치 못한 점이 발생하고 오류가 나는 경험을 종종 했다. 이는 내 코드가 안정적이지 않다는 것을 뜻한다. 그리고 만약 내 코드가 큰 시스템의 일부라면 이것은 문제다.

코드에 영향을 미쳐서 오류를 일으킬 만한 많은 것들이 변할 수 있다. 사용했던 라이브러리나 언어가 새로운 버전이 나올 수도 있고, 컴퓨터 OS가 업그레이드될 수도 있고, 또는 흔히 일어나는 일인데, 코드가 의존하고 있는 다른 코드가 변할 수도 있다. 향후 코드에서 오류가 날 수 있는 이유가 얼마나 많은지 이 글(https://oreil.ly/oG4oq)을 읽어보면 알 수 있다. 테스트는 미래에도 유효한 코드를 만드는 데 도움이 된다.

더구나 코드는 개발된 환경과 다른 환경에서 올바르게 작동하지 않을 수 있다. 여기에는 온라인 대시보드, 다른 사람의 컴퓨터, 도커 컨테이너, 또는 운영 환경 등이 포함된다. 만약 코드에 대한 테스트가 있다면, 다른 환경으로 코드를 옮기고 테스트를 실행해 거기에서도 코드가 작동하는지 확인할 수 있다.

테스트는 코드가 해야 할 일을 한다는 것을 어느 정도 보장한다. 이는 다른 사람들이 코드를 신뢰하도록 돕고 코드가 안정적이며 높은 품질을 갖추고 있다는 신호가 된다. 또한 의료 분야처럼 위험이 큰 상황에서 작업하거나, 수많은 사용자가 코드에 의존하는 경우에는 코드가 수행해야 하는 일에 대해 보증해야 할 수도 있다.

테스트는 찾아내기도 어려운 어떤 방식으로 코드가 오류 나지 않을까 하는 두려움 없이 코드를 변경해도 된다는 확신을 준다. 테스트는 코드를 변경하더라도 여전히 올바르게 기능할 것이라는 긍정적인 신호를 준다. 이는 디버깅(5장에서 설명한 바 있다)과 리팩터링(8장에서 다룬다)에 상당히 유용하다.

테스트 주도 개발

테스트 주도 개발test-driven development, TDD은 개발자가 프로젝트의 목표를 실제로 달성하는 기능을 작성하기 전 테스트를 작성하는 소프트웨어 개발 절차다. 목표는 코드의 요구사항을 기술하기 위해 테스트를 사용하는 것이다. 그리고 테스트는 기대한 행동과 함수의 입력과 출력을 지정한다. 그런 다음, 개발자는 테스트를 통과하기 위해 코드를 작성한다. 이는 개발자가 코드를 모듈식으로 작성하게 하고 복잡한 문제를 쉽게 테스트할 수 있는 부분들로 나누도록 권장한다.

이 접근법은 수많은 데이터 과학 프로젝트에 대해 적절하지 않은데 전형적인 데이터 과학 프로젝트의 시작 시점에 필요한 기능이 정확히 무엇인지 모른다. 종종 탐색적인 작업에서 시작해서 프로젝트의 끝에 가서야만 코드가 어떻게 구조화되어야 하는지 알게 될 것이다. 그렇지만 TDD에 대해 더 알고 싶다면 미하우 야보르스키와 타레크 지아데가 쓴 《전문가를 위한 파이썬 프로그래밍(제4판)》(제이펍, 2022)에서 TDD 관점에서의 파이썬 개발을 참고하기 바란다.

7.2 언제 테스트할까?

데이터 과학 프로젝트에서는 테스트를 언제 작성하기 시작해야 할지 정확히 알기 어려울 수 있다. 테스트는 일반적으로 프로젝트 탐색 단계에서는 시간을 쓸 가치가 없는 작업이다. 앞으로 어느 코드가 유용할지 탐색 단계에서는 알 수 없기 때문이다. 하지만 코드를 재사용하고 수정해야 한다면 이때가 테스트를 추가하기 적절한 때일 수 있다. 일회성 분석을 위한 코드에 테스트를 추가하는 것은 그리 중요하지 않다. 결과를 빨리 얻는 것과 시간을 들여 결과가 정확한지 확인하는 것 사이에는 장단점이 있다.

프로젝트에서 일찍 테스트를 작성하면 이름 불일치, 임포트문 누락, 철자 오류나 구문 오류 같은 간단한 실수를 잡아내는 데 도움이 될 수 있다. 때로는 코드 편집기에서 이런 실수가 잡히지 않는다.

코드가 운영 환경에 배포되거나 다른 사람이 사용하기 전에 테스트를 작성하는 일은 코드가 안정적이며 재생산이 가능하다는 것을 확인시켜주기 때문에 가장 중요하다. 테스트를 추가해야 하는 또 하나의 경우로는 코드에서 뭔가 잘못되어 예상치 못한 오류를 만났을 때다. 테스트를 추가하면 오류의 근원을 찾아내는 데 도움이 될 수 있다. 테스트는 코드를 리팩터링해야 하는 경우에도 상당히 도움이 된다.

자신이 작성한 코드만 테스트해야 한다는 점을 기억하라. 임포트된 라이브러리나 의존하는 항목에 대해 테스트할 필요는 없다. 그것은 당신이 책임질 사항이 아니며 이미 각각 테스트가 됐어야 한다.

7.3 테스트 작성 및 실행 방법

간단한 테스트에 무엇이 포함되는지 살펴보고, 어떻게 구조화하고 작성하는지 알아보자. 예상치 못한 입력을 테스트하는 방법뿐 아니라 코드가 처리할 것으로 예상되는 입력에 대해 설명하고 테스트를 자동으로 실행하는 방법에 대해서도 논의한다. 또한 단위 테스트와 통합 테스트의 두 가지 보편적인 테스트 유형의 예를 알아본다.

7.3.1 기본 테스트

가장 간단한 테스트는 모든 것이 올바르게 작동 중일 때 기대했던 종류의 입력을 받으면 함수가 제대로 작동하는지 검사하는 것이다. 테스트에 무엇을 포함시킬지 알아내는 데 어려움을 겪고 있다면 우선 함수를 개발하면서 주피터 노트북에 반복적으로 표시하고 싶은 것부터 테스트를 시작하는 것이 좋다.

테스트는 Pytest 문서(https://oreil.ly/slpmH)에서 기술한 대로 4단계로 구조화된다.

1. **준비**arrange: 데이터를 로드하는 일처럼 함수를 실행하는 데 필요한 모든 것을 설정한다.
2. **실행**act: 테스트하는 함수를 실행한다.
3. **검증**assert: 함수 실행 결과가 예상한 바와 맞는지 검사한다.
4. **정리**cleanup: 테스트가 어떤 흔적도 남기지 않도록 정리한다. 예를 들어 파일을 열었으면 반드시 닫는다.

여기에서는 2장에서 다룬 `weighted_mean` 함수를 사용해 함수가 예상한 대로 작동하는지 검사하는 테스트를 작성해본다. 함수를 다시 한번 보자.

```python
def weighted_mean(num_list, weights):
    running_total = 0
    for i in range(len(num_list)):
        running_total += (num_list[i] * weights[i])
    return (running_total/sum(weights))
```

다음은 이 함수에 동반하는 테스트로 몇 가지 간단한 입력을 확인한다.

```python
from ch07_functions import weighted_mean ❶

def test_weighted_mean(): ❷

    list_a = [1, 2, 4]
    list_b = [1, 2, 4] ❸

    result = weighted_mean(list_a, list_b) ❹

    assert result == 3 ❺
```

❶ 테스트 함수는 함수와 별도의 파이썬 파일에 작성한다. 함수는 `ch07_functions.py` 파일에서 임포트됐다. 테스트를 포함한 파일의 이름은 `test_*.py`나 `*_test.py` 형식이어야 한다.

❷ 관례상 테스트 함수 이름은 `test_`로 시작한다.

❸ 준비 단계에서는 테스트하는 함수에 쓰일 입력 데이터를 생성한다.

❹ 실행 단계에서는 선택한 입력 데이터를 가지고 함수를 호출한다.

❺ 검증 단계에서는 함수가 생산한 결과가 예상한 결과인지 검사한다.

이 테스트에서 함수의 전형적인 입력 세트로 시작한다. 그런 다음 함수를 실행하고 `assert` 문을 사용해 결과가 적절한지 검사한다.

다음 단계는 테스트를 실행하고 테스트가 통과하는지 검사하는 것이다. 이 작업은 Pytest 같은 테스트 프레임워크를 사용하여 수행할 수 있다. 이에 대해 7.3.3절에서 살펴본다. 만일 테스트가 통과하면 코드가 최소한 이 입력 데이터 값들에 대해서는 제대로 작동한다는 사실을 알게 된다. 테스트가 실패하면 두 가지를 점검해야 한다. 첫 번째로 테스트가 정확한지, 검증 단계에서 검사한 값이 실제로 그 입력 세트에 대해 기대했던 것인지 확인한다. 두 번째로 코드에서 테스트 실패를 야기한 실수를 찾고 테스트를 통과할 수 있게 그 실수를 고친다.

다음은 또 다른 예제로 이번에는 다른 장에서 봤던 `fit_trendline` 함수를 사용한다.

```python
from scipy.stats import linregress

def fit_trendline(year_timestamps, data):
    result = linregress(year_timestamps, data)
    slope = round(result.slope, 3)
    r_squared = round(result.rvalue**2, 3)
    return slope, r_squared
```

다음은 이 함수에 대한 테스트 함수다.

```python
def test_fit_trendline():

    data = [1, 2, 3]
    timestamps = [2020, 2021, 2022]

    slope, r_squared = fit_trendline(timestamps, data)

    assert slope == 1
    assert r_squared == 1
```

이 예제에서는 가짜 데이터를 사용하기로 했다. 가짜 데이터를 사용하면 기울기가 1이고 결정 계수 (R^2) 값도 1인 추세선을 생성한다는 것을 알고 있다. 이것은 함수가 정확히 기대한 작업을 수행하는지 확인하는 기본 점검 역할을 한다. 테스트에서 고려해야 할 다른 입력에 대해서는 다음 절에서 다룬다.

테스트를 별도 폴더에 두고 테스트가 포함된 파이썬 파일명을 `test_`로 시작하게 짓는 것이 일반적인 관행이다. 이는 7.3.3절에서의 설명처럼 테스트를 코드의 나머지와 분리시키고 자동 테스트 실행기test runner가 테스트 파일을 찾을 수 있게 해준다.

7.3.2 예상치 못한 입력 테스트

기대한 입력을 가지고 코드가 작동하는지 테스트할 뿐 아니라 코드가 예상치 못한 입력을 처리할 수 있는지 여부를 테스트하여 코드를 안정적으로 만드는 데 도움이 된다. 이러한 경우를 에지 케이스edge case[1]라고도 하는데, 특수한 조치가 필요한 입력값이 극단적이거나 특이한 경우를 뜻한다. 빈 문자열이나 정확하지 않은 타입의 데이터 등이 여기에 해당한다.

다음은 예상치 못한 입력에도 코드가 안정적인지 검사하기 위해 `weighted_mean` 테스트를 업데이트하는 방법을 예시로 보여준다.

```python
def test_weighted_mean():

    result = weighted_mean([1, 2, 4], [1, 2, 4])

    assert result == 3

    empty_list_result = weighted_mean([], [])

    assert not empty_list_result
```

이 테스트에서는 입력으로 빈 리스트를 받으면 `weighted_mean` 함수는 None을 반환할 것을 예상하는 것에서 시작한다. 따라서 이 테스트가 통과하려면 이 입력을 처리하도록 `weighted_mean` 함수를 업데이트해야 한다.

```python
def weighted_mean(num_list, weights):
    if not (num_list or weights):
        return None
    running_total = 0
    for i in range(len(num_list)):
        running_total += (num_list[i] * weights[i])
    return (running_total/sum(weights))
```

다음으로 함수가 입력으로 틀린 타입의 데이터를 받은 경우 올바르게 작동하는지 검사하는 테스트를 추가하고 싶다. 다음은 업데이트된 테스트로 입력 리스트의 하나에서 문자열을 받은 경우 `weighted_mean` 함수가 None을 반환하는지 검사한다.

```python
def test_weighted_mean():
```

1 　[옮긴이] 특수한 경우라고 일반적인 말로 표현할 수도 있지만 SE 분야에 맞게 번역하기 위해 에지 케이스라는 표현을 채택했다. 시스템이나 소프트웨어의 일반 동작 범위의 가장자리나 경계에서 발생할 수 있는 특이한 경우를 의미한다. 주로 예외적인 상황이나, 일반적인 경우와 다른 입력값 등을 처리할 때 사용된다. https://en.wikipedia.org/wiki/Edge_case.

```
result = weighted_mean([1, 2, 4], [1, 2, 4])
assert result == 3

empty_list_result = weighted_mean([], [])
assert not empty_list_result

wrong_types_result = weighted_mean(['one', 2, 4], [1, 2, 4])
assert not wrong_types_result
```

그런 다음 코드가 예상된 행동을 하도록 업데이트한다. 테스트를 추가하고 함수를 업데이트하는 것이 함께 진행된다는 것을 알 수 있으며, 종종 테스트를 업데이트한 다음 코드를 업데이트하는 과정을 반복하게 된다.

예상치 못한 입력을 가지고 테스트하는 일은 코드가 잘 작동하고 있을 때 하기 어려운 일이다. 왜냐하면 이 테스트가 어떤 문제를 일으킬지 예측하기 어렵기 때문이다. 그렇지만 코드에서 문제가 발생하고 오류를 처리하기 위해 코드를 업데이트할 때에는 다음에 똑같은 일이 발생하더라도 코드에서 오류가 발생하지 않을 것이라는 것을 확인하기 위해 테스트를 추가해야 한다. 또한 어떤 코드 입력값이 주요 영향을 미칠지 고려해서 그 입력값에 대해 테스트하되 가능한 모든 입력값에 대해 예측하려고 너무 스트레스를 받을 필요는 없다.

유용하게 쓰일 만한 몇 가지 라이브러리가 있다. Faker(https://oreil.ly/A7Wb-) 라이브러리는 타임스탬프, 이메일 주소 등 다양한 포맷의 가짜 데이터를 생성해줄 수 있어서 실제 데이터를 읽어들이느라 드는 시간을 절약해준다. 이것은 테스트 코드에 보여서는 안 될 개인정보나 민감 정보를 다룬다면 중요하다. 또 다른 라이브러리로는 코드가 작동하지 않는 에지 케이스를 발견하는 데 도움을 줄 수 있는 Hypothesis(https://oreil.ly/uTNW0)가 있다. 이 라이브러리는 다양한 시나리오를 기술한 테스트를 작성한 다음 Hypothesis 라이브러리가 이 시나리오들을 시험해보는 속성 기반 테스트를 수행한다.

7.3.3 Pytest로 자동화된 테스트 실행하기

Pytest(https://oreil.ly/z1MRC)는 테스트를 찾고 수집해서 실행하는 일을 처리하는 프레임워크다. Pytest나 다른 유사한 프레임워크를 사용하면, 함수가 많거나 테스트를 모두 실행하는 기본 코드를 작성한다면 테스트 함수를 일일이 전부 실행시키지 않아도 된다.

Pytest는 파이썬 표준 라이브러리가 아니다. 다음 명령어로 설치해야 한다.

```
$ pip install pytest
```

다음 명령어를 사용해 단일 테스트 파일을 실행시킬 수 있다.

```
$ pytest test_weighted_mean.py
```

만일 한 폴더 내의 모든 테스트를 실행하고자 한다면 간단하게 pytest 명령어만 단독으로 사용하면 된다. 그러면 Pytest는 이 명령어를 실행한 폴더에서 모든 파일을 재귀적으로 검색하고 test_*.py나 *_test.py 형식에 맞는 파일의 테스트를 실행할 것이다. 이 파일 내부에서 test_로 시작하는 모든 테스트 함수를 실행할 것이다. Pytest가 테스트 코드를 찾아내는 방법에 대해서는 Pytest 문서(https://oreil.ly/fGAjO)에 자세하게 설명이 나와 있다.

모든 테스트를 통과하면 다음과 같은 출력을 얻게 된다.

```
============================== test session starts ==============================
platform darwin -- Python 3.10.4, pytest-7.4.0, pluggy-1.2.0
rootdir: /Users/.../book_code
collected 1 item

test_weighted_mean.py .                                                   [100%]

=============================== 1 passed in 0.01s ===============================
```

반면 테스트에 실패하면 다음과 같은 출력을 얻게 된다.

```
============================== test session starts ==============================
platform darwin -- Python 3.10.4, pytest-7.4.0, pluggy-1.2.0
rootdir: /Users/.../book_code
collected 1 item

test_weighted_mean.py F                                                   [100%]

==================================== FAILURES ====================================
_____ test_weighted_mean _____

    def test_weighted_mean():

        result = weighted_mean([1, 2, 4], [1, 2, 4])
```

```
>        assert result == 3
E        assert 2.3333333333333335 == 3

test_weighted_mean.py:7: AssertionError
========================= short test summary info =========================
FAILED test_weighted_mean.py::test_weighted_mean -
assert 2.3333333333333335 == 3
========================= 1 failed in 0.49s =========================
```

Pytest는 테스트에 실패했음을 보여주는 메시지를 출력한다. 그리고 정확히 어느 줄에서 실패했는지를 강조해서 보여준다. 또한 검증 오류를 출력해 코드가 생성한 틀린 값을 보여준다.

Pytest에는 테스트를 건너뛰거나, 로그를 다루는 등의 고급 기능이 훨씬 많이 있으며 이에 대해서는 Pytest 문서(https://oreil.ly/eSN4m)에서 더 자세히 설명하고 있다.

기타 테스트 프레임워크

Pytest는 모든 기능을 갖추고 있고 사용하기 쉬워서 인기 있는 테스트 프레임워크다. 그렇지만 다른 프레임워크들도 있다. unittest(https://oreil.ly/uRZyg)는 파이썬 표준 라이브러리에 포함되어 있어 코드의 종속성을 덜고 싶다면 도움이 된다. 하지만 Pytest보다 설정이 좀 더 복잡하다.

알아둘 만한 또 다른 도구로는 tox(https://tox.wiki/en)가 있다. 테스트 실행기로 가상 환경을 구성하고 애플리케이션을 설치하고 종속성과 파이썬 버전을 관리하는 기능이 포함되어 있다. 이 도구는 코드가 다른 환경에서도 제대로 실행되는지 확인하는 데 상당히 유용하다.

또한 테스트 범위coverage라는 개념에 대해 알아보자. 모든 테스트를 수행할 때 파일에서 몇 줄의 코드가 실행되는지, 그 비율을 말한다. Pytest의 플러그인인 pytest-cov(https://oreil.ly/BYfJR)를 사용해 테스트 범위를 측정할 수 있다. 다만 모든 함수가 테스트됐는지 확인하는 데에는 도움이 되지만 몇 줄이나 실행됐는지 정도만 확인할 수 있을 뿐 어느 줄을 테스트했는지는 확인할 수 없다.

또한 코드를 버전 관리(10장에서 살펴본다)에 커밋하기 전에 테스트를 실행해야 한다. 12장에서는 이에 대해 더 자세히 다루고 테스트를 자동으로 실행하는 방법을 살펴본다.

7.4 테스트 종류

다양한 테스트를 기술하는 용어들은 폭넓게 많다. 《단단한 파이썬》에서 패트릭 비아포어는 소프트웨어 엔지니어링에서 흔히 사용되는 여섯 가지 유형의 테스트를 정의했다.

단위 테스트unit test
함수, 클래스 같은 코드 단위가 개발자가 예상한 대로 작동하는지 검사한다.

통합 테스트integration test
대규모 시스템이 올바르게 연결됐는지 검사한다.

인수 테스트acceptance test
시스템이 사용자가 예상한 대로 작동하는지 검사한다.

부하 테스트load test
데이터양이나 사용자 수가 증가하더라도 시스템이 제대로 기능할지 검사한다.

보안 테스트security test
시스템이 공격에 강한지 검사한다.

사용성 테스트usability test
시스템이 직관적으로 사용 가능한지 검사한다.

여기서는 데이터 과학 코드를 작성할 때 가장 유용할 가능성이 높은 단위 테스트와 통합 테스트에 대해 집중적으로 살펴보기로 한다.

7.4.1 단위 테스트

이번 장에서 지금까지 보여준 테스트는 모두 단위 테스트다. 단위 테스트는 함수나 클래스를 테스트하는 것처럼 코드의 작은 컴포넌트를 취해서 테스트하는 것이다. 일반적으로 코드를 개발하거나 디버깅하는 동안 단위 테스트를 작성한다.

단위 테스트는 실행이 빨라야 하기 때문에 작은 데이터셋을 사용하는 것이 가장 좋다. 데이터베이스를 연결하는 것처럼 실행하는 데 시간이 오래 걸리는 연산은 피하라. 대신 가짜 데이터를 사용하는 것이 낫다. 또한 단위 테스트는 결정적deterministic이어야 한다. 똑같은 입력값을 사용하면 언제나 똑같은 결과를 줘야 한다. 따라서 랜덤 컴포넌트가 있는 것을 단위 테스트에 포함시키지 말아야 한다.

통합 테스트는 큰 시스템이 제대로 기능하는지 확인한다. 전체 스크립트나 여러 단위 기능을 결합하고 이들을 함께 실행하는 프로젝트의 더 큰 부분을 테스트한다.

통합 테스트를 보여주기 위해 앞에서 봤던 `process_sdg_data`와 `fit_trendline` 두 함수를 사용한다. 이 두 함수를 함께 묶는 코드를 사용하면 두 함수가 함께 엑셀 파일을 받아 추세선의 기울기와 R^2을 출력한다.

```python
from scipy.stats import linregress
import pandas as pd

def process_sdg_data(excel_file, columns_to_drop):
    df = pd.read_excel(excel_file)
    df = df.drop(columns_to_drop, axis=1)
    df = df.set_index("GeoAreaName").transpose()
    return df

def fit_trendline(year_timestamps, data):
    result = linregress(year_timestamps, data)
    slope = round(result.slope, 3)
    r_squared = round(result.rvalue**2, 3)
    return slope, r_squared
```

다음은 이 두 함수를 위한 통합 테스트로 두 함수를 연결하는 코드가 포함되어 있다.

```python
from ch07_functions import process_sdg_data, fit_trendline

def test_processing_trendline():
    df = process_sdg_data(
        "../data/SG_GEN_PARL.xlsx",
        [
            "Goal",
            "Target",
            "Indicator",
            "SeriesCode",
            "SeriesDescription",
            "GeoAreaCode",
```

```
            "Reporting Type",
            "Sex",
            "Units",
        ],
    )
    timestamps = [int(i) for i in df.index.tolist()]
    uk_parl = df["United Kingdom of Great Britain and Northern Ireland"]
            .tolist()

    slope, r_squared = fit_trendline(timestamps, uk_parl)

    assert slope == 0.836
    assert r_squared == 0.868
```

이 테스트는 두 함수가 함께 만들어낸 출력이 예상한 것과 같은지 확인한다. 여기서는 단 하나의 특정 데이터셋을 테스트했지만 결국에는 수많은 다양한 데이터셋에서 작동하는 함수를 원하게 될 것이다. 통합 테스트에 사용하는 데이터셋이 대표적인지 또는 7.3.2절에서 설명한 대로 다양한 값을 제공하는지 점검해야 한다.

7.5 데이터 검증

데이터 검증은 데이터 과학 프로젝트에서 중요한 테스트다. 이것은 데이터가 예상한 것인지 확인하는 과정이다. 이 테스트는 이번 장에서 소개한 다른 테스트와는 약간 다르다. 이것은 작성한 코드를 테스트하는 것이 아니라 사용할 데이터를 테스트하는 것이기 때문이다.

데이터 검증은 데이터 엔지니어링 팀에서 처리할 것이다. 이 과정은 머신러닝 파이프라인상의 한 단계를 차지하거나 테스트 절차의 일부로 포함시키고자 할 것이다. 《살아 움직이는 머신러닝 파이프라인 설계》(한빛미디어, 2021)에서 머신러닝 파이프라인의 일부로 데이터 검증을 포함시키는 것에 대해 더 자세히 다루고 있다. 이번 절에서는 데이터를 검증하고자 할 때 사용할 수 있는 몇 가지 방법을 설명하고 이를 위해 사용할 수 있는 몇 가지 도구를 소개한다.

7.5.1 데이터 검증 예제

데이터 검증은 데이터 과학 프로젝트의 생애 동안 데이터는 변할 수 있기 때문에 중요하다. 즉 정확한 값보다는 데이터의 속성을 테스트하는 것이 좋다는 것을 뜻한다. 일반적으로 데이터 검증 단계는 다음과 같다.

- 데이터셋에 필요한 모든 컬럼이 존재하는지 테스트한다.
- 각 컬럼의 데이터 타입이 올바른지 테스트한다.
- 컬럼값이 전부 null이 아닌지 또는 특정 비율 이상의 null 값을 갖는지 테스트한다.
- 평균, 표준편차, 데이터 범위 등과 같은 데이터의 통계적 속성이 기대한 대로 나왔는지 검사한다.
- 이전 단계에 이어 데이터 분포가 전일, 전주, 또는 다른 관련 시기의 데이터와 비슷한지 검사한다.
- 이상치가 있는지 확인한다.

다음 절에서는 Pandera 모듈을 사용해 데이터를 검증하는 방법을 살펴본다. Great Expectations (https://oreil.ly/6dp8t)는 또 다른 훌륭한 데이터 검증 도구로 더 고도화된 기능을 제공하지만 Pandera에 비해 구성하는 데 시간이 좀 더 걸린다. 그다음 절에서는 타입 주석을 사용하여 데이터 검증할 때 쓸 수 있는 Pydantic을 다룬다.

7.5.2 Pandera를 사용해 데이터 검증하기

Pandera 모듈은 팬더스 데이터프레임이나 대스크 데이터프레임 같은 그와 유사한 데이터 구조를 검증하는 스키마를 사용하는 가벼운 데이터 검증 옵션이다. 여기서는 빠르게 개요만 다룰 텐데, 더 많은 기능은 Pandera 문서(https://oreil.ly/xvOrN)를 참고하기 바란다.

Pandera는 다음과 같이 설치할 수 있다.

```
$ pip install pandera
```

그림 7.1은 검증할 데이터프레임 일부다. 여기서는 4장과 동일한 데이터를 사용한다.

	Year	India	United States of America
0	2000	9.02	13.33
1	2001	9.01	14.02
2	2002	8.84	14.02
3	2003	8.84	14.25
4	2004	8.84	14.25

그림 7.1 **검증할 데이터프레임**

데이터를 검증하려면 데이터프레임의 어떤 컬럼이 포함되어야 하고 각 컬럼의 데이터 타입은 무엇인지가 기술된 스키마를 정의하면 된다.

```
import pandera as pa

schema = pa.DataFrameSchema({
    "Year": pa.Column(int), ❶
    "India": pa.Column(float), ❷
    "United States of America": pa.Column(float) ❸
})
```

❶ 정수를 포함하는 'Year'라는 이름의 컬럼이 있어야 한다.

❷ 부동소수점을 포함하는 'India'라는 이름의 컬럼이 있어야 한다.

❸ 부동소수점을 포함하는 'United States of America'라는 이름의 컬럼이 있어야 한다.

그리고 다음 명령어를 사용해 데이터를 검증한다.

```
schema(df)
```

이 명령어는 데이터를 스키마에 따라 검증한다. 모든 컬럼이 존재하는지 확인하고 각 컬럼의 데이터 타입은 제대로인지 검증한다. Pandera는 스키마에 지정된 모든 컬럼이 존재하지 않으면 오류를 내지만 추가 컬럼이 있다고 오류를 내지는 않는다.

또한 컬럼값의 속성을 검증할 수 있다. checks 인수를 사용해 모든 값이 기대한 범위 안에 있는지 검사할 수 있다. 이 인수는 다양한 Pandera Check 객체를 받는다.

```
schema = pa.DataFrameSchema({
    "Year": pa.Column(int, checks=pa.Check.in_range(2000, 2023)),
    "India": pa.Column(float, checks=pa.Check.in_range(0, 100)),
    "United States of America": pa.Column(float, checks=pa.Check.in_range(0, 100))
})
```

데이터 검증을 통과하면 필요한 모든 컬럼이 있고 각 컬럼의 데이터 타입이 올바르며 데이터가 예상한 범위 안에 있음을 확인한 것이다. 이는 아주 간단한 예제지만 이를 기반으로 각자만의 데이터셋을 검증하기 위한 검증 코드를 만들 수 있다.

7.5.3 Pydantic을 이용한 데이터 검증

Pydantic(https://oreil.ly/ey_Op)을 사용하면 실행 시간에 데이터를 검증할 수 있다. 이 도구는 파이썬 커뮤니티에서 점점 인기를 얻고 있는 믿을 수 없을 만큼 유용한 라이브러리다. Pydantic은 데이터를 검증하기 위해 6.3절에서 소개했던 타입 주석을 사용한다. 그렇지만 mypy처럼 정적 분석 도구는 아니다. 대신 코드를 실행할 때 검증하기 때문에 별도의 도구를 실행시킬 필요가 없다. 이는 코드를 API에 배포할 경우 특히 유용하다. 이에 대해서는 11장에서 살펴본다.

Pydantic은 다음 명령어로 설치할 수 있다.

```
$ pip install pydantic
```

Pydantic은 데이터를 검증하기 위해 데이터 스키마 개념을 사용한다. 먼저 데이터의 포맷을 기술한 스키마를 정의한다. 그런 다음 그 스키마를 사용해 새로운 데이터가 올바른 포맷인지 검사하면 된다. 다음은 1장에서 설명한 유엔 지속가능 개발 목표 데이터에 대한 스키마를 정의한 것이다. 여기에서 데이터 타입과 각 데이터가 필숫값인지(없으면 오류가 남), 선택값인지 여부를 정의할 수 있다.

```
from pydantic import BaseModel
from typing import Optional
from datetime import datetime

class CountryData(BaseModel):
    country_name: str ❶
    population: int ❷
    literacy_rate_2020: Optional[float] ❸
    timestamp: Optional[datetime] = None ❹
```

❶ 국가 이름은 필숫값이며 문자열이거나 오류를 내지 않고 문자열로 형 변환이 가능해야 한다.

❷ 인구 수는 필숫값이며 정수여야 한다.

❸ 문해율literacy rate은 선택값이며 부동소수점이거나 부동소수점으로 형 변환이 가능해야 한다.

❹ 타임스탬프는 선택값이며 `datetime` 객체이거나 `datetime` 객체로 형 변환이 가능해야 하며, 데이터가 넘어오지 않으면 기본값으로 `None`을 준다.

여기서는 올바른 것으로 검증될 데이터의 예를 보자.

```
sample_data_correct = {
    'country_name': 'India',
    'population': 1417242151,
    'literacy_rate_2020': 79.43,
    'timestamp': datetime.now()
}
```

이 데이터를 사용해 새로운 CountryData 객체를 생성할 수 있다. 데이터의 포맷이 제대로라면 오류가 나지 않는다.

```
india = CountryData(**sample_data_correct)
```

이 데이터 중 어느 것이든 찾아볼 수 있다.

```
>>> india.timestamp
... datetime.datetime(2023, 3, 7, 16, 3, 41, 423508)
```

그렇지만 다음처럼 요구사항에 부합하지 않는 데이터가 넘어오면(여기서는 population 필드가 누락됐다) 어떻게 될까?

```
sample_data_incorrect = {
    'country_name': 'United States',
    'population': None,
    'literacy_rate_2020': None,
    'timestamp': None
}

united_states = CountryData(**sample_data_incorrect)
```

Pydantic은 다음과 같이 오류를 낸다.

```
ValidationError: 1 validation error for CountryData
population
  Input should be a valid integer [type=int_type, input_value=None, input_type=NoneType]
```

Pydantic은 대규모 프로젝트의 입력 데이터가 기대한 바에 부합하는지 검사하는 데 있어 상당히 유용하다. 이 라이브러리를 API에서 사용하는 방법에 대해 11.2.2절에서 예제를 들어 살펴본다.

7.6 머신러닝을 위한 테스트

머신러닝 코드는 다른 대부분의 코드와 좀 다르게 테스트되어야 한다. 이는 대부분의 머신러닝 알고리즘이 어떤 방식으로든 무작위성을 포함하고 있기 때문에 주어진 데이터셋에서 정확히 어떤 모델이 나올지 알 수 없기 때문이다. 그렇지만 이것이 머신러닝 코드를 테스트할 수 없다는 뜻은 아니다. 이는 복잡한 주제이지만 이번 절에서 개요만 살펴보고 몇 가지 유용한 전략을 알아보기로 한다.

그림 7.2는 일반적인 머신러닝 프로젝트의 구조를 보여준다. 이 모든 단계들이 테스트 가능한지 차례대로 살펴보고 그중 특히 몇 가지에 대해 집중적으로 살펴본다.

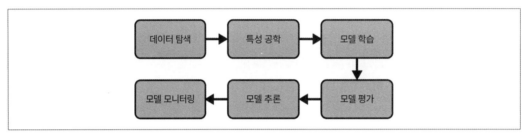

그림 7.2 **머신러닝 프로젝트 단계**

데이터 탐색

프로젝트의 탐색 단계에서는 다른 곳에서 재사용할 코드를 작성한 것이 아니라면 테스트를 작성할 필요는 없다.

특성 공학

특성 공학 코드에 대한 단위 테스트를 작성하고 이 단계에 데이터 검증을 포함시키면 된다.

모델 학습

다음 절에서 이에 대해 더 자세히 살펴보기로 한다.

모델 평가

모델 평가는 데이터셋에서 학습된 모델의 성능을 측정한다. 이 자체가 일종의 테스트이지만 모델 학습을 실행할 때마다 그 결과가 약간씩 다를 것이다. 예를 들어, 정확도가 항상 일정 비율 이상이어야 한다는 규칙을 적용해 이를 테스트로 공식화할 수 있다.

모델 추론

이에 대해서는 뒤에서 자세히 다룬다.

모델 모니터링

운영 환경에서 모델 모니터링은 종종 외부 도구나 라이브러리에 의해 처리되지만 코드를 직접 작성하면 단위 테스트를 추가할 수 있다.

7.6.1 모델 학습 테스트

모델 학습 테스트는 입력 데이터가 주어졌을 때 결과를 예상할 수 없기 때문에 어렵다. 신경망의 가중치가 정확히 얼마여야 하는지 알 수 없고, 저장된 모델 파일에 들어가는 모든 매개변수도 알 수 없다. 특정 데이터셋이 특정 모델 구조를 제공하는지 여부를 테스트할 수도 없다. 그렇지만 확실히 테스트할 수 있는 것이 있으며, 학습하는 데 시간이 오래 걸리는(예를 들어 몇 분 이상) 대규모 모델을 사용하는지 또는 작은 모델을 사용하는지에 따라 테스트 전략이 달라질 것이다.

모델 학습에 시간이 오래 걸리면 모델 출력이 정확한지 또는 최종 모델 정확도를 테스트하는 것은 비현실적이다. 대신 학습이 예상대로 진행되는지, 그리고 모델이 중단되지 않고 정상적으로 학습되는지 확인해야 한다. 이는 학습 코드에 대해 훈련 단계 전후로 모델 가중치를 비교하는 테스트를 작성하여 모델 가중치가 변했는지 확인하면 된다.

신경망에 대한 또 다른 옵션으로는 최초 몇 단계의 학습을 거치면서 손실이 감소하는지 확인하는 것이다. 또한 모델이 올바른 형상의 입력 텐서를 받고 올바른 형상의 출력을 생성하는지 검사하는 테스트를 작성할 수 있다. 이는 흔하게 볼 수 있는 오류 원인이기 때문이다.

소규모 모델의 경우, 학습 과정이 끝났을 때 모델이 존재하는지 확인하는 통합 테스트를 작성할 수도 있다. 속도를 높이기 위해 학습 데이터의 일부를 사용하거나 가짜 데이터를 사용할 수 있다.

7.6.2 모델 추론 테스트

모델을 학습시킨 뒤 모델이 정확하게 예측하는지 확인해야 한다. 운영 환경에서 추론을 수행하고 있는 모델을 테스트하는 전략은 크게 두 가지가 있다. 첫째, 추론 코드가 제대로 작동하는지 확인하는 단위 테스트와 통합 테스트를 작성해야 한다. 가짜 입력 데이터가 주어졌을 때 예측을 반환하는가? 입력 데이터가 없을 때 제대로 처리하는가? 오류에 대해 매끄럽게 처리하는가? 모델 규모가 매우 클 경우 작은 샘플 모델에 테스트를 실행한 다음에 모델 전체 테스트를 실행할 수도 있다.

둘째, 특정 데이터 예제를 모델에 전송해 모델 예측이 기대한 대로인지 확인할 수 있다. 이는 모델 평가와는 다른데, 평가 데이터셋 전부를 사용하는 것이 아니라 소수의 예제 데이터만 사용하기 때문이다. 회귀 모델의 경우 주어진 예제 데이터에 대한 모델의 출력값이 올바른 범주 안에 있는지 검사할 수 있다. 혹은 분류 모델의 경우 항상 특정 분류에 속할 입력값을 모델에 제공할 수 있다. 모델은 정확한 예측을 만들 때에만 운영 환경에 배포되어야 한다.

ML 테스트에 대해 더 자세히 알고 싶다면 제러미 조던Jeremy Jordan이 쓴 글(https://oreil.ly/FUtlq)을 참고하기 바란다.

7.7 요약

테스트를 작성하는 것은 좋은 코드를 작성하기 위해 중요한 부분이다. 특히 더 안정적인 코드를 작성하는 데 도움이 된다. 코드가 변경되더라도 제대로 작동하는지 확인하고, 다른 환경에서도 작동하는지 확인하고, 코드가 예상대로 작동하는지 확인하고, 사람들이 본인이 작성한 코드를 신뢰할 수 있게 돕고, 디버깅과 리팩터링을 돕기 위해 테스트를 작성해야 한다.

가능한 가장 간단한 검사는 함수가 간단한 입력에 대해 예상한 결과를 반환하는지 검사하는 것이다. 테스트는 준비, 실행, 검증, 정리 단계로 구조화된다. 다음으로 에지 케이스를 추가한다. 테스트를 수작업으로 수행하지 마라. Pytest 같은 테스트 프레임워크를 사용하라.

데이터의 전반적인 속성을 사용해 데이터를 검증함으로써 프로젝트에서 기대하는 데이터가 맞는지 검증할 수 있다. Pandera는 팬더스 데이터프레임을 검증하는 데 쉽게 사용할 수 있는 옵션이다.

머신러닝은 주어진 데이터셋에서 어떤 모델이 생성될지 정확히 알 수 없기 때문에 다양한 접근 방식이 필요하다. 그렇지만 여전히 테스트를 작성해야 하며 가능한 경우 단위 테스트도 포함해야 한다.

설계와 리팩터링

이번 장에서는 작성한 코드를 한 줄 한 줄 세세히 살펴보는 것에서 벗어나 프로젝트를 어떻게 설계할지, 코드를 어떻게 준비할지, 설계가 변경되면 코드를 어떻게 리팩터링할지와 같은 큰 그림에서의 이야기를 해보고자 한다. 프로젝트의 상위 레벨 구조를 정리하고 표준화하는 방법에 대한 몇 가지 아이디어를 나누고 코드를 모듈식의 재사용 가능한 함수로 나누는 방법을 제안한다.

좋은 설계는, 전체 프로젝트 단위에서든 개별 함수 단위에서든, 코드에 여러 가지 이점이 있다. 프로젝트 설계가 어느 정도 표준화되어 있다면 한 프로젝트를 다른 프로젝트로 전환할 때 정신적 부담을 줄일 수 있다. 사람들은 이전에 비슷한 것을 봤다면 프로젝트를 진행하기 더 쉬워진다. 코드가 잘 설계됐다면 다른 프로젝트에서 그중 일부를 재사용하기 쉬워지고 새로운 기능을 추가하기 쉬워진다.

데이터 과학자로서 내 경험상 모든 코드를 하나의 거대한 주피터 노트북에 담은 프로젝트를 무수히 봤다. 나 또한 이 같은 프로젝트들을 만들었다. 주피터 노트북은 프로젝트를 착수하거나, 초안을 작성하거나, 여러 가지를 시도할 때 아주 훌륭한 방법이다. 그렇지만 노트북은 프로젝트 규모가 커지거나 복잡해질 때 제약이 있을 수 있다. 노트북을 파이썬 스크립트로 전환하는 프레임워크에 대해서는 8.3절에서 알아본다.

데이터 과학에서는 때로는 정확히 언제 프로젝트 구조를 설계해야 할지 알기가 어렵다. 프로젝트를 시작할 때 이 프로젝트의 결과가 어떻게 될지 전혀 모를 수도 있다. 그렇지만 일반적으로 프로젝트가 어디로 가고 있는지 감이 잡히기 시작할 때 시간을 들여 프로젝트를 신중하게 설계하는 것이 좋다. 바로 그때가 노트북에서 스크립트로 전환할 시점일 것이다.

처음부터 프로젝트 설계를 완벽하게 할 것이라 기대해서는 안 된다. 프로젝트 설계는 계속 반복해서 해야 할 일에 가깝다. 그리고 프로젝트 중에 코드의 세부사항이 변경될 가능성은 거의 확실하다. 코드가 수행하는 작업은 그대로 유지하면서 구조를 조정하는 단계인 리팩터링은 소프트웨어 엔지니어링에서는 일반적으로 밟는 단계로 데이터 과학자로서 매우 유용할 것이다. 리팩터링하는 방법에 대해서는 8.4절에서 자세히 다룬다.

8.1 프로젝트 설계와 구조

프로젝트 설계와 구조에 대해서는 정해진 규칙이 없다. 그 둘은 어떤 작업을 하고 있는지, 어떤 비즈니스에 소속되어 있는지, 프로젝트 기간 및 기타 여건들에 따라 상당히 달라질 수 있다. 머신러닝 프로젝트는 의사결정을 지원하는 분석 프로젝트의 구조와 완전히 다른 구조를 요구할 가능성이 높을 것이다.

그럼에도 이번 절에서는 프로젝트를 어떻게 하면 잘 설계할 수 있을지에 대한 몇 가지 생각을 나누고자 한다. 어느 정도 표준화된 설계를 유지하는 것은 매우 유용하다. 이는 그 프로젝트를 사용하는 누구라도 무엇을 기대할 수 있을지 알 수 있어 새로운 프로젝트로 전환할 때 인지 부하를 덜 수 있다. 또한 프로젝트의 표준 설계를 공유하면 팀의 다른 사람이 작업한 결과물을 가져다 쓰기 더 쉬워진다.

이번 절에서는 전반적인 수준에서 다양한 파일과 폴더 구조를 구성하여 프로젝트를 구조화하는 방법에 대해 논의한다. 머신러닝 프로젝트를 예로 들어, 주어진 구조로 새로운 프로젝트를 자동으로 생성하는 도구 몇 가지를 살펴본다.

8.1.1 프로젝트 설계 시 고려사항

전체 프로젝트 계획을 어떻게 잘 구조화된 코드로 전환할 수 있을까? 어떤 경우에는 프로젝트를 시작해서 구조를 잡기 전에 전체 프로젝트 방향을 설정하기 위한 초기 아이디어를 이리저리 시도해봐야 할 수도 있다. 이런 경우라면 가능한 빨리 시간을 들여 프로젝트 계획에 대해 생각해보는 것이 좋다. 그래야 대량의 노트북 코드를 잘 구조화된 프로젝트로 변환하는 데 도움이 될 수 있다.

다음은 프로젝트를 설계할 때 도움이 될 만한 질문들이다.

- 프로젝트의 전반적인 목표나 목적이 무엇이고, 해결하려는 전반적인 문제는 무엇인가? 작성한 코드가 중요하지 않은 각론에 매몰되지 말고 이 목표를 달성하는 데 확실히 도움이 될 수 있게 늘 큰 그림을 염두에 두고 있어야 한다.

- 프로젝트의 전반적인 입력과 출력은 무엇인가? 예를 들어 머신러닝 프로젝트는 원시 데이터를 입력으로 취해 모델 예측을 출력한다.

- 프로젝트의 이해관계자들은 누구인가? 그들과 진척 상황을 확인하기 전에 얼마나 많은 작업을 해야 하는가? 이들은 프로젝트 관리자, 다른 팀, 또는 만드는 제품의 고객일 수 있다.

- 프로젝트 일정은 어떻게 되는가? 주요 마일스톤이나 마감 일정이 언제인가? 이를 알아야 프로젝트가 일단 결과를 빨리 낸 다음에 코드를 정리해야 할지, 아니면 시간을 들여 미리 코드를 잘 작성하고 설계에 시간을 쓸 수 있을지 알 수 있다.

- 어떤 아이디어를 시도해볼 것인가? 문제를 해결하는 것과 탐색과 실험에 각각 얼마나 많은 시간을 할애할 수 있는가? 탐색에 많은 시간이 소요된다면 이 단계에서 작성한 코드를 재사용할 방법을 생각해보는 것이 도움이 될 것이다. 머신러닝 실험을 표준화된 방식으로 설정해 다양한 실험을 쉽게 실행할 수 있도록 할 수 있는가?

- 프로젝트 범위가 변경될 가능성이 얼마나 되는가? 또는 미래 어느 시점에 이 프로젝트에서 수행한 작업이 다른 경우에 사용될 수 있는가? 만약 코드를 재사용할 가능성이 있다면 그 부분을 가져가 다른 곳에서 사용할 수 있도록 모듈식으로 구현하고 문서화를 잘 해놓아야 한다.

이 질문에 대한 답은 프로젝트를 합리적인 단계로 나누는 데 유용하고 이 답을 어딘가에 문서화해두는 것이 좋다. 또한 과거에 완료한 프로젝트를 회고하는 시간을 갖는 것이 좋다. 공통된 주제를 찾고 스스로에게 잘한 일과 그렇게 잘 되지 않은 일을 물어볼 수 있다. 다음에 비슷한 프로젝트를 할 때 더 잘할 수 있는 일은 무엇인가? 이 질문을 하는 것은 미래 프로젝트의 구조를 잡는 데 도움이 될 것이다.

프로젝트 구조에는 데이터도 포함된다. 그렇지만 데이터가 중앙 데이터베이스(각자의 데이터베이스, 회사에서 관리하는 데이터 스토리지)에 저장되어 있다면 이를 복제해 로컬에 저장해서는 안 된다. 이렇게 데이터가 중복 관리되면 나중에 여러 버전의 데이터가 생겨서 서로 다른 결과를 내어 문제를 일으킨다. 또한 보안이나 개인정보 리스크가 있을 수 있다. 프로젝트의 일부로 데이터를 추출하고 선택하는 코드를 포함시키는 것이 훨씬 낫다. 최소한 프로젝트를 복제할 수 있도록 해주는 문서를 포함시켜야 한다. 좋은 문서를 작성하는 방법은 9장에서 다룬다.

종종 비슷한 프로젝트가 생긴다면 Cookiecutter(https://oreil.ly/bX-rV) 도구를 사용해 파일과 폴더 구조 생성을 자동화할 수 있다. 파이썬 패키지를 구축하고 종속성을 관리하기 위해 필요한 파일을 포함하고 있다. 이에 대해 10장에서 다룬다.

프로젝트 구조를 처음부터 설정하고 싶지 않다면 데이터 과학 프로젝트를 표준화하도록 설계된 오픈소스 라이브러리인 Kedro(https://oreil.ly/fJEqk)를 사용할 것을 추천한다. 노드들을 연결해 프로젝트를 설정한 다음 파이프라인으로서 처음부터 끝까지 실행할 수 있다. 각 노드는 데이터를 로드하거나 데이터를 정제하는 것과 같은 스크립트를 포함할 수 있다.

8.1.2 머신러닝 프로젝트 예제

프로젝트 진행 단계를 알면 파일 구조를 구성할 수 있다. 머신러닝 프로젝트를 예로 들어 어떻게 하는지 살펴보자. 파일 구조를 잡는 방법에는 다양한 옵션이 있지만 한 가지 전략으로는, 프로젝트 단계당 1개의 파일만 사용하는 방식이 있다. 각 단계는 데이터를 저장하는 것으로 끝난다.

전형적으로 머신러닝 프로젝트의 단계는 다음과 같다.

1. 데이터를 로드한다.
2. 데이터를 정제하고 전처리한 다음 머신러닝에 적합한 특성으로 변환한다.
3. 모델을 학습시킨다.
4. 검증 데이터셋에서 모델 성능을 분석한다.

초기 모델 선택을 위한 실험 단계를 거칠 것을 안다면 코드를 재현 가능한 스크립트로 전환하는 것이 프로젝트에 유익한 설계가 될 것이다.

```
├── README.md
├── requirements.txt
│
├── notebooks
│   ├── explore_data.ipynb
│   └── try_regression_model.ipynb
│
├── src
│   ├── __init__.py
```

```
    │   ├── load_data.py
    │   ├── feature_engineering.py
    │   ├── model_training.py
    │   ├── model_analysis.py
    │   └── utils.py
    │
    ├── tests
    │   ├── test_load_data.py
    │   ├── test_feature_engineering.py
    │   ├── test_model_training.py
    │   ├── test_model_analysis.py
    │   └── test_utils.py
```

이것을 하나씩 분석해보자. 우선 모든 프로젝트가 갖춰야 할 표준 파일이 있다.

```
    ├── README.md
    ├── requirements.txt
```

모든 프로젝트는 문서를 갖춰야 한다(9장). README.md 파일은 표준 포맷이다. 또한 종속성이나 패키지를 관리하는 데 필요한 모든 파일을 포함시켜야 한다(10장에서 더 자세히 알아본다).

다음으로 서로 다른 모델을 시도한 노트북과 실험은 각자의 폴더에 보관하는 것이 좋다.

```
    ├── notebooks
    │   ├── explore_data.ipynb
    │   └── try_regression_model.ipynb
```

스크립트도 별도의 폴더에 저장하는 것이 좋다. 파이썬에서는 일반적으로 패키지의 모든 코드를 src('source'의 약자)라는 폴더에 넣는 것이 관례다. 그리고 많은 사람이 프로젝트에서 스크립트에 대해 동일한 구조를 사용한다. 여러 곳에서 재사용되는 '헬퍼helper' 함수는 utils 파일에 넣어두는 것이 유용하다.

```
    ├── src
    │   ├── __init__.py
    │   ├── load_data.py
    │   ├── feature_engineering.py
    │   ├── model_training.py
    │   ├── model_analysis.py
    │   └── utils.py
```

테스트를 별도의 폴더에 보관하는 것은 프로젝트를 깔끔하게 유지할 뿐 아니라 7장에서 언급했듯이 테스트 프레임워크가 테스트 파일을 쉽게 찾을 수 있게 해준다. `src` 폴더의 각 파일은 그에 해당하는 고유한 테스트가 있어야 한다.

```
├── tests
│   ├── test_load_data.py
│   ├── test_feature_engineering.py
│   ├── test_model_training.py
│   ├── test_model_analysis.py
│   └── test_utils.py
```

이것은 프로젝트 구조를 잡는 한 가지 방법일 뿐이다. 여러 프로젝트에 쓰일 만한 프로젝트 구조를 잡았으면 이를 템플릿으로 전환하여 Cookiecutter를 사용해 복제하거나 Kedro를 사용해 프로젝트 구조를 쉽게 잡을 수 있다. 머신러닝 프로젝트를 구조화하는 것에 대해서는 《살아 움직이는 머신러닝 파이프라인 설계》(한빛미디어, 2021)에서 더 많은 것을 배울 수 있다.

8.2 코드 설계

> 설계는 코드를 배열하는 예술이다.
>
> — 샌디 메츠Sandi Metz

코드 설계 또는 코드를 '함수, 클래스, 모듈을 포함하여 적절한 부분으로 팩터링factoring'하는 일은 쉽지 않다. 샌디 메츠의 주장대로 이는 과학이기보다 예술에 가깝다. 거기에는 유일한 정답이 없기 때문이다. 그럼에도 이번 절에서는 코드를 어떻게 설계할지에 대해 몇 가지 가이드라인을 제시한다.

코드를 서로 다른 목적을 수행하는 별개의 부분으로 나누는 것이 바람직하다. 각 부분은 서로 다른 아이디어나 로직의 일부를 포함해야 한다. 데이터를 정제하는 코드는 시각화를 생성하는 코드와 분리되어야 한다. 웹사이트의 프런트엔드 코드는 데이터를 저장하는 데이터베이스 코드와 분리되어야 한다.

처음에 작성한 코드 설계가 완벽하지 않을 것이라는 점을 예상해야 한다. 프로젝트가 진행됨에 따라 상황이 바뀌거나, 비즈니스 문제가 변할 수도 있고, 한동안 프로젝트를 수행하면서 더 나은 설계를 찾을 수도 있다. 8.4절에서 오류를 최소화하면서 코드를 변경하는 몇 가지 기법에 대해 살펴본다.

코드의 전반적인 아키텍처를 생각해보면 코드를 함수와 클래스로 나누는 것은 결정적인 단계다. 프로젝트 아주 초반이든, 초기 아이디어를 시도해본 후든, 코드를 리팩터링하는 중이든 상관없이 어떤 함수와 클래스가 적합한지 계속해서 생각하는 것이 중요하다. 1장과 4장에서도 이 주제에 대해 논의했지만 여기에서 다시 다루고자 한다.

모듈식 코드는 코드가 작고 독립적인 부분으로 나뉘었음을 뜻한다. 이는 프로젝트 전체 코드를 하나의 거대한 스크립트로 구성한 것과 정반대다. 모듈식 코드를 가지고 작업하는 것이 훨씬 쉽지만 코드를 어떻게 나눌지 알아내는 것이 종종 어렵다. 이 절과 다음 절에서 이 방법에 대해 몇 가지 지침을 소개한다.

가능한 한, 각 함수나 클래스는 잘 정의된 목적 하나를 가져야 한다. 그 목적은 결국 그 함수나 클래스가 수행해야 할 일이라고 생각하면 된다. 이는 '이 함수는 데이터 시각화를 생성합니다'와 같이 짧은 문장으로 기술할 수 있어야 한다. 만일 목적을 기술하는 데 '-하고_and_'를 사용하기 시작했다면 여러 함수로 나누는 것을 고려할 때다. 예를 들어 '이 함수는 데이터를 정제하고 데이터 시각화를 생성한다'라고 기술했다면 데이터를 정제하는 함수 하나, 시각화를 생성하는 함수 하나로 나누는 것이 낫다.

한 곳에서 코드를 바꾸면 다른 곳에서도 무엇인가를 바꿔야 하는 함수 간 '결합_coupling_'을 피하려고 노력하라. 이에 대해서는 8.2.4절에서 더 자세히 살펴본다.

모듈식 코드를 작성하면 여러 가지 이점이 있다. 모듈식 코드는 다른 곳에서 재사용하기 더 쉽고, 코드에 대한 요구사항이 변경됐을 때 코드를 여기저기 재배치하기 더 쉽다. 모듈식 코드는 대규모 시스템을 만들기 위해 다양한 방식으로 코드들을 연결할 수 있게 해주기도 한다(이를 조합성_composability_이라고도 한다). 게다가 모듈식 코드는 테스트하기도 쉽다.

어떤 함수와 클래스가 해결하고 싶은 문제에 적절한지 철저하게 검토하기 위해 다음 질문을 고려하는 것이 도움이 된다.

- 작성 중인 코드에서 어떤 공통 패턴이 보이는가? 데이터 변환이나 비즈니스 로직의 일부일 수 있다.
- 어떤 컴포넌트가 여러 곳에서 재사용될 수 있을까? 한 예로, 하나의 시간대를 다른 시간대로 데이터 변환하는 것을 들 수 있다.

- 작성 중인 함수의 목적은 무엇인가? 가능한 한 각 함수나 메서드는 단 하나의 작업을 수행해야 한다.

이 질문들을 좀 더 구조화된 프레임워크로 바꿔보자.

8.2.2 코드 설계 프레임워크

함수, 클래스, 메서드를 구성하기 위해 생각해볼 수 있는 프레임워크로는 다음을 생각해볼 수 있다(레이철 태트먼Rachel Tatman이 캐글에 기고한 '더 전문적인 데이터 과학 코드로 가는 6단계'(https://oreil.ly/Psa1F)에서 발췌했다).

함수명

함수에 좋은 이름을 선택하는 것부터 시작할 수 있다. 좋은 이름의 조건에 대해서는 9장에서 더 자세히 다루겠지만 이름을 선택하는 것은 그 함수가 수행해야 할 작업의 의도를 설정하는 것이다.

입력

함수의 인터페이스는 일관성을 유지해야 한다. 따라서 함수 본문을 작성하기 전에 함수 입력이 무엇이어야 하는지 결정하는 것이 좋다. 함수가 취하는 인수 중 입력을 명확하게 지정해야 한다. 인터페이스에 대해서는 다음 절에서 더 자세히 알아본다.

작동

함수나 메서드의 본문에는 실제 수행하는 작업을 포함한다. 이것이 함수의 작동이며, 실제로 함수가 수행해야 할 작업이다. 이전에 언급했듯이 각 함수는 한 가지 일만 하는 것이 좋다.

출력

함수의 출력은 return 문에 포함시키는 내용이며, 또는 파일에 저장될 수도 있는 데이터다. 출력도 함수 인터페이스의 일부이므로 함수를 작성하기 전에 출력에 대해 신중히 생각하고 가능하면 그대로 유지하는 것이 좋다.

이 프레임워크를 사용해 한 개의 주피터 노트북에서 모듈식 코드로 전환하는 예제를 8.3.2절에서 볼 수 있다.

인터페이스와 계약

모듈식 코드의 가장 중요한 면은 시스템 컴포넌트 간 인터페이스다. 개별 함수를 작성할 때 무엇을 입력으로 받고 무엇을 출력으로 반환할지 정하는 것에서 시작하는 것이 유용하다는 것을 알게 될 것이다.

이 책에서 봐왔던 아래 함수는 엑셀 파일과 삭제할 컬럼 목록을 입력으로 받아서 팬더스 데이터 프레임을 출력으로 반환한다.

```
def process_sdg_data(excel_file, columns_to_drop):
    df = pd.read_excel(excel_file)
    df = df.drop(columns_to_drop, axis=1)
    df = df.set_index("GeoAreaName").transpose()
    return df
```

입력과 출력을 결정했으면 시스템의 다른 컴포넌트에서 그 입력과 출력에 의존할 수 있으므로 변경해서는 안 된다. 이를 '계약contract'[1]이라고도 한다. 입력 매개변수 개수를 적게(최대 3-4개) 유지하는 것이 가장 좋다. 이보다 더 많은 입력이 필요하면 대신 설정 파일을 사용하는 것을 고려해보라.

함수 테스트는 올바른 입력을 받고 올바른 출력을 반환했는지 점검함으로써 이 계약이 유지되는지 확인해야 한다. 또한 9.1.3절에서 설명하겠지만 함수 독스트링에 입력과 출력에 대해 문서화도 해야 한다. 6.3절에서 설명했던 타입 주석을 사용해도 이 계약이 유지됨을 확인할 수 있다. 타입 검사 도구는 타입이 일치하지 않아서 계약이 깨질 때 경고를 줄 수 있다.

결합도

코드를 부분으로 나눌 때, 각 부분이 서로 가능한 한 독립적인지 확인하는 것이 중요하다. 코드의 한 부분을 바꿨을 때 다른 부분도 바꿔야 한다면 전체 프로젝트의 복잡도가 증가하여 개선하기 훨씬 더 어려워질 것이다. **결합도**coupling라는 용어는 함수나 모듈 간 종속성을 말한다. 두 함수가 긴밀하게 결합되어 있다면 둘 중 하나를 변경하면 다른 하나도 같이 변경해야 한다는 뜻이다. 두 함수가 느슨하게 결합되어 있다면 하나를 변경하더라도 다른 하나를 많이 변경할 필요가 없거나 아예 변경할 필요가 없다. 가능한 한 결합도를 줄이는 노력을 해야 한다.

---

1   옮긴이 소프트웨어에서 계약은 함수가 입력(매개변수), 출력(반환값), 그리고 예외 처리에 대해 약속하는 규칙을 의미한다.

긴밀하게 결합된 두 함수의 예를 보자.

```python
import pandas as pd
from scipy.stats import linregress

def process_sdg_data(input_excel_file, columns_to_drop):
    df = pd.read_excel(input_excel_file)
    df = df.drop(columns_to_drop, axis=1)
    df = df.set_index("GeoAreaName").transpose()
    return df

def fit_trendline(country_name):
    df = process_sdg_data(
        "SG_GEN_PARL.xlsx",
        [
            "Goal",
            "Target",
            "Indicator",
            "SeriesCode",
            "SeriesDescription",
            "GeoAreaCode",
            "Reporting Type",
            "Sex",
            "Units",
        ],
    )
    timestamps = [int(i) for i in df.index.tolist()]
    data = df[country_name].tolist()

    result = linregress(timestamps, data)
    slope = round(result.slope, 3)
    r_squared = round(result.rvalue**2, 3)
    return slope, r_squared
```

fit_trendline 함수는 데이터 처리를 수행하기 위해 내부적으로 process_sdg_data 함수를 호출한다. process_sdg_function 작동을 변경하면 잠재적으로 fit_trendline 함수의 작동에 영향을 줄 수 있다. 이들 함수를 섞으면 작업이 더 힘들어진다.

다음은 긴밀하게 결합되지 않은 함수의 예다.

```python
import pandas as pd
from scipy.stats import linregress
```

```python
def fit_trendline(year_timestamps, data):
    result = linregress(year_timestamps, data)
    slope = round(result.slope, 3)
    r_squared = round(result.rvalue**2, 3)
    return slope, r_squared

def process_sdg_data(input_excel_file, columns_to_drop):
    df = pd.read_excel(input_excel_file)
    df = df.drop(columns_to_drop, axis=1)
    df = df.set_index("GeoAreaName").transpose()
    return df

df = process_sdg_data(
    "SG_GEN_PARL.xlsx",
    [
        "Goal",
        "Target",
        "Indicator",
        "SeriesCode",
        "SeriesDescription",
        "GeoAreaCode",
        "Reporting Type",
        "Sex",
        "Units",
    ],
)
timestamps = [int(i) for i in df.index.tolist()]
country_data = df["India"].tolist()
slope, r_squared = fit_trendline(timestamps, country_data)
```

이와 같이 함수들을 분리하면 작업하기 훨씬 쉬워지고 다른 곳에서 이 함수들을 재사용하기도 훨씬 쉬워진다.

코드 설계에 대해 더 알고 싶다면 SOLID 원칙을 살펴보기를 추천한다. Real Python(https://oreil.ly/oZN0y) 등에서 읽어볼 수 있다. 디자인 패턴을 배우는 것도 좋다. 비록 디자인 패턴을 데이터 과학에서 적용 가능하도록 일부 변경이 필요하겠지만 말이다. Refactoring Guru(https://oreil.ly/HEV6u) 사이트는 파이썬 디자인 패턴에 대한 유용한 가이드를 제공한다.

이제 주피터 노트북 코드를 독립적인 파이썬 스크립트로 전환하는 방법으로 넘어가보자.

8.3 노트북을 확장성 있는 스크립트로

주피터 노트북이 프로젝트 워크플로 표준의 일부라면 이 노트북들을 반복적으로 실행할 필요가 있는 파이썬 스크립트로 옮겨야 할 시점이 올 수 있다. 그 시점이 프로젝트의 핵심 단계일 수 있다. 이때가 프로토타이핑에서 벗어나 엔지니어링적 사고방식을 좀 더 갖추고 작성한 코드로 넘어가는 단계일 수 있다. 이 단계는 문제에 대한 해결책을 알고 반복적으로 그 문제를 해결하는 코드를 실행하고 싶을 때다.

이번 절에서는 노트북에서 스크립트로 넘어가는 것이 왜 도움이 될 수 있는지에 대해 논의한 다음, 노트북 코드를 스크립트로 생성하는 방법에 대해 자세히 살펴본다.

8.3.1 왜 노트북 대신 스크립트를 사용하는가?

주피터 노트북은 데이터 과학자들에게는 굉장히 유용한 도구다. 유연하고, 즉각적인 피드백을 제공하고 각자의 아이디어를 자유롭게 시도해볼 수 있는 도구다. 인라인 시각화는 굉장히 유용하다. 코드와 문서를 섞어 쓰고 싶은 튜토리얼을 작성하는 데 있어서도 훌륭하다. 심지어 Papermill(https://oreil.ly/L8Zvj)을 사용하면 주피터 노트북을 자동화된 방식으로 실행시킬 수도 있다.

그렇지만 코드를 노트북으로 작성하는 데에는 여러 가지 단점이 있다. 코드 작성 순서와 다른 순서로 코드를 실행할 수 있고, 노트북의 모든 코드를 한 번에 실행할 필요가 없기 때문에 노트북은 실제로 실행된 코드의 상태를 정확히 반영하지 못할 수 있다. 이로 인해 여러분이 진행한 절차를 재현하기 어려울 수 있다.

노트북은 또한 다양한 표준 소프트웨어 엔지니어링 도구들과 이 책에서 설명했던 실습 내용과 잘 맞지 않는다. 노트북을 린팅하고, 포매팅하고, 타입을 검사하는 일은 파이썬 스크립트를 가지고 동일한 작업을 하는 것만큼 쉽지 않다. 노트북에서는 종속성(10장에서 살펴본다)을 관리하기 어려워 어떤 버전의 타사 라이브러리를 사용했는지 알 수 없다.

또한 주피터 노트북이나 주피터랩에서 작업한다면 노트북을 디버깅하기도 어렵다. 물론 이제는 IDE에 노트북에도 작동하는 디버거가 생겼다. 버전 관리(이 내용도 10장에서 살펴본다)는 노트북에서 어떤 셀이 실행됐는지 저장해두지 않는다. 노트북의 변경사항을 쉽게 검토하려면 외부 도구를 사용할 필요가 있을 수 있다. 버전 관리 시스템에 데이터를 포함한 노트북을 업로드하는 것은 너무 쉬워 보안 위험이 발생할 수 있다.

나를 포함해 많은 사람이 노트북에서 작성하는 코드 스타일은 형식을 지키지 않고 종종 데이터가 어떻게 생겼는지 검사하고 싶은 곳에서 추가 셀을 포함시킨다. 이 때문에 모듈식 코드를 작성하기 더 어렵다. 그렇지만 모듈식 함수에 코드를 작성하더라도 한 노트북에서 다른 노트북으로 함수를 임포트하기 쉽지 않다. 모듈식 파이썬 파일은 다양한 경우에 작업하기 훨씬 쉽다.

이 주제는 확실히 의견이 분분하겠지만 개인적으로 나는 데이터 탐색과 프로토타입 제작은 노트북을 사용한 다음 같은 작업을 반복적으로 수행할 때 스크립트로 전환하는 전략을 사용한다. 때로 내가 작성했던 재활용할 수 있는 컴포넌트를 파이썬 파일에 넣은 다음 그 컴포넌트를 노트북에 임포트하고 실행한다. 필자는 머신러닝 실험을 돌릴 때도 스크립트가 유용하다고 생각한다. 실험이 재현 가능한지 확인하는 테스트를 작성하고, 실험이 확실히 기대한 작업을 수행하는지 테스트할 수 있기 때문이다.

노트북을 스크립트로 전환하는 일반적인 시점은 코드를 반복적으로 수행될 운영 환경으로 옮길 때다. 어떤 회사는, 앞서 언급한 대로 노트북에 데이터를 저장할 수 있다는 점과 같은 노트북의 잠재적 보안 리스크 때문에 스크립트로 전환할 것을 요구할 수 있다.

노트북을 스크립트로 전환하기로 했다면, 그 방법에 대해 가능한 절차를 다음 절에서 살펴본다.

8.3.2 노트북에서 스크립트 생성하기

함수를 생성하기 전에 노트북이 제대로 작동하는지 확인하는 것이 좋다. 게다가 잘 구조화된 노트북을 가지고 시작하면 스크립트로 전환하기가 쉽다. 따라서, 노트북을 스크립트로 전환하기 전에 노트북을 정리하는 시간을 갖는 것이 좋다.

그런 다음 노트북이 한 개의 파이썬 스크립트여야 할지 여러 개여야 할지 고려해봐야 한다. 이 장 앞부분에서 언급했듯이, 이에 대해 생각해볼 수 있는 한 가지 방법은 각 스크립트를 프로젝트의 하나의 단계와 맞추는 것이다. 프로젝트의 여러 단계에서 사용하는 데이터 정제 함수처럼 유틸리티 함수는 별도 파일도 사용할 수 있다. 종종 노트북을 중간부터 시작해서 재수행하고 있다면, 그 지점에서 노트북을 분리하는 것이 좋다.

늘 함께 실행시켜야 하거나 노트북을 실행할 때마다 실행시키는 셀이 있는가? 어쩌면 이것이 함수일 수도 있을까? 노트북에서 가공하는 일반적인 객체는 무엇인가? 이것을 클래스로 추상화할 수 있을까?

이런 과정을 다음 예시를 통해 살펴보자. 그림 8.1은 유엔 지속가능 개발 목표 웹사이트의 데이터를 탐색하고 정제하는 노트북을 보여준다. 일부 코드는 이 책의 앞부분에서 이미 봤겠지만 이것이 개발되는 과정의 모습이다.

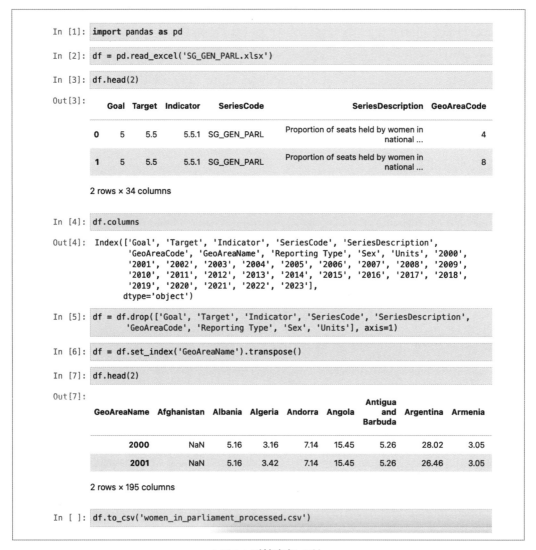

그림 8.1 **전형적인 노트북**

그림 8.1에서 볼 수 있듯이 여러 다양한 단계에서 데이터가 어떻게 생겼는지 확인할 수 있게 팬더스 데이터프레임의 내용을 표시한다.

노트북의 이 부분은 데이터를 엑셀에서 데이터를 임포트하고 그것을 다시 CSV 파일로 출력한다.

그래서 이것이 내가 반복적으로 수행해야 할 것이라면 함수로 전환할 대상으로 매우 적합하다.

데이터의 생김새를 보여주는 것뿐만 아니라 일부 연산을 수행하는 코드 부분을 추출했다.

```
df = pd.read_excel("SG_GEN_PARL.xlsx")
df = df.drop(["Goal", "Target", "Indicator", "SeriesCode", "SeriesDescription",
              "GeoAreaCode", "Reporting Type", "Sex", "Units",], axis=1)
df = df.set_index("GeoAreaName").transpose()
df.to_csv("women_in_parliament_processed.csv")
```

이 코드 부분을 함수로 전환하기 위해 먼저 전체 목표는 무엇인지 또는 어떤 동작을 해야 하는지를 고려해야 한다. 이 함수는 엑셀 파일을 받고, 데이터를 재정렬하고, CSV 파일로 출력해야 한다. 이 함수의 이름을 process_sdg_data로 짓기로 결정했다. 왜냐하면 나는 이 함수가 유엔 지속가능 개발 목표(그래서 'sdg'가 들어간다)에서 다운로드한 엑셀 파일 전부에 대해 작업하기 원하기 때문이다. 만약 함수 이름으로 약자를 사용한다면 다음 장에서 논의하겠지만 어딘가에 그 약자에 대해 문서로 기록해두는 것이 좋다. 이름 선택에 대한 모범 사례는 9.1.1절에서 더 자세히 알아본다.

그런 다음 함수의 입력과 출력이 무엇이어야 하는지 생각한다. 내 함수는 엑셀 파일을 입력으로 받고 CSV 파일을 출력으로 생산하기로 한다. 또한 미래에 변경하기 원하는 것이 무엇인지 고려하고 그것을 함수의 인수로 바꾼다. 예를 들어 입력 파일의 이름이나 출력 파일의 이름을 바꿔야 하기 때문에 이들은 함수의 인수여야 한다.

마지막으로 인수를 변수로 추가하고 함수 본문을 작성한다.

```
def process_sdg_data(input_excel_file, columns_to_drop,
                     output_csv_file):
    df = pd.read_excel(input_excel_file)
    df = df.drop(columns_to_drop, axis=1)
    df = df.set_index("GeoAreaName").transpose()
    df.to_csv(output_csv_file)
```

다음 단계는 이 함수에 대한 테스트를 추가하는 것이다. 데이터가 표시되는 노트북 줄은 내게 무엇을 테스트해야 할지 아이디어를 제공한다. 예를 들어 출력 데이터의 컬럼이 제대로 있는지 확인하고 싶다. 출력 파일의 행과 열의 개수가 내가 처리한 입력 파일과 동일하게 유지되어야 한다는 사실을 알기 때문에 테스트로서 적합하다.

다음은 `process_sdg_data` 함수에 대한 테스트다.

```
import os
import pandas as pd

def test_process_sdg_data():

    test_filepath = "test_sgd_data.csv"

    process_sdg_data("SG_GEN_PARL.xlsx",
                     ["Goal", "Target", "Indicator", "SeriesCode",
                      "SeriesDescription", "GeoAreaCode", "Reporting Type",
                      "Sex", "Units",],
                     test_filepath)

    df = pd.read_csv(test_filepath)

    assert len(df) == 24
    assert len(df.columns) == 196

    # cleanup step - delete the file produced in the test
    os.remove(test_filepath)
```

내 데이터를 표시하는 단계가 테스트에서는 `assert` 문이 되었다.

노트북을 스크립트로 전환하는 단계에 도움을 주기 위해 개발된 도구들이 있다. nbconvert (https://oreil.ly/AiWYo)와 Jupytext(https://oreil.ly/Yn5RA)는 노트북에서 코드를 스크립트로 추출하는 간단한 패키지다. 또한 Kedro 문서(https://oreil.ly/isx01)에 나와 있는 노트북을 바로 Kedro 프로젝트로 전환하는 단계를 따를 수도 있다

8.4 리팩터링

리팩터링은 코드 요구사항이 변경될 때 도움이 되는 유용한 기술이다. 리팩터링은 소프트웨어 개발 워크플로에서 보편적으로 나타난다. 다음 인용문은 이를 잘 설명한다.

> 리팩터링은 코드의 외부 동작을 바꾸지 않으면서 내부 구조를 개선하는 방식으로 소프트웨어 시스템을 변경하는 프로세스다.
>
> — 마틴 파울러

코드를 리팩터링하는 것은 특별한 사유가 있을 때에만 해야 한다. 코드가 제대로 작동하고 있고 모든 요구사항을 만족한다면 리팩터링할 필요가 없다. 풀어야 할 문제에 대해 생각해야 한다. 예를 들어, 추가하고 싶은 새로운 기능이 있는가? 혹은 코드를 정제해서 좀 더 읽고 유지관리하기 쉽게 만들고 싶은가? 이번 절에서는 코드를 리팩터링하기 위한 일부 전략을 설명했고 그 방법을 예를 들어 알아본다.

8.4.1 리팩터링 전략

코드를 리팩터링하기 전에 코드 전체를 테스트할 수 있는 코드를 가지고 있는 것이 좋다. 이 테스트는 코드를 변경했을 때 코드의 기능이 그대로 유지되는지 검사하는 역할을 할 것이다. 코드를 리팩터링하면서 버그를 만들고 싶지 않기 때문이다.

코드를 조금씩 바꿔나가는 것이 좋다. 모든 것을 한 번에 다시 작성하지 말고 잘 작동하는 코드를 내다버리지 말라. 처음부터 모든 것이 정확하지 않을 수 있다. 특히 복잡한 프로젝트를 수행하고 있다면 더욱 그렇다. 따라서 사전에 정의된 마일스톤에 따라 단계적으로 리팩터링하는 것이 바람직하다.

전반적인 전략은 간단하다. 조금만 변경하고 테스트를 수행하고 코드를 저장하라(10장에서 설명하겠지만, 코드는 일반적으로 버전 관리 시스템에 저장한다). 변경사항은 변수 이름을 변경하는 것만큼 간단할 수 있다. 만약 그 변수가 하는 동작을 업데이트하거나 읽기 쉽게 만들고 싶다면 말이다. IDE를 쓰면 이 작업은 쉽다. 다음 절의 그림 8.2를 보라. 버전 관리는 여기에서 상당히 유용한데, 버전 관리 시스템을 사용하면 변경한 내용이 테스트를 통과하지 못했을 때 이전 버전의 코드로 돌리는 것이 쉽기 때문이다.

리팩터링할 때 함수의 인터페이스는 그대로 유지하고 내부만 변경하라. 이는 다른 코드를 그만큼 변경할 필요가 없다는 것을 뜻한다. 만일 인터페이스나 함수의 동작을 변경한다면 더 많은 분량의 코드를 테스트하는 통합 테스트가 필요할 것이다. 이는 변경한 내용이 의존하고 있었던 것을 바꿈으로써 시스템 내의 어디선가 오류를 일으키지 않음을 확인할 것이다.

전반적으로 양질의 테스트를 갖추고 있는지 여부에 리팩터링 성공 여부가 달려있다. 다음 절에서 함수를 리팩터링하는 방법에 대한 예제를 알아본다.

이전 절에서 언급했듯이 여기에서 일반적인 원칙은 코드를 변경하고 어떤 것도 오류가 나지 않는지 확인하기 위해 테스트를 실행한 다음 버전 관리에 커밋함으로써(10장에서 다룬다)변경사항을 저장한다. 7장의 가중평균 함수를 사용해 이 워크플로를 알아본다. 왜냐하면 이 함수에 대한 테스트를 우리가 이미 봤기 때문이다.

함수를 다시 한번 보자.

```python
def weighted_mean(num_list, weights):
    if not (num_list or weights):
        return None
    running_total = 0
    for i in range(len(num_list)):
        running_total += (num_list[i] * weights[i])
    return (running_total/sum(weights))
```

다음은 이 함수에 대한 테스트다.

```python
def test_weighted_mean():

    result = weighted_mean([1, 2, 4], [1, 2, 4])
    assert result == 3

    empty_list_result = weighted_mean([], [])
    assert not empty_list_result
```

리팩터링을 시작하기 전에 우선 테스트를 실행해 모든 것이 제대로 작동하고 있음을 확인하라.

```
$ pytest test_ch08.py

...

test_ch08.py .                   [100%]

======================== 1 passed in 0.03s ====
```

다음으로, 조금만 변경한다. 예를 들어 변수명을 변경해 코드의 가독성을 개선하는 변경을 하고 싶을 수 있다. 이러한 변경은 그림 8.2에서 보듯이 IDE를 사용해 쉽게 할 수 있다.

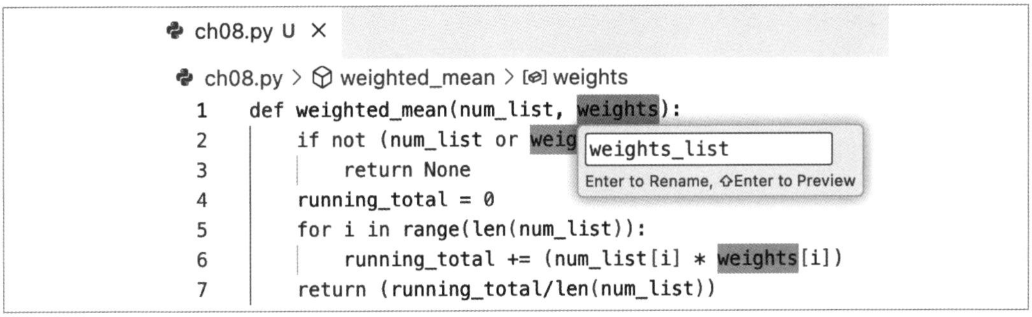

그림 8.2 **VS Code에서의 리팩터링**

여기서는 weights의 모든 인스턴스를 weights_list로 이름을 변경한다.

```python
def weighted_mean(num_list, weights_list):
    if not (num_list or weights_list):
        return None
    running_total = 0
    for i in range(len(num_list)):
        running_total += (num_list[i] * weights_list[i])
    return (running_total/sum(weights_list))
```

그런 다음 다시 테스트를 실행해 코드가 여전히 제대로 작동하는지 확인한다.

더 많이 변경하더라도 동일한 워크플로를 사용해야 한다. 다음으로 넘파이 라이브러리의 내장 함수로 대체하여 함수 내부 본문을 변경한다.

```python
import numpy as np

def weighted_mean(num_list, weights_list):
    try:
        return np.average(num_list, weights=weights_list)
    except ZeroDivisionError:
        return None
```

다시 테스트를 돌려 함수 본문이 완전히 달라졌음에도 함수의 전반적인 동작도 변하지 않았고 인터페이스도 변하지 않았음을 확인한다.

이 워크플로는 대규모의 복잡한 상황에서 사용할 수 있다. 또한 동시에 테스트를 업데이트해야 한다는 사실도 알게 되었을 것이다. 리팩터링 과정에서 테스트 케이스를 더 추가하는 것은 일반적이다.

8.5 요약

비록 프로젝트가 진행되는 동안 그 모습이 완전히 달라질 수 있더라도 프로젝트를 시작하기 전, 프로젝트를 진행하는 동안, 심지어 프로젝트가 끝난 뒤에도 코드 설계에 대해 고민하는 것은 여전히 중요하다. 잘 설계된 프로젝트는 다른 사람들이 작업하기 더 쉽고, 우리가 수개월, 수년이 지난 뒤 다시 작업하게 되더라도 더 쉽다.

프로젝트를 표준화할 수 있는지 여부에 대해서도 고려해야 한다. 만약 비슷한 프로젝트에서 거듭 작업하게 된다면 시간을 들여 계속해서 유용할 만한 템플릿을 개발하는 것을 고려하라. 그런 다음 Cookiecutter나 Kedro 같은 도구를 사용해 프로젝트를 구성하는 절차를 자동화할 수 있다.

모듈식 코드는 좋은 설계의 핵심이다. 어떻게 하면 코드를 미래에 쉽게 재사용하거나 변경할 수 있는 부분으로 나눌 수 있을지 반드시 신중하게 생각해야 한다. 각 함수를 작성하기 전에 그 목적이 무엇인지, 인터페이스는 어때야 하는지를 고려하고, 인터페이스를 설정한 다음 실제로 그 목적에 부합하는 동작을 수행하는 코드만 추가하라.

주피터 노트북은 실험에는 훌륭한 도구지만 코드를 운영 환경에 배포할 때에는 스크립트로 전환해야 할 것이다. 이를 위해 코드의 어떤 부분이 다른 곳에서 재사용될 수 있는 함수로 전환되어야 하는지 생각해보고 모듈식 코드를 작성하는 프레임워크를 따라 전환하라.

여러 이유로 코드를 변경해야 할 상황이 종종 있다. 코드에 대한 요구사항이 변경될 수도 있고 코드가 좀 더 가독성이 있었으면 싶을 수도 있고 코드의 효율성을 개선하고 싶거나 그 외의 다른 이유들이 있을 수 있다. 리팩터링의 성공 여부는 얼마나 좋은 테스트를 갖췄느냐에 달려있다. 코드를 리팩터링하려면 조금만 변경한 다음 테스트를 실행해 변경사항으로 인해 오류가 발생하지 않는다는 점을 확인한 다음 코드를 업데이트한다.

코드를 잘 설계하는 것은 실제 운영 가능한 코드를 작성하는 데 있어 큰 부분을 차지한다. 그렇지만 다른 사람들과 여러분이 작성한 코드가 어떤 동작을 수행하는지에 대해 의사소통도 해야 한다. 문서화는 여기에서 핵심이다. 다음 장에서 문서화에 대한 다양한 모범 사례를 살펴보기로 한다.

문서화

문서화는 데이터 과학 측면에서 종종 간과된다. 일반적으로 프로젝트가 끝날 때까지 미뤘다가 새로운 프로젝트로 넘어가는 데 흥분하면서 문서화를 서둘러 해치우거나 완전히 생략해버린다. 그렇지만 1.5절에서 얘기했듯이 문서화는 코드를 재현 가능하게 만드는 데 있어 결정적인 부분을 차지한다. 다른 사람이 코드를 사용하기 바란다면 혹은 미래에 자신이 작성한 코드를 다시 봐야 한다면 문서화를 잘 해놓아야 한다. 초기에 코드를 작성할 때 혹은 초기에 실험을 수행할 때 했던 생각을 전부 기억하는 것은 불가능하기 때문에 기록해놓아야 한다.

문서화를 잘해두면 아이디어 교환이 쉽다. 여러분이 작성한 코드를 읽는 사람은 여러분이 이해시키고자 했던 바를 이해해야 한다. 따라서 첫째로 누구를 위해 문서를 작성하는지 고려하는 것이 중요하다. 미래에 프로젝트를 인계 받을 다른 데이터 과학자를 위해 실험을 기록하고 있는가? 팀 내 다른 사람들에게도 유용할 것 같은 코드에 대해 문서화하는가? 6개월 후에 돌아와서 작업할 수 있도록 자신만의 생각을 기록하고 있는가? 예상 독자들에게 적합한 수준의 세부 내역과 언어를 선택해야 한다.

좋은 문서의 또 다른 조건은 최신 상태를 유지해야 한다는 것이다. 문서는 지속적으로 유지관리하지 않는다면 유용하지 않다. 문서는 코드를 변경함과 동시에 업데이트되어야 한다. 문서를 최대한 쉽게 업데이트 할 수 있도록 하라. 예를 들어 별도 로그인이 필요한 상용 문서화 도구를 사용하지 마라. 또한 좋은 문서는 잘 구조화되어 있어야 한다. 가장 중요한 정보는 찾기 가장 쉬워야 하기 때문에 시작 부분에 넣거나 그것을 어디에서 찾을 수 있는지 명확하게 해줘야 한다.

문서화를 잘해두면 상당한 시간을 절약할 수 있고 데이터 과학 프로젝트의 복잡도를 줄일 수 있다. 이미 완료된 작업이 무엇인지 안다면 같은 작업을 반복할 가능성을 줄인다. 새 프로젝트에서 훨씬 더 빨리 익숙해질 수 있고 또는 1년 전에 어떤 작업을 했는지 쉽게 기억해낼 수도 있다.

이 모든 내용은 어떤 프로젝트에서도 적용될 수 있는 문서화와 관련된 내용이지만 일부 사항은 데이터 과학 프로젝트에 더 특화되어 있다. 데이터 과학 프로젝트에서는 문제에 대한 잠재적 해결책 여러 가지를 시도한 다음에 가장 잘 작동하는 하나를 선택하는 것이 일반적이다. 이런 이유로 실험과 의사결정에 들어가는 사고 과정을 문서화하는 것이 좋은 습관이다. 이는 나중에 질문을 받거나 미래에 프로젝트를 다시 살펴봐야 할 때 유용하다.

문서에서 다음과 같은 질문에 답해보자.

- 이 프로젝트에서 사용한 데이터를 선택한 이유는 무엇인가?
- 데이터에 대해 어떤 가정을 하고 있는가?
- 다른 기법 대신 이 분석 기법을 선택한 이유는 무엇인가?
- 이 분석 기법이 작동하지 않는 환경이 있는가?
- 나중에 개선할 수 있는(있다면) 어떤 임시방편을 취했는가?
- 앞으로 이 프로젝트에 참여하는 사람들에게 제안하고 싶은 다른 실험 방안이 있는가?
- 이 프로젝트에서 얻은 교훈은 무엇인가?

이번 장에서는 다양한 유형의 문서에 대해 논의하고 이를 작성하는 방법에 대한 모범 사례를 보여준다. 여기에서는 코드베이스 내에서의 문서, 주피터 노트북에서의 문서, 머신러닝 실험을 위한 문서에 대해 다룰 것이다.

9.1 코드베이스 내에서의 문서

1장에서 논의했듯이 좋은 코드는 가독성이 좋다. 가독성이 좋은 코드베이스는 코드와 함께 텍스트를 포함해야 하며, 이 텍스트는 주석, 독스트링, 긴 문서의 형태를 띤다. 코드 자체는 가독성이 있어야 하고, 여기에서 핵심은 좋은 이름이다. 이번 절에서는 이 모든 형태의 문서에 대한 모범 사례를 제안한다.

다음은 짧은 것부터 긴 것까지 코드베이스 내의 문서의 계층구조다.

- 함수, 클래스, 모듈의 이름은 그 코드가 수행할 것으로 기대하는 동작이 무엇인지에 대한 정보를 제공한다.
- 주석은 책의 각주와 비슷하게 추가 정보를 더하는 작은 개별적인 요점을 나타낸다.
- 독스트링은 함수나 클래스가 하는 동작의 개요를 더 길게 제공한다. 여기에는 에지 케이스도 자세히 설명한다.
- API 문서는 각 API의 엔드포인트가 입력으로 기대하는 것과 출력으로 반환하는 것을 보여준다. API 문서에 대한 자세한 내용은 11장에서 찾아볼 수 있다.
- Readme와 튜토리얼 같은 긴 문서는 프로젝트의 모든 코드를 사용하는 방법에 대한 개요를 제공한다.

종합해보면, 이 문서는 모두 코드를 보다 읽기 쉽게 만들고 다른 사람이 여러분의 코드를 사용하기 쉽게 만든다. 코드를 읽는 사람에게 전달하려는 각 정보는 한 번만 기록되어야 한다. 함수가 수행하는 작업의 요약을 주석이 아니라 독스트링에 넣었다면 이 내용을 프로젝트의 README에 중복해서 기록하지 말아야 한다.

9.1.1 이름

코드를 작성할 때마다 수많은 이름을 선택해야 한다. 변수, 함수, 노트북, 프로젝트, 이 모든 것은 이름이 필요하다. 좋은 이름을 짓는 것은 코드를 가독성 있게 만드는 데 중요한 부분이다. 누군가가 여러분의 코드를 사용하고자 한다면 코드를 변경하기 전에 전체를 훑어볼 것이다. 여러분이 사용하는 이름은 코드가 해야 할 일을 전달할 것이다. 예를 들어 `download_and_clean_monthly_data`라는 함수 이름이 `process_data`라는 이름의 함수보다 더 많은 정보를 전달한다. 주피터 노트북 이름을 `untitled1.ipynb`로 지으면 절대 안 된다. 이 이름은 노트북에 무엇이 담겨 있는지에 대해 어떤 정보도 전달하지 않기 때문이다. 나중에 그 노트북에서 필요한 것이 있더라도, 좋은 이름 없이는 찾을 수 없을 것이다.

좋은 이름은 표현력이 풍부하고, 적당한 길이를 갖고 있으면서 읽기 쉽다. 또한 참여하고 있는 프로젝트와 회사 혹은 조직과 관련된 언어를 사용하는 것이 좋다. 변수명에는 단위를 포함하는 것이 좋다. `distance_km`이 `distance`보다 훨씬 더 많은 정보를 제공한다. 처음에 좋은 이름을 선택하지 않았다면 나중에라도 업데이트하는 것을 주저하지 마라. 그 이름의 모든 인스턴스를 동시에 찾아서 바꿀 수 있다.

이름을 선택할 때에는 약어에 주의해야 한다. 몇 글자 줄이는 것이 다른 사람들이 맥락을 이해하는 데 불편과 시간 낭비를 감수할 만한 가치가 없는 경우가 많다. 회사 전체에 잘 알려진 약어를 사용하는 것은 괜찮지만, 약어가 특정하게 쓰이거나 오직 하나의 기능을 위한 것이거나 회사에서 널리 사용되지 않는다면 피하는 것이 낫다.

그러면 이름으로서 적절한 길이는 어느 정도일까? 변수와 함수 이름은 너무 짧아서는 안 된다. 이름이 너무 짧으면 사람이 코드를 읽을 때 정신적 부담이 증가하기 때문이다. 이름이 너무 짧으면 그 이름을 의미로 해석해야 할 것이다. 예를 들어 `image_id`는 `im_id`보다 훨씬 더 많은 정보를 제공하고, `clean_df`는 `cl_df`보다 낫다. 전체 단어가 훨씬 더 읽기 쉽고, 나중에 어디에서 사용되는지 찾거나 변경할 필요가 있는 경우 IDE에서 검색하기도 더 쉽다.

예를 들어 다음 코드는 무슨 일이 일어나는지 설명하는 주석이 필요하다. 변수 이름으로 한 글자를 사용했기 때문이다.

```
# 테스트 데이터와 비교해 예측 정확도를 계산함
a = sum(x == y for x, y in zip(p, t))/len(p)
```

더 나은 이름을 선택하면 코드가 읽기 훨씬 쉬워진다.

```
accuracy = sum(x == y for x, y in zip(predictions, test_data))/len(predictions)
```

변수 `x`와 `y`는 `sum()` 호출 내에서만 사용되고 따라서 임시적일 뿐이므로 짧은 이름으로 남겨두었다. 마찬가지로 파이썬에서는 다음 예제처럼 카운터로 단일 문자 `i`와 `j`를 사용하는 것이 관행이다.

```
for i in range(processed_results):
    # do something
```

보편적으로 사용되는 다른 관행으로는 팬더스 데이터프레임DataFrame을 `df`로, 맷플롯립을 사용할 때 그림figure과 축axes[1]을 각각 `fig`와 `ax`로 명명한다. 코드를 읽는 사람이 알아볼 수 있다면 축약된

---

1 [옮긴이] 맷플롯립에서 figure는 전체 그래픽 창 또는 캔버스를 의미하며, 하나의 figure 안에는 여러 개의 axes가 포함될 수 있다. 여기에서는 이름의 축약 버전을 관행으로 쓴다는 데 초점을 맞춰 의미보다는 단어 자체에 중점을 두어 해석했다.

이름을 사용해도 괜찮다. 종종 함수 이름이 `make_...`, `load_...`, `get_...` 등과 같이 동사로 시작하는 것을 볼 수 있는데 이렇게 쓰는 것을 추천한다.

이름들이 너무 비슷해서는 안 된다. 나는 항상 공통 파이썬 데이트타임 함수인 `strptime`과 `strftime`의 차이를 기억해내기 위해 문서를 찾아봐야 했다. 둘의 이름이 너무 비슷하기 때문이다. 이는 다시 말해 독자가 코드를 사용하려면 추가적인 지식을 염두에 두어야 한다는 것을 뜻한다.

더불어 코드에서 파이썬 코드 형식 규칙을 사용해 이름을 만들면 가독성을 높일 수 있다. 변수와 함수는 모든 단어를 소문자로 쓰고 단어 사이는 _(언더스코어)로 연결하는 snake_case를 사용해야 한다. 각 단어 사이에 언더스코어가 있으면 변수명을 더 읽기 쉽다. `x_train_array`이 `xtrainarray` 보다 훨씬 더 의미가 명확하다. 클래스 정의는 각 단어의 첫 글자를 대문자로 쓰는 CamelCase를 사용해야 한다. 상수나 전역 변수는 전체를 대문자로 하는 ALL_CAPS를 사용해야 한다.

 변수 이름으로 파이썬 내장 함수 이름을 사용해서는 안 된다. 그렇게 하면 원래 내장 함수를 사용할 수 없다. 다음은 그 예다.

```
list = [0, 2, 4]
```

이렇게 되면 다음 코드는 빈 리스트를 생성하지 못하고 오류를 반환하게 된다.

```
empty_list = list()
```

모듈과 파일명 또한 매우 중요하다. 좋은 이름을 선택하면 특정 기능이 어디에 저장됐는지 기억하는 데 도움이 된다. 데이비드 니컬슨David Nicholson은 블로그 글(https://blog.nicholdav.info/posts/2022-12-26-four-tips-structuring-research-python/)에서 이름에 접두사를 사용해 그들 사이에 연관이 있음을 보여주기보다는 하나의 폴더에 관련된 파일을 함께 넣어두는 것을 추천했다. 모듈 이름으로는 일반적이기보다는 구체적인 것이 좋다. `data_preprocessing_utils.py`가 `utils.py`보다 낫다.

PEP8(https://oreil.ly/Hq3LI)과 구글 파이썬 스타일 가이드(https://oreil.ly/csW2t)에서 좋은 이름을 선택하는 더 많은 지침을 찾아볼 수 있다.

9.1.2 주석

주석은 코드베이스 내에서 가장 유용한 형태의 문서 중 하나지만 잘 사용해야 한다. 주석은 코드를 요약, 설명하거나, 주의사항을 추가하거나 나중에 다시 와서 변경해야 할 부분을 표시하는 데 사용할 수 있다. 또한 함수 작성을 시작할 때 유용한 방법일 수도 있다. 주석 형태의 의사 코드 pseudo code로 시작한 다음 실제 코드를 채워 넣으면 함수 구조를 잡기 더 쉽다.

파이썬에서 주석은 # 기호로 지정된다.

```
# 이것은 주석이다.
```

주석은 코드에 이미 나와 있는 정보를 반복해서 작성해서는 안 된다. 이것은 독자에게 도움이 되지 않고, 코드가 변경되면 주석도 변경해야 한다. 이는 1장에서 논의했던 '같은 일을 반복하지 말라(DRY 원칙)'에도 위배된다. 다음은 주석으로서 적절하지 않은 예제다.

```
# 분류 모델을 학습시킨다.
classifier.fit(X_train, y_train)
```

좋은 주석은 주의사항을 추가하고, 정보를 요약하고, 코드에 있지 않은 내용을 설명한다. 다음은 유용한 주석의 예제다.

```
def slow_way_to_calculate_mode(list_of_numbers):
    # 이 코드는 데모를 목적으로 한하여 작성됐다.
    # 실제로 코드를 작성할 때는 statics 라이브러리의 mode 함수를 사용하라.
```

주석은 독자가 이해하기 쉬워야 한다. 약어 대신 전체 단어와 문장을 사용하는 것이 가장 좋다. 또한 코드를 작성하는 시점에 주석을 같이 작성하는 것이 나중에 설명을 추가하는 것보다 낫다. 그렇게 하면 코드를 작성하는 동안 가졌던 더 깊은 생각을 추가할 수 있는 기회가 생긴다.

주석은 항상 전문적이어야 하고, 비속어나 욕설을 사용해서는 안 된다. 그렇지만 주석은 회사 문화에 맞춰 유쾌하고 재미있게 작성할 수 있다. NASA의 아폴로 11 소스 코드는 훌륭한 예제다(그림 9.1).

243		BZF	P63SPOT4	# 안테나가 이미 위치 1에 있으면 분기	
244					
245		CAF	CODE500	# 제발 그 말도 안 되는 걸 좀 돌려주세요.	
246		TC	BANKCALL		
247		CADR	GOPERF1		
248		TCF	GOTOP00H	# 종료	
249		TCF	P63SPOT3	# 계속 진행하세요,	그가 거짓말하나 한번 봐봐요.
250					
251	P63SPOT4	TC	BANKCALL	# 진입	착륙 레이더 초기화
252		CADR	SETPOS1		
253					
254		TC	POSTJUMP	# 마법사 만나러 가는 중 ...	

그림 9.1 **아폴로 11 소스 코드의 주석.** https://oreil.ly/XFgna

주석은 다음과 같이 다른 유익한 정보를 추가하는 데에도 사용할 수 있다. 예를 들어,

- 깃허브상의 관련 이슈 같은 외부 자료 링크
- 지라 같은 내부 프로젝트 추적 시스템 링크
- 다음에 돌아와서 추가할 기능에 대해 할 일 추가
- 이 코드 한 줄은 임시방편으로 작성된 것임을 주의할 것

주석은 짧고 한 가지 요점만 다뤄야 한다. 그보다 긴 설명을 포함해야 한다면 독스트링이나 장문의 문서를 사용하라. 이에 대해서는 다음 절에서 다룬다.

9.1.3 독스트링

파이썬 독스트링docstring은 공식적으로 작성된 장문의 주석으로 일반적으로 함수나 클래스 정의 시작 부분이나 파일의 최상단에 등장한다. 주석이 특정 요점을 설명한다면, 독스트링은 독자에게 함수나 스크립트가 해야 할 일에 대한 전반적인 개요를 설명해준다. 독스트링은 다른 사람이 읽기 쉬운 코드를 만드는 데 있어 핵심적인 부분을 차지한다. 그 함수의 이름만으로 전달할 수 있는 것보다 더 자세하게 함수의 목적을 설명할 수 있기 때문이다.

함수 독스트링에는 함수가 예상하는 입력과 출력을 기술해야 한다. 이것은 8.2.3절에서 설명했던 그 함수의 인터페이스를 말한다. 만일 6.3절에서 설명했던 타입 주석을 사용하지 않는다면 독스트링에 입력과 출력의 타입 정보를 포함해야 한다. 독스트링은 함수를 문서화하기 위한 파이썬 표준

으로, 여기에 입력한 텍스트는 파이썬 인터프리터에서 `help` 함수를 호출하면 반환된다. 추가적으로 Sphinx(https://oreil.ly/_Y7fp)나 pdocs(https://oreil.ly/OU1nS) 같은 자동화된 문서화 솔루션은 독스트링의 텍스트를 추출해서 웹 문서를 생성한다.

다음은 팬더스 코드베이스(https://oreil.ly/oEBEE)에서 발췌한 독스트링의 훌륭한 예제다. `head()` 메서드는 팬더스 데이터프레임의 첫 n개의 행을 표시한다. 독스트링은 앞뒤로 큰 따옴표를 3개씩 붙이는 것이 표준이다.

```
def head(self: NDFrameT, n: int = 5) -> NDFrameT:
    """
    Return the first `n` rows. ❶
    This function returns the first `n` rows for the object based
    on position. It is useful for quickly testing if your object
    has the right type of data in it.
    For negative values of `n`, this function returns all rows except
    the last `|n|` rows, equivalent to ``df[:n]``. ❷
    If n is larger than the number of rows, this function returns all rows. ❸
    Parameters
    ----------
    n : int, default 5 ❹
        Number of rows to select.
    Returns
    -------
    same type as caller ❺
        The first `n` rows of the caller object.
    """
```

❶ 함수에 대한 전반적인 설명을 제공한다.

❷ 이는 함수의 동작이 우리가 기대한 바와 다를 수 있다는 경고다.

❸ 여기에는 에지 케이스를 설명한다.

❹ 입력 매개변수의 기본값과 기대하는 데이터 타입을 기술한다.

❺ 출력이 다양한 타입 중 하나일 수 있다. 이 함수 출력의 일반적인 데이터 타입은 팬더스 데이터프레임이거나 시리즈일 것이다.

파이썬 인터프리터에서 `help(pd.DataFrame.head)`를 입력하면 동일한 문서를 확인할 수 있다. 이 독스트링은 팬더스를 위해 자동 생성된 문서(https://oreil.ly/Ra2KM)에서도 확인할 수 있다. 주피터 노트북에서 작업 중이라면 `pd.DataFrame.head?`를 사용해 이 독스트링을 확인할 수 있다.

독스트링의 세 가지 주요 템플릿으로는 구글 독스트링(https://oreil.ly/VXsd9), 넘파이 독스트링 (https://oreil.ly/mJcGp), restructuredText 독스트링(https://oreil.ly/GcEYV)이 있다. 이 중 하나를 선택해서 그 템플릿을 따를 것을 추천한다. 표준화되어 있으면 포맷이 익숙해서 읽기 쉽기 때문이다. 다음 예제처럼 코드 편집기 설정을 통해 선호하는 포맷으로 독스트링 템플릿을 자동으로 생성할 수 있다.

```python
def process_sdg_data(input_excel_file, columns_to_drop):
    """_summary_

    Args:
        input_excel_file (_type_): _description_
        columns_to_drop (_type_): _description_

    Returns:
        _type_: _description_
    """
    df = pd.read_excel(input_excel_file)
    df = df.drop(columns_to_drop, axis=1)
    df = df.set_index('GeoAreaName').transpose()
    return df
```

그리고 다음은 완성된 독스트링을 갖춘 함수다.

```python
def process_sdg_data(input_excel_file, columns_to_drop):
    """SDG 데이터를 API에 로드할 수 있도록 재구성하는 함수

    Args:
        input_excel_file (str): 입력 데이터 파일 경로
        columns_to_drop (list): 제거할 열 이름의 리스트

    Returns:
        pandas DataFrame: API 코드가 기대하는 형식으로 변환된 데이터프레임
    """
    df = pd.read_excel(input_excel_file)
    df = df.drop(columns_to_drop, axis=1)
    df = df.set_index('GeoAreaName').transpose()
    return df
```

테스트에 독스트링을 추가하는 것이 바람직하다. 이 독스트링에서는 테스트의 목적과 예상하는 결과를 설명해야 하고 에지 케이스를 자세히 다루고 또는 검사 결과 발견된 버그를 기술할 수 있

다. 독스트링을 추가하면 나중에 다른 사람들이 이해하고 테스트를 유지관리하기 쉬워진다. 하이넥 슐라바크Hynek Schlawack가 쓴 글(https://oreil.ly/hbFto)에서 더 자세한 설명을 확인할 수 있다.

9.1.4 Readme, 튜토리얼, 기타 장문의 문서

장문의 문서는 독자에게 프로젝트의 전반적인 맥락을 제공하고 여러분이 어떤 작업을 했는지 알려야 한다. 이는 독스트링을 넘어 사용자에게 전체 프로젝트의 개요를 제공한다. 프로젝트 문서에 다음 내용을 포함하는 것을 고려해야 한다.

- 프로젝트에 대해 한 문단 정도의 간단한 개요를 제공한다. '핵심 요약'이라고 생각하면 된다. 프로젝트의 전반적인 목표, 대상 사용자, 사용 시나리오를 포함하도록 하라.
- 프로젝트를 사용하는 방법과 탐색하는 방법에 대해 알려줘야 한다. 노트북 튜토리얼의 형태를 취하게 될 것이다.
- 프로젝트 주의사항이나 제약사항이 있는지에 대해 알려줘야 한다. 예를 들어, 코드가 2023년 이전 데이터에서만 작동한다면, 누군가 프로젝트 개요를 읽을 때 알 수 있게 강조해두는 것이 코드 주석을 뒤져야 하는 것보다 유용하다.
- 프로젝트의 다음 단계를 제안한다. 프로젝트에서 하던 작업이 끝났더라도 다음에 이 작업을 누군가 이어서 할 때 다음 단계로 하면 좋을 작업을 기록해둔다면 유용할 것이다.

모든 코드 저장소에는 이러한 내용을 다루고 프로젝트에 대해 전반적으로 소개하는 `README.md` 파일이 포함되어야 한다. 이 파일은 마크 다운 파일이어서 파일 확장자가 `.md`이다. 마크다운은 기호를 사용해 포맷을 제어하는 구조화된 문서를 작성하기 위한 언어. 마크다운에 대한 소개와 README 작성 시 유용한 다른 팁들은 깃허브 문서(https://oreil.ly/rQit2)에서 확인할 수 있다.

이 장의 다른 모든 것들과 마찬가지로 장문의 문서도 최신의 정보를 유지하는 것이 필수다. 튜토리얼의 예제를 따라하다가 기본 코드가 변경되어 예제가 실행되지 않는 것을 알게 되는 것보다 더 짜증나는 일은 없다. 튜토리얼의 예제에 자동화된 테스트를 적용하면 이를 예방할 수 있다.

문서는 코드와 같은 위치에 있을 때 유지관리하기가 가장 쉽다. 예를 들어 컨플루언스 같은 외부 도구보다 깃허브 저장소에 있다면 문서를 업데이트하기 더 쉽다. Sphinx(https://oreil.ly/63mbl)와 같은 문서화 도구를 사용해 HTML 문서를 생성한 다음 Read the Docs(https://oreil.ly/vrM6o)나 GitHub Pages(https://oreil.ly/TqdGi) 같은 도구를 사용해 호스팅할 수 있다.

좋은 이름, 유용한 주석, 완성된 독스트링, 전반적인 소개를 결합하면 코드를 실행하고, 유지관리하고 나중에 작업하기 쉬워진다.

9.2 주피터 노트북에서의 문서화

주피터 노트북은 격식을 차리지 않으며, 프로젝트의 초반 단계에서 종종 사용된다. 그렇지만 노트북에서 무언가를 시도했는데 작동하지 않는 막다른 상황에 이르더라도 그 노트북의 코드는 나중에 매우 유용할 수 있다. 또한 이전에 무엇을 시도했고 무엇이 실패했는지 아는 것은 매우 유용하다. 따라서 그 코드를 다시 찾아볼 수 있고 노트북에 무엇이 있는지 알 수 있다는 것은 매우 가치있는 일이다. 9.1.1절에서 논의했듯이 노트북에 설명이 포함된 이름을 갖는 것은 중요하다. 게다가 노트북 맨 처음에 그 내용을 설명해두는 것이 좋다.

노트북 내에서 노트북에 구조를 부여하고 설명을 추가하기 위해 텍스트를 추가할 수 있다. 코드에서 정보를 중복하지 않고, 텍스트를 사용해 요약, 주의사항, 설명을 추가하라. 코드를 업데이트할 때마다 텍스트도 항상 업데이트해야 한다. 마크다운을 사용해 주피터 노트북에 텍스트를 추가할 수 있다. 하나의 셀을 코드에서 마크다운으로 전환하려면 노트북에서 명령어 모드일 때 단축키 m을 누르거나 노트북 상단의 드롭다운 메뉴를 사용하면 된다.

그림 9.2는 텍스트와 코드를 잘 조합한 노트북을 보여준다. 텍스트는 코드 중복 없이 노트북에 정보를 추가로 제공한다.

텍스트 데이터를 전처리하는 주요 도구는 `tokenizer`이다. 토크나이저는 일련의 규칙에 의거해 텍스트를 분할한다. 토큰은 숫자로 변환된 다음 다시 텐서로 변환되어 모델 입력값이 된다. 모델이 추가적으로 요구하는 입력은 토크나이저에 의해 추가된다.

사전에 학습된 모델을 사용할 계획이라면 해당 모델과 관련된 사전에 학습된 토크나이저를 사용하는 것이 중요하다. 그래야 사전 학습한 말뭉치와 동일한 방식으로 텍스트가 분할되어 사전 학습 때와 동일하게 대응하는 토큰 – 인덱스(일반적으로 단어(vocab)라고도 함)를 사용할 수 있다.

`AutoTokenizer.from_pretrained()` 메서드를 사용해 사전 학습된 토크나이저를 로드하는 것부터 시작하자. 그러면 그 모델이 학습할 때 사용됐던 단어도 다운로드된다.

```
In [ ]: from transformers import AutoTokenizer tokenizer =
        AutoTokenizer.from_pretrained("bert-base-cased")
```

그런 다음 여러분의 텍스트를 토크나이저에 전달한다.

```
In [ ]: encoded_input = tokenizer("Do not meddle in the affairs of wizards, for they are
        subtle and quick to anger.") print(encoded_input)
Out[ ]: {'input_ids': [101, 2079, 2025, 19960, 10362, 1999, 1996, 3821, 1997, 16657, 101
        0, 2005, 2027, 2024, 11259, 1998, 4248, 2000, 4963, 1012, 102],
         'token_type_ids': [0, 0, 0, 0, 0, 0, 0, 0, 0, 0, 0, 0, 0, 0, 0, 0, 0, 0, 0, 0, 0,
        0],
         'attention_mask': [1, 1, 1, 1, 1, 1, 1, 1, 1, 1, 1, 1, 1, 1, 1, 1, 1, 1, 1, 1,
        1]}
```

토크나이저는 세 가지 주요 아이템이 있는 딕셔너리를 반환한다.

- input_ids는 문장의 각 토큰에 대응하는 인덱스다.
- attention_mask는 해당 토큰에 주목해야 하는지 여부를 가리킨다.
- token_type_ids는 하나 이상의 시퀀스가 있을 때 특정 토큰이 어느 시퀀스에 속하는지 식별한다.

그림 9.2 **주피터 노트북에서 코드와 테스트를 섞어서 작성한 예.** https://oreil.ly/edZMf

또한 제목을 추가하기 위해 노트북에서는 마크다운도 사용할 수 있어 독자가 노트북을 탐색하는 데 도움이 된다. 제목에는 # 기호를 사용한다.

```
# 최상위 레벨 제목
## 2 레벨 제목
### 3 레벨 제목
```

이는 그림 9.3과 같은 결과를 제공한다.

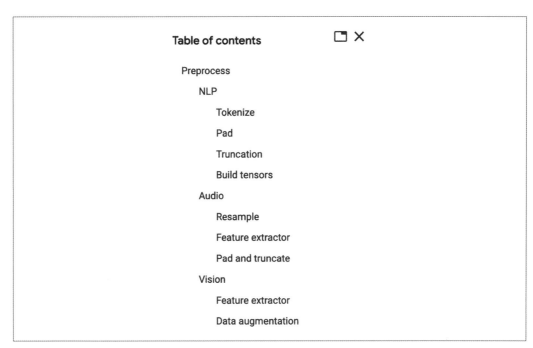

그림 9.3 **주피터 노트북에서 제목 사용하기.** https://oreil.ly/dyNpn

여러 절에 레이블이 잘 붙어 있는 노트북은 읽기 쉽고 탐색하기도 훨씬 쉽다.

9.3 머신러닝 실험에 대해 문서화하기

머신러닝 프로젝트에서는 여러분이 선택한 평가 지표에 의거해 최적의 예측을 하는 모델을 찾기 위해 많은 다양한 모델, 데이터셋, 초매개변수를 시도하게 된다. 특히 초매개변수의 개수는 점점 커지기 때문에 시도해보았던 조합들을 문서로 남기는 것은 중요하다. 그래야 나중에 실험을 재개할 때나 여러분의 프로젝트에 참여하는 다른 사람에게 도움이 될 것이다.

여러분의 실험을 구조화된 방식으로 문서화해야 실험을 철저히 하고 있는지 확인할 수 있다. 그러기 위해서 실험이 반복될 때마다 변경되는 모든 변수를 추적하는지 확인해야 한다. 이는 나중에 실험을 재현할 수 있거나 다른 사람이 그 프로젝트를 선택했을 때 어떤 변수가 테스트됐는지 알 수 있다. 또한 실험 중에 내리는 모든 가정도 기록해야 한다.

다음 내용들을 기록하는 것을 고려해야 한다.

• 모델 학습에 사용된 데이터

- 학습/평가/테스트 데이터셋 분할

- 선택한 특성 공학

- 모델 초매개변수(로지스틱 회귀 모델에서 정규화나 신경망의 학습률)

- 정확도, 정밀도, 재현율 같은 모델 평가 지표

이 모든 매개변수를 수동으로 기록하는 것은 지루하고 오류가 발생하기 쉽기 때문에 자동화된 도구를 사용하는 것이 좋다. Weights and Biases(https://wandb.ai/)는 머신러닝 실험을 추적하는 데유용한 도구다. 이 도구는 사이킷런, 텐서플로, 파이토치와 쉽게 통합되며 그림 9.4에서 보듯이 학습 매개변수를 웹 대시보드에 기록한다.

☐ ⦿ Name (384 visualized)	Created ▾	Runtime	Sweep	encoder	num_train	num_valid	acc
· ⦿ ● worldly-totem-422	1mo ago	12m 54s	-	resnet34	682	97	0.8566
· ⦿ ● jumping-voice-421	1mo ago	11m 59s	-	resnet34	725	92	0.8504
· ⦿ ● logical-energy-420	1mo ago	2m 14s	-	resnet34	66	10	0.626
· ⦿ ● laced-dust-419	1mo ago	2m 4s	-	resnet18	61	15	0.5968
· ⦿ ● whole-music-418	1mo ago	1m 40s	-	resnet18	68	13	0.6139
· ⦿ ● grateful-glitter-417	1mo ago	21s	-	resnet18	70	11	0.2367
· ⦿ ● efficient-lake-416	1mo ago	1m 42s	-	resnet18	76	10	0.6899
· ⦿ ● clear-night-415	1mo ago	1m 17s	-	resnet18	66	10	0.5403
· ⦿ ● glorious-night-414	1mo ago	1m 33s	-	resnet18	68	7	0.7627
· ⦿ ● smart-sponge-413	1mo ago	1m 46s	-	resnet18	72	11	0.6517

그림 9.4 **가중치와 편향으로 실험 추적.** https://oreil.ly/gv4wo

이 밖에도 오픈소스 패키지인 Sacred(https://oreil.ly/aZFSI), MLflow(https://oreil.ly/tf3SN), Neptune(https://oreil.ly/sohlo), AWS의 SageMaker Experiments(https://oreil.ly/uavxZ) 같은 실험 추적 설루션들이 있다. 이 중 무엇을 사용하더라도 실험을 자동화된 방식으로 기록하는 데 유용할 것이다.

9.4 요약

좋은 문서는 다른 사람들이 여러분의 프로젝트를 사용하는 것을 돕고 코드를 가독성 있게 만드는 데 매우 중요하다. 여러분이 작성한 문서가 최신 상태를 유지하고 있는지 확인하고 코드를 사용할 사람들을 위해 쓰였는지 점검해야 한다. 좋은 문서는 다른 사람들이 여러분의 프로젝트에 참여할 때 도움이 되고 나중에 여러분이 코드를 이해할 때도 도움이 된다. 더 자세한 내용을 알고 싶다면 Write the Docs(https://oreil.ly/ZQPUg) 커뮤니티에서 많은 유용한 팁들을 찾아볼 수 있다.

다음 권고 사항들을 따르면 좋은 문서를 작성하는 데 도움이 될 것이다.

이름
변수, 함수, 파일의 이름은 정보를 풍부하게 담고 있어야 하고 길이가 적당해야 하며 읽기 쉬워야 한다.

주석
주석은 코드에 포함되지 않은 요약 또는 주의사항 같은 추가 정보를 제공해야 한다.

독스트링
함수에는 그 함수의 목적과 함께 함수의 입력과 출력을 기술하는 독스트링이 항상 있어야 한다.

README
모든 저장소나 프로젝트는 소개 내용이 있어야 하고 작성한 코드의 목적과 사용 이유를 명확하게 설명해서 다른 사람들이 왜 이 코드를 사용해야 하는지 알게 해야 한다.

주피터 노트북
좋은 이름을 짓고, 구조를 부여하고, 텍스트와 코드를 잘 조합하면 노트북은 훨씬 읽기 쉬울 것이다.

실험 추적
실험(특히 머신러닝 프로젝트에서)은 구조화된 방식으로 추적되어야 한다.

이번 장에서 다룬 모든 기법은 코드를 읽기 명확하게 만들고 코드가 하는 일을 알리고 다른 사람들이 코드를 사용하기 쉽게 만들어줄 것이다.

10

코드 공유: 버전 관리, 종속성, 패키징

코드를 공유하고 다른 사람들과 협업하는 것은 데이터 과학에서 성공하는 데 있어 대단히 중요하다. 여러분은 대규모의 코드베이스를 갖고 있는 기존 프로젝트에 참여할 수 있다. 처음엔 단독으로 각자 코드를 작성하는 것으로 시작할 수 있지만 프로젝트가 커질수록 코드를 다른 사람들과 공유해 동일한 문제를 또 풀 필요가 없도록 할 수 있다. 또는 오픈소스 프로젝트에 기여할 수도 있다.

만일 오픈소스 프로젝트처럼 코드를 공개적으로 공유한다면 커뮤니티에 합류할 수 있다. 파이썬 오픈소스 라이브러리는 거대한 생태계이며, 데이터 과학은 팬더스, 넘파이, 사이킷런, 맷플롯립 등 수많은 오픈소스 라이브러리가 없이는 훨씬 더 어려워질 것이다.

오픈소스 프로젝트에 기여하든 회사에서 동료들과 협업하든 여러 사람이 같은 코드에 작업하는 것을 쉽게 만들어주는 도구와 기법을 알아 둘 필요가 있다. 도구들은 다양하지만 대부분의 원리는 표준standard이다.

이번 장에서는 다른 개발자들과 협업하는 것을 도와줄 이러한 도구와 기법을 다루기로 한다. 첫째로 버전 관리는 코드베이스에서 협업하는 표준 방식이기 때문에 중요하다. 둘째로 코드가 의존하는 타사 라이브러리를 관리하기 위한 도구를 다룬다. 마지막으로 다른 사람들이 설치할 수 있게 프로젝트를 패키징하는 방법을 살펴본다.

10.1 깃을 사용한 버전 관리

버전 관리는 코드베이스의 변경사항을 추적하는 방법이며 여러 사람이 동일한 코드에서 쉽게 작업할 수 있게 해준다. 버전을 관리하면 누가 코드에 무엇을 변경했는지 볼 수 있고 두 사람이 같은 줄의 코드에서 작업 중이라면 충돌이 나는 것을 방지한다. 또한 누군가 버그를 발생시키게 코드를 바꿨거나 코드에 실수를 했다면 이전 버전의 코드로 되돌리기 쉽다는 것을 뜻한다.

버전 관리 시스템은 일반적으로 분산형이다. 코드 사본은 모든 개발자의 컴퓨터에 저장되고 중앙에도 저장된다. 모든 코드는 노트북을 분실하거나 원격 서버 인스턴스가 손상되는 등의 문제 상황이 발생했을 경우를 대비해 백업되어야 한다.

깃(https://git-scm.com/)은 분산 버전 관리로 가장 유명한 시스템이다. 이것은 리눅스 창시자이기도 한 리누스 토르발스Linus Torvalds에 의해 2005년에 만들어진 오픈소스 프로젝트다. 2022년 스택 오버플로 개발자 설문(https://oreil.ly/zMvyl)에 의하면, Subversion(https://subversion.apache.org/)이나 Mercurial(https://www.mercurial-scm.org/) 같은 다른 버전 관리 시스템도 있는데도 불구하고 전문 개발자 96%가 깃을 사용한다.

마이크로소프트가 소유한 깃허브(https://github.com/)는 깃을 사용해 추적되는 코드를 저장하는 가장 유명한 사이트다. 하지만 깃허브와 깃 간에 공식적인 연결고리는 없다. 이 외에 유사한 사이트로는 깃랩(https://about.gitlab.com/)과 비트버킷(https://bitbucket.org/product)이 있다.

 버전 관리 시스템은 코드를 위해 설계된 것이지 데이터 백업이나 데이터 버전 관리를 위해 사용되도록 설계된 것이 아니다. 데이터는 별도의 전용 시스템을 사용하는 것이 훨씬 낫다. 코드 버전 관리 시스템은 대용량 파일을 가지고 작업하게 설계되지 않았고 여기에 데이터를 저장하면 불필요한 중복이나 보안상 위험이 발생할 수도 있다.

깃에는 다양한 기능이 있는데 여기서는 가장 중요한 것에 대해서만 개요를 살펴본다. 더 자세히 배우고 싶다면 깃 문서(https://oreil.ly/AcZrR) 또는 깃허브 문서(https://docs.github.com/)를 찾아보면 된다. 도움이 되는 팁을 보려면 Dangit, Git(https://dangitgit.com/) 웹사이트를 확인하라.

10.1.1 깃의 작동 방식

깃Git은 프로젝트가 각자만의 디렉터리에 저장되어 있고 그 디렉터리의 코드에서 발생한 모든 변경 사항을 추적하고 싶어 한다는 것을 전제로 작동한다. 깃이 저장한 기반 데이터는 추적 중인 디렉터리의 폴더 구조와 모든 파일의 상태에 대한 스냅숏이다. 이 스냅숏은 코드가 변경될 때 업데이트된다. 이는 그 코드에 발생한 모든 변경사항의 내역이 저장된다는 뜻이다.

저장소는 깃이 변경사항을 추적하는 디렉터리다. 깃을 사용하는 첫 번째 단계는 코드를 저장하고 있는 디렉터리에 로컬 저장소를 초기화하는 것이다. 그러면 .git이라는 숨김 폴더가 생성되며 여기에는 코드의 모든 스냅숏으로 저장하는 데이터베이스가 포함된다.

깃은 여러분이 작업할 때 파일을 변경한 내역을 추적하지만 그 변경사항의 스냅숏을 저장하지는 않는다. 변경사항은 작업 디렉터리에만 존재한다. 변경한 내용에 만족하고 변경한 파일의 버전을 저장하고 싶다면 이를 '스테이징staging' 영역에 추가할 수 있다. 스테이징 영역은 다음에 저장될 스냅숏에 포함시키려는 모든 변경사항을 수집한다.

다음 단계는 이러한 변경사항을 '커밋commit'하는 것이다. 커밋하면 여러분의 로컬 저장소에 현재 버전의 파일 스냅숏을 저장한다. 이때 변경하고 커밋에 추가된 파일만 저장된다. 각 커밋에는 고유 ID(커밋 해시라고도 하며 암호화 해시 함수를 통해 생성된다)가 있고 이것은 해당 커밋에 대한 참조로 사용될 수 있다. 이 워크플로에 대한 예는 10.1.2절에서 볼 수 있다.

로컬 저장소는 여러분 컴퓨터상에 프로젝트 코드의 상태를 저장하지만 원격 저장소가 있을 수도 있다. 이것이 깃허브 같은 중앙 서버에 저장된 프로젝트 코드 사본이다. 커밋을 원격 저장소에 추가하려면 로컬 저장소에서 '보낼push' 수 있다. 다른 누군가 프로젝트에 함께 참여하고 있다면 원격 저장소에서 그들이 변경한 내역을 '가져올pull' 수 있다. 이렇게 하면 여러분 컴퓨터상의 파일에 그들이 변경한 사항을 업데이트하게 될 것이다.

그림 10.1은 코드의 추가, 커밋, 보내기, 가져오기 단계를 한 번에 보여준다.

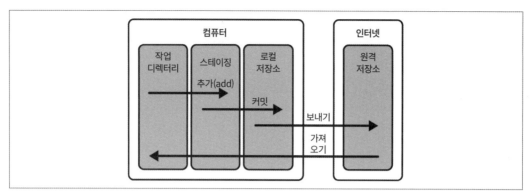

그림 10.1 깃 원리

10.1.2 변경사항 추적 및 커밋

이 과정이 어떻게 작동하는지 보여주는 예를 하나 살펴보자. 깃 문서(https://oreil.ly/rDMik)에 나와 있는 단계를 따라 깃을 설치할 수 있다.

프로젝트에 참여 중이고 변경사항을 추적하기 위해 깃을 사용하려면 프로젝트 디렉터리 최상위에서 다음 명령어를 실행하면 된다.

```
$ git init
```

다음으로 스테이징 영역에 변경한 파일을 추가한다.

```
$ git add README.md
```

아무 때나 무슨 일이 일어나고 있는지 보기 위해 `git status` 명령어를 사용하면 된다.

```
$ git status

On branch main

No commits yet

Changes to be committed:
  (use "git rm --cached <file>..." to unstage)
        new file:   README.md
```

이 메시지는 main 브랜치branch에서 작업하고 있다고 알려준다. 브랜치에 대해서는 10.1.4절에서 설명한다.

그런 다음 변경사항을 로컬 저장소에 커밋한다.

```
$ git commit -m "Initial commit"
```

그러면 다음과 같은 메시지를 보게 될 것이다.

```
[main (root-commit) b25021e] Initial commit
 1 file changed, 0 insertions(+), 0 deletions(-)
 create mode 100644 README.md
```

커밋에는 고유의 ID, 저자명, 타임스탬프, 변경사항이 무엇인지에 대해 작성한 메시지가 들어 있다. 커밋 메시지는 충분한 정보를 제공해야 하며, 변경한 사항에 대한 간단한 설명을 포함해야 한다.

또 다른 커밋을 살펴보자. 저장소에서 코드를 작성하고 그 변경사항에 대해 저장하고 싶다면 add 명령어를 실행해 변경한 파일을 스테이징 영역에 추가한다.

```
$ git add api_functions.py
```

그런 다음 아래 명령어로 변경사항을 커밋한다.

```
$ git commit -m "Created helper functions for API"
```

그러면 다음과 같은 메시지를 보게 될 것이다.

```
[main b78faad] Created helper functions for API
 1 file changed, 19 insertions(+)
 create mode 100644 api_functions.py
```

커밋을 잘 보여주는 몇 가지 모범 사례가 있다. 각 커밋은 문제를 해결하거나 작은 기능 하나를 추가하는 것처럼 한 가지 일에 대해서만 이뤄져야 한다. 변경한 내용을 작은 부분으로 나누는 것이 가장 좋다. 그래야 변경사항을 반영하고 나중에 문제가 발생하더라도 문제를 추적해 문제를 일으킨 변경사항을 찾아내기 더 쉽다. 커밋하기 전에 테스트를 실행하는 것도 좋다. 이 과정을 자동화하는 방법에 대해서는 12장에서 살펴본다.

10.1.3 원격과 로컬

지금까지 여러분의 컴퓨터의 로컬 저장소에서 깃을 사용하는 방법에 대해 설명했다. 이번 절에서는 로컬 저장소와 원격 저장소를 연결하고 원격 저장소를 다운로드하는 방법을 살펴본다.

10.1.2절에서 설명한 단계를 마쳤다면, 이제 원격 저장소를 생성한다. 정확한 단계는 여러분의 원격 저장소가 호스팅되는 곳이 어디인지에 따라 다르지만 그림 10.2에서는 깃허브를 보여준다.

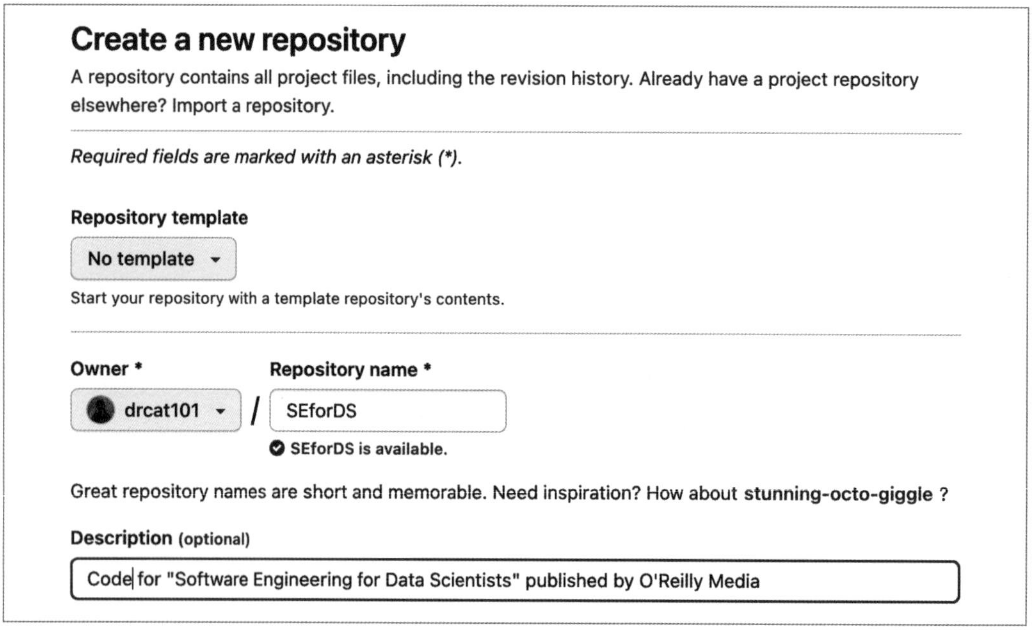

Create a new repository

A repository contains all project files, including the revision history. Already have a project repository elsewhere? Import a repository.

Required fields are marked with an asterisk (*).

Repository template

No template ▾

Start your repository with a template repository's contents.

Owner *   **Repository name ***

drcat101 ▾ / SEforDS

✓ SEforDS is available.

Great repository names are short and memorable. Need inspiration? How about **stunning-octo-giggle** ?

Description (optional)

Code for "Software Engineering for Data Scientists" published by O'Reilly Media

그림 10.2 **깃허브에 새로운 저장소 생성**

다음으로 다음 명령어를 실행해 로컬 버전의 깃에 원격 저장소가 어디에 위치하는지 알려줘야 한다.

```
$ git remote add origin https://github.com/drcat101/SEforDS.git
```

이 링크 URL은 각자의 원격 저장소의 URL로 교체해서 사용하면 된다.

마지막으로 로컬 저장소에서 원격 저장소로 커밋을 보낼 수 있다.

```
$ git push -u origin main
```

그러면 다음과 같은 메시지를 보게 될 것이다.

```
Enumerating objects: 3, done.
Counting objects: 100% (3/3), done.
Writing objects: 100% (3/3), 219 bytes | 219.00 KiB/s, done.
Total 3 (delta 0), reused 0 (delta 0), pack-reused 0
To https://github.com/drcat101/SEforDS.git
 * [new branch]      main -> main
branch 'main' set up to track 'origin/main'.
```

이 명령어를 실행하고 나면, 원격 저장소는 로컬 저장소의 파일을 포함하게 되고, 커밋한 변경사항을 업데이트한다.

원격 저장소에 이미 기존 코드가 있는 프로젝트에 참여하게 될 수도 있다. 이 경우 기존 코드를 '복제clone'해야 한다. 이는 원격 저장소를 컴퓨터로 다운로드하는 것을 말하며 이러면 이것이 새로운 로컬 저장소가 된다.

다음 명령어를 사용하면 저장소를 복제할 수 있다.

```
$ git clone https://github.com/drcat101/SEforDS.git
```

복제에는 HTTPS와 SSH 두 가지 옵션이 있다. SSH는 더 높은 수준의 보안을 제공하지만, 설정하는 데 더 많은 시간이 걸린다.

또한 원격 저장소를 먼저 만들고, 저장소를 로컬 컴퓨터에 복제한 다음 코드 작성을 시작하는 순서로 프로젝트를 착수할 수도 있다.

다음 절에서는 깃의 기능 중 협업하는 데 특히 유용한 브랜치와 풀 리퀘스트에 대해 살펴본다.

10.1.4 브랜치와 풀 리퀘스트

깃에서 브랜치를 사용하면 여러분의 변경사항을 분리하고 주 버전의 코드에 영향을 끼치지 않고 새로운 기능을 시도하면서도 여전히 변경사항을 추적할 수 있다. 이는 많은 사람이 동일한 코드베이스에서 작업할 때 특히 유용한데 동일한 코드에 겹치지 않고 작업할 수 있기 때문이다.

브랜치를 만들면 여러분의 코드를 포함한 파일의 사본을 생성하지 않는다. 대신 깃은 프로젝트 타임라인의 특정 지점부터 도입된 변경사항을 추적한다. 이는 다양한 기능을 개발한 다음 변경사항을 원래 코드에 통합하는 일이 쉽다는 뜻이다.

모든 저장소는 일반적으로 main이라고 하는 기본 브랜치를 갖는다. 그림 10.3에서는 메인 브랜치와 새로운 브랜치를 보여준다. 여러분은 브랜치를 생성하고 그 브랜치에 필요한 만큼 커밋을 추가한 다음 그 변경사항을 메인 브랜치에 병합할 수 있다. 새로운 브랜치에서 작업하는 동안 이루어진 변경사항은 메인 브랜치에 영향을 주지 않는다. 한편 다른 사람이 메인 브랜치에 변경사항을 반영할 수 있으나 이 변경이 작업 중인 코드에 영향을 주지는 않는다.

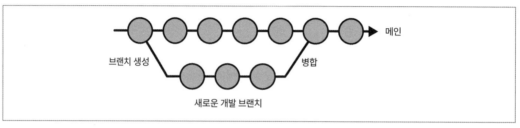

그림 10.3 **깃에서의 분기 – 각 원은 하나의 커밋을 뜻한다.**

 저장소에서 기본 브랜치 이름으로 main을 사용하는 것이 관행이며, 이 이름은 원하는 대로 바꿀 수 있다. 불행하게도 기본 브랜치에 master라는 이름을 사용하는 저장소를 여전히 볼 수 있을 것이다. 'master'라는 단어는 노예제도를 연상시키므로 피해야 한다.

new_branch라는 이름의 새로운 브랜치를 생성하기 위해 다음 명령어를 실행한다.

```
$ git branch new_branch
```

다음으로 아래 명령어를 실행해 일하는 곳을 이 브랜치로 변경한다.

```
$ git checkout new_branch
```

-b 플래그와 함께 git checkout을 사용해 앞의 두 명령어를 결합할 수 있다.

```
$ git checkout -b new_branch
```

이 브랜치에 체크아웃했으면 컴퓨터에서 코드를 변경하면 메인 브랜치가 아니라 `new_branch` 개발 브랜치에 변경이 일어난다.

새로운 브랜치를 원격 저장소에 저장하고 싶을 때 다음 명령어를 실행하면 된다.

```
$ git push origin new_branch
```

새로운 브랜치에서의 작업이 끝났을 때, 이것을 메인 브랜치에 병합할 수 있다. 새로운 브랜치에서 이뤄진 코드 변경사항은 메인 브랜치의 코드에 병합될 것이다.

통합 전에 아래 명령어를 사용해 작업 위치를 메인 브랜치로 바꿔야 한다.

```
$ git checkout main
```

그런 다음 브랜치를 병합한다.

```
$ git merge new_branch
```

새로운 브랜치를 병합한 다음 그 브랜치는 삭제해야 한다. 그렇더라도 커밋 내용은 보존된다.

브랜치를 병합할 때 병합 충돌이 발생할 수 있다. 이는 메인 브랜치에서도 변경된 코드를 여러분의 새로운 브랜치에서도 변경했을 때 발생한다. 여러분은 어느 버전의 코드를 유지할지 결정해야 한다.

주피터 노트북은 종종 병합 충돌을 일으킨다. 노트북은 JSON 형태로 저장되고 여기에는 셀의 출력에 해당하는 콘텐츠가 포함된다. 만약 이 출력이 변경되면 깃이 그 내용까지 추적할 것이다.

이에 대해 몇 가지 해결책이 있다. 우선 노트북에서 셀 출력을 수동으로 삭제하면 된다. 하지만 이는 잊기 일쑤다. 12장에서 이 작업을 자동으로 할 수 있는 방법을 알아본다. 두 번째로 노트북의 셀 출력은 배제하고 코드만 비교하도록 깃을 설정하는 nbdime(https://oreil.ly/cV563)를 사용하면 된다. 또는 세 번째로 노트북을 깃이 쉽게 추적할 수 있는 `.py`나 `.md` 파일로 변환하는 Jupytext(https://oreil.ly/OOyH7)를 사용할 수 있다.

만약 작업한 브랜치를 병합하기 전에 다른 누군가가 코드를 리뷰해주기를 바란다면 풀 리퀘스트 pull request를 사용할 수 있다. 변경된 사항을 다른 개발자가 살펴본 다음, 논의와 리뷰를 거쳐 변경 사항을 병합하기를 요청한다.

풀 리퀘스트를 여는 가장 쉬운 방법은 그림 10.4처럼 깃허브 인터페이스를 사용하는 것이다.

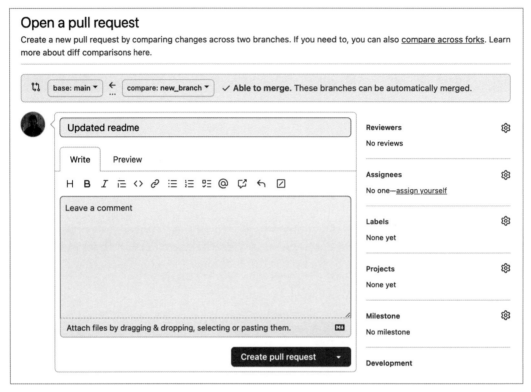

그림 10.4 **깃허브에서 풀 리퀘스트 열기**

풀 리퀘스트에는 무엇을 변경했고 왜 변경해야 했는지를 기술한 내용이 포함되어야 한다. 그래야 리뷰하는 사람이 어디에 초점을 맞춰 논의해야 할지 알 수 있다.

코드 리뷰

많은 개발팀과 회사에는 코드 리뷰 시스템이 있다. 이것은 종종 풀 리퀘스트 형식으로 코드 리뷰를 하는 다소 공식적이고 구조화된 세션이다. 코드 리뷰는 다른 팀원이 코드를 먼저 리뷰해서 실제 문제를 일으키기 전에 버그와 보안 위험을 잡아냄으로써 운영 환경에 배포하기 전에 코드를 개선하는 것을 목표로 한다. 이 세션은 코드 구조에 대한 생각을 공유하고 개선할 기회일 뿐 아니라 경험이 많은 개발자가 지식을 전수할 수 있는 기회이기도 하다. 또한 코드 리뷰는 어떤 결정을 왜 내렸는지 기록한다.

잘된 코드 리뷰에는 다음의 사항이 포함된다.

- 코드 품질 외 가독성, 명료성, 모듈성 등 다양한 방면에서 고려해야 한다.
- 모든 사람의 의견을 들어야 한다. 모든 사람의 경험은 소중하고 후배는 질문할 기회를 가져야 한다.
- 문제점만 지적할 것이 아니라 검토 중인 코드에서 좋은 부분을 강조한다.

- 코드 리뷰에 쓰는 시간을 제한한다. 코드 리뷰로 인해 지연이 발생해서는 안 된다.

팀 호퍼Tim Hopper가 쓴 블로그 포스트(https://oreil.ly/hn_xv)에는 데이터 과학 코드 리뷰에 대해 추가로 좋은 제안을 제공하고 있다.

이 외에도 파일을 무시하는 방법, 변경 내용을 취소하는 방법을 포함하여 깃을 성공적으로 사용하기 위해 알아야 할 명령어와 기법들이 있다. 여기서는 자세한 내용을 다루지 않을 것이며 10.1절에서 제공한 링크를 참조하기를 추천한다.

이번 절에서는 버전 관리를 위해 깃을 사용하는 방법을 간단하게 살펴봤다. 다음으로 파이썬 프로그래밍에 좀 더 특화되어 있는 주제인 종속성 관리와 가상 환경 사용을 살펴보기로 한다.

10.2 종속성과 가상 환경

다른 사람이 여러분의 코드를 사용할 수 있게 하고 싶으면 그 사람도 그 코드를 작성하기 위해 사용했던 라이브러리와 동일한 것을 설치해야 한다. 종속성(디펜던시)dependency은 팬더스나 넘파이처럼 코드가 작동하는 데 필요해서 설치한 타사 라이브러리다. 코드는 특정 버전의 라이브러리에서만 작동하거나 일정 범위의 버전에서 작동할 수도 있다. 따라서 코드가 재현 가능하려면 코드가 의존하고 있는 라이브러리 버전에 대한 정보를 포함해야 한다.

버저닝

파이썬 라이브러리(그리고 실제로 대부분의 소프트웨어 패키지)에는 버전 번호가 있어 특정 출시에 대응하는 코드 셋이 무엇인지 알 수 있다. 프로젝트에 버저닝을 도입하는 것이 바람직하며, 버저닝에는 다양한 방식이 있는데 The Semantic Versioning(SemVer)(https://semver.org/) 규격이 가장 유명한 것 중 하나이고 Calendar Versioning(https://calver.org/)을 참고할 수도 있다.

프로젝트에서 SemVer을 사용한다면, Python 3.10이나 NumPy 1.24.3과 같이 마침표로 구분되는 두세 개의 숫자를 보게 될 것이다. 첫 번째 숫자는 주 버전 출시를, 두 번째 숫자는 부 버전을, 세 번째 숫자는 패치를 의미한다.

주 버전은 Python 2.x에서 Python 3.x로, 또는 pandas 1.x에서 2.x로 올라가는 경우, 호환성을 파괴하는 변경사항이 있다는 것을 뜻한다(즉, 이전에는 작동했던 몇몇 기능이 변경되어 더 이상 작동하지 않는다는 뜻이다). 부 버전은 소규모 업데이트가 있다는 뜻이다. 새로운 기능이 추가되지만 호환성을 깨뜨리지는 않는다. 패치는 사소한 버그를 해결하는 것과 같은 소소한 변경을 말한다.

이번 절에서는 사용 중인 라이브러리의 버전을 모두 수동으로 추적하지 않아도 되게 종속성을 관리하는 도구를 개략적으로 살펴본다. 이를 사용하기 위해서 먼저 가상 환경에 대해 알아야 한다.

10.2.1 가상 환경

가상 환경virtual environment은 파이썬에서 중요한 개념이며 이미 익숙할 수도 있으므로 여기서는 간략하게 살펴본다. 가상 환경은 시스템 전체에 적용된 파이썬 환경 대신 특정 프로젝트를 위해 설치된 라이브러리를 격리하는 방법이다.

시스템 전체에 적용되는 (루트) 파이썬 환경에 라이브러리를 설치하지 말 것을 강력하게 권고한다. 루트에 라이브러리를 설치하면 다른 프로젝트에서 동일한 라이브러리의 다른 버전을 요구할 때 프로젝트를 테스트하거나 디버깅하기 어려워질 가능성이 높기 때문이다.

또한 컴퓨터의 OS에는 파이썬의 시스템 전체 환경 패키지가 있다. 실제로 `apt`나 `brew` 같은 시스템 패키지 관리자를 사용하지 않고 라이브러리를 설치하거나 제거하면 시스템이 손상되거나 일부 동작을 저하시킬 가능성이 있다.

가상 환경은 다른 프로젝트가 어떤 라이브러리에 대해서도 서로 다른 버전을 충돌 없이 설치할 수 있음을 뜻한다. 구체적인 예를 들면, 프로젝트 A는 넘파이 버전 1.25에 도입된 기능을 사용해야 하지만 프로젝트 B는 그보다 구 버전의 구문을 사용하고 있다. 만약 전체 시스템에 걸쳐 넘파이를 업그레이드한다면 프로젝트 B는 더 이상 작동하지 않을 것이다. 가상 환경은 시스템에 동일한 라이브러리의 여러 버전을 동시에 설치할 수 있게 함으로써 이 문제를 해결한다.

파이썬 가상 환경을 관리하는 다양한 도구들이 있다. 그중 유명한 도구에는 다음과 같은 것들이 있다.

- `venv`(https://oreil.ly/QlEQc)는 파이썬 표준 라이브러리에 포함되어 있다.
- `virtualenv`(https://oreil.ly/PMBoK)는 `venv`보다 오래된 프로젝트로 더 많은 기능을 포함하고 있다. `venv`는 `virtualenv`의 일부다.
- Pyenv(https://oreil.ly/nnvwr)는 파이썬 버전을 관리하여 시스템에 여러 버전의 파이썬을 동시에 설치할 수 있다(예를 들면, 서로 다른 프로젝트를 위해 파이썬 3.7과 파이썬 3.10을 모두 사용할 수 있다). `pyenv-virtualenv`(https://oreil.ly/tZ8Xv) 플러그인을 사용하면 가상 환경도 관리할 수 있다.
- Conda(https://oreil.ly/VrlMo)는 가상 환경을 관리할 뿐 아니라 패키지도 설치한다. 표준 파이썬 패키지 저장소인 PyPIPython Packaging Index(https://pypi.org/) 대신 아나콘다(https://www.anaconda.

com/)에서 관리하는 별도의 패키지 저장소에서 패키지를 다운로드한다.

- Poetry(https://python-poetry.org/), PDM(https://pdm.fming.dev/), Hatch(https://hatch.pypa.io/) 또한 가상 환경과 함께 종속성을 관리한다. Poetry에 대해서는 다음 절에서 자세히 다룬다.

여기서 언급한 도구들의 사용법에 대한 자세한 사항들은 각각의 링크를 통해 확인할 수 있지만 여기서는 venv를 사용하는 방법에 대해 예를 들어 간단히 알아보자.

패키지를 설치하기 전에, 맥OS나 리눅스에 다음 명령어를 사용해 새로운 가상 환경을 생성한다.

```
$ python -m venv SEforDS
```

SEforDS는 각자의 가상 환경 이름으로 교체하면 된다.

다음으로 아래 명령어를 사용해 가상 환경을 활성화한다.

```
$ source SEforDS/bin/activate
```

명령어 프롬프트 앞에 가상 환경 이름이 괄호 안에 등장하는 것을 보게 될 것이다.

```
(SEforDS)$
```

가상 환경 도구들을 사용하면 일반적으로 프롬프트가 이런 식으로 변화한다. 이제 가상 환경에 pip를 사용해 패키지를 설치할 수 있다.

가상 환경에서 작업이 끝났을 때, 다음 명령어를 사용해 가상 환경을 종료할 수 있다.

```
(SEforDS)$ deactivate
```

가상 환경 이름이 명령어 프롬프트에서 사라질 것이다.

새로운 프로젝트를 착수할 때마다 새로운 가상 환경을 만들고, 활성화하고, 그 프로젝트에 필요한 라이브러리를 설치하는 것이 가장 좋다. 시스템 파이썬 설치본은 '깨끗하게' 유지하고 시스템 단위로 타사 라이브러리를 설치하지 않아야 한다. 이렇게 하면 라이브러리 버전 간 충돌을 방지할 수 있다.

10.2.2 pip를 사용한 종속성 관리

프로젝트에 필요한 종속성을 기록하는 가장 간단한 방법은 파이썬에 내장되어 있는 패키지 관리자인 pip를 사용하는 것이다. pip freeze 명령어를 사용해 프로젝트에 필요한 모든 패키지 목록을 저장할 수 있다.

```
$ python -m pip freeze > requirements.txt
```

위 명령어는 이 환경의 패키지 목록 전체를 requirements.txt라는 텍스트 파일에 기록한다.

이 명령어를 실행할 때는 프로젝트를 위한 가상 환경을 사용하고 활성화해야 한다. 그렇지 않으면 시스템 파이썬에 설치된 라이브러리가 기록된다.

명령어를 실행하면 다음과 같은 내용이 담긴 텍스트 파일을 얻게 된다.

```
numpy==1.25.2
pandas==2.0.3
python-dateutil==2.8.2
pytz==2023.3
six==1.16.0
tzdata==2023.3
```

여기에는 여러분의 환경에 현재 설치된 라이브러리와 그 라이브러리가 의존하고 있는 라이브러리(예를 들어, 파이썬 dateutil 라이브러리는 팬더스의 의존 요소다)의 버전이 포함되어 있다.

requirements.txt 파일을 버전 관리 시스템의 프로젝트 저장소에 업로드할 수 있다. 그런 다음 다른 사람이 여러분의 프로젝트를 사용하기를 원하거나 다른 환경에서 프로젝트를 실행하고자 할 때 다음 명령어를 사용해 프로젝트의 종속성을 설치할 수 있다.

```
$ pip install -r requirements.txt
```

이 과정은 간단하지만 몇 가지 단점이 있다. 예를 들어, 프로젝트 요구사항에서 라이브러리를 제거하면(예를 들어, 팬더스) 다른 라이브러리가 해당 라이브러리의 종속성인지 확인하고 수동으로 제거해야 한다. requirements.txt 파일은 파이썬 버전에 대한 정보가 없다. 더구나 사용 중인 종속성인 라이브러리에 변경사항이 발생할 수도 있다(프로젝트의 하위 종속성). pip를 사용해 종속성을 관리하면 이 모든 일을 수동으로 처리해야 한다. 다행히 다른 종속성 관리자가 이를 처리해주는데, 이에 대해서는 다음 절에서 설명한다.

10.2.3 Poetry를 사용한 종속성 관리

Poetry, PDM, Hatch 같은 종속성 관리자는 pip를 사용하는 것보다 프로젝트의 종속성을 관리하는 일을 훨씬 쉽게 만들어준다. 여기서는 Poetry를 사용해 프로젝트 종속성을 관리하는 방법을 살펴본다. Poetry를 패키징을 위해서도 사용한다면 특히 유용하다. 이에 대해 이번 장 후반부에서 살펴본다.

requirements.txt 파일 대신 Poetry는 pyproject.toml이라는 파일을 사용한다. 이 파일은 파이썬 패키지를 설치 가능하게 하기 위한 표준 파일이며, 이에 대해 10.3절에서 더 알아본다. pyproject.toml 파일에는 프로젝트의 종속성을 포함한 모든 요구사항이 들어 있다.

다음 명령어로 Poetry를 설치할 수 있다.

```
$ curl -sSL https://install.python-poetry.org | python3 -
```

Poetry는 가상 환경보다는 시스템 단위로 설치해야 한다. Poetry가 모든 가상 환경에서 작동해야 하기 때문이다. 터미널의 지시에 따라 Poetry를 셸에 추가하자.

새 프로젝트를 시작하면 Poetry에게 프로젝트 시작에 필요한 파일과 폴더로 채워진 새 폴더를 설정하도록 요청할 수 있다. 다음 명령어로 이를 수행할 수 있다.

```
$ poetry new SE_for_DS
```

이미 코드 작성을 시작했다면 다음 명령어를 사용해 기존 폴더에서 Poetry를 초기화할 수 있다.

```
$ poetry init
```

두 명령어 중 하나를 실행하고 나면 프로젝트 폴더에 pyproject.toml과 poetry.lock 파일이 생성된 것을 볼 수 있다. pyproject.toml 파일에는 프로젝트 종속성이 나열된 단락section이 포함되어 있다. 타사 라이브러리를 설치하기 전에 파일 내용을 보면 종속성에 대해 이 단락을 확인할 수 있다.

```
[tool.poetry.dependencies]
python = "^3.10"
```

프로젝트에 필요한 라이브러리를 추가하려면 `pyproject.toml` 파일을 수동으로 업데이트하거나 `poetry add` 명령어를 사용하면 된다. 이렇게 하면 프로젝트의 가상 환경에 라이브러리가 설치된다.

```
$ poetry add pandas
```

`pyproject.toml` 파일의 내용을 살펴보면 종속성 단락에 팬더스가 추가된 것을 볼 수 있다.

```
[tool.poetry.dependencies]
python = "^3.10"
pandas = "^2.1.0"
```

팬더스 버전이 `"^2.1.0"`으로 지정되어 있으므로 이 프로젝트에서는 버전 2.1.0이나 더 높은 버전이 허용된다는 것을 뜻한다. 기본적으로 Poetry는 패키지의 현재 버전과 향후 출시될 모든 버전이 프로젝트에서 작동한다고 가정한다. 그렇지 않은 경우 버전 사양을 변경해야 한다.

중첩 쉘은 Poetry를 사용해 가상 환경을 사용하는 기본 방법이다. 다음 명령어를 사용해 `pyproject.toml` 파일을 포함한 디렉터리에서 가상 환경을 활성화한다.

```
$ poetry shell
```

그런 다음 가상 환경을 비활성화하기 위해 `exit`을 입력하면 된다.

Poetry는 `pyproject.toml` 파일에 필요한 라이브러리 버전을 나열할 뿐만 아니라 `poetry.lock` 파일을 사용해 프로젝트의 라이브러리의 정확한 버전의 해시값을 저장하기도 한다. 이는 다양한 운영체제에 걸쳐 프로젝트가 작동하는지 확인하는 데 도움이 된다. 라이브러리를 설치할 때마다 `poetry.lock` 파일이 업데이트되는데 그 내용은 다음과 같다.

```
# This file is automatically @generated by Poetry 1.6.1 and should not be changed$
```

```
[[package]]
name = "numpy"
version = "1.25.2"
description = "Fundamental package for array computing in Python"
optional = false
python-versions = ">=3.9"
files = [
    {file = "numpy-1.25.2-cp310-cp310-macosx_10_9_x86_64.whl",
    hash = "sha256:db3$
    {file = "numpy-1.25.2-cp310-cp310-macosx_11_0_arm64.whl",
    hash = "sha256:9031$
...
```

그런 다음 이 파일을 버전 관리 시스템에 업로드하면 된다.

다른 환경에서 프로젝트의 종속성을 설치하기 위해 다음 명령어를 사용한다.

```
$ poetry install
```

Poetry는 정확한 라이브러리 버전을 확인하기 위해 `poetry.lock` 파일을 확인하고 새로운 환경에 그 라이브러리를 설치할 것이다. `.lock` 파일이 없다면 Poetry는 `pyproject.toml`에 지정된 라이브러리의 최신 버전을 설치한다.

pip와 Poetry 중 어느 것을 사용하든 다른 사람들이 여러분의 코드를 쉽게 사용할 수 있게 프로젝트의 종속성을 최신 상태로 유지하는 것이 매우 중요하다.

10.3 파이썬 패키징

코드를 다른 사람이 사용하기 쉽게 만들고 싶다면 패키지로 변환해야 한다. 이는 넘파이나 팬더스를 사용하는 것과 같은 방식으로, 사람들이 자신의 파이썬 환경에 설치하고 그들이 작업 중인 프로젝트에 임포트할 수 있음을 뜻한다. 이번 절에서는 파이썬 코드를 패키지로 변환하는 절차를 살펴본다.

파이썬의 가장 큰 강점은 어마어마한 규모의 패키지 생태계를 갖고 있다는 점이며, 이를 가능하게 하는 것이 바로 PyPI_{Python Package Index}(https://pypi.org)다. PyPI는 엄청난 수의 패키지를 호스팅하고 있어 여러분이 그 패키지를 다운로드해 사용할 수 있다. 이 책을 쓰고 있는 시점에 PyPI에 무려

473,661개의 프로젝트가 있었다!

여러분이 작성한 코드를 공개적으로 공유하고자 한다면 PyPI에 패키지를 업로드하면 되고, 그러면 모든 사람이 pip를 사용해 설치하고 각자의 프로젝트에서 사용할 수 있다. 패키지를 생성하고 회사 내에 패키지 파일을 공유하면 동료들만 그 패키지를 설치하고 사용할 수 있다. 패키지는 코드가 완벽하게 재현 가능하도록 보장한다.

패키지를 생성하고 공개하고 나면 그것을 유지관리하는 데 일부 책임을 져야 한다(또는 최소한 다른 사람들이 패키지에 추가하기 쉽게 만들어야 한다). 다른 사람들이 여러분의 코드에 의존하기 시작하면 그들도 유지관리하는 데 도움을 주어야 하지만 여러분이 창작자로서 그들과 협업해 패키지를 업데이트하는 것이 이상적이다.

 용어에 대한 간단한 설명: 파이썬 모듈은 .py 파일이다. 파이썬 패키지는 둘 중 하나를 뜻한다. 첫 번째는 다른 모듈을 포함한 __init__.py 파일이 들어 있는 디렉터리다. __init__.py 파일은 그 디렉터리에서 모듈을 임포트할 수 있으려면 반드시 있어야 하는 파이썬 파일이다. 두 번째로는 PyPI를 통해 코드를 배포하고 여러분의 모듈/라이브러리를 설치할 수 있게 해주는 배포판 패키지다. 이번 절에서는 두 번째 의미로 '패키지package'라는 단어를 사용한다.

이 절의 나머지 부분에서는 패키지를 생성하고 PyPI에 업로드하는 방법을 설명한다.

10.3.1 패키징 기초

패키지를 빌드하기 전에 코드가 다음 기준을 충족하는지 확인하자. 그래야 패키지 사용자에게 좋은 경험을 제공할 수 있다.

- 계획했던 설계를 충족하는가?
- 완전한 기능을 갖추었는가?
- 깔끔하게 포맷이 정리되었는가? (6장 참고)
- 테스트를 모두 통과했는가? (7장 참고)
- 제대로 된 문서를 갖췄는가? (9장 참고)

또한 패키지로 전환하고 싶은 코드를 하나의 폴더 안으로 넣어야 한다. 이 폴더에 패키지에 사용할 이름을 지정하고 이와 관련한 테스트 및 문서와 분리해둔다. 다음 파일 구조 예시처럼 이 폴더를 별도의 src 폴더 아래에 두는 것을 종종 볼 수 있다.

```
SE_for_DS
├── LICENSE
├── README.md
├── pyproject.toml
├── src
│   └── SE_for_DS
│       ├── __init__.py
│       ├── functions.py
│       └── ...
└── tests
│   └── ...
├── docs
    └── ...
```

이 파일 구조에서 패키지 이름은 SE_for_DS가 된다. 여기에는 라이선스 파일과 개요를 제공하는 문서인 README.md 파일과 pyproject.toml 파일(나중에 살펴본다)이 들어 있다.

패키징에는 다음 단계가 수반된다(PyPI 문서(https://oreil.ly/4OwdD)를 참고하여 작성).

1. 프로젝트에 대한 메타데이터와 패키지 빌드 도구에 대한 지시사항을 포함한 구성 파일을 준비한다. 표준은 10.2.3절에서 소개했던 pyproject.toml 파일(다음 절에서 더 자세히 살펴본다)을 사용하는 것이다.

2. 소스 코드와 구성 파일을 읽어 패키지 파일(또는 빌드 아티팩트)으로 전환하는 도구를 사용한다. 이것은 다른 사람의 시스템에서 설치 가능하게 해준다.

3. 빌드 아티팩트를 PyPI나 회사 내부와 같은 다른 배포 서비스에 업로드한다.

이 단계를 모두 수행하고 나면 패키지 사용자는 다운로드해서 설치하고(예를 들어, pip를 사용) 사용할 수 있다. 이 과정에 대해 더 자세히 알고 싶다면 클라우디오 욜로비치Claudio Jolowicz가 쓴 《Hypermodern Python Tooling》(O'Reilly, 2024)을 참고하면 좋다.

이 책에서는 아나콘다 패키지 배포 시스템에서의 패키징을 언급하지 않았다. Conda 문서(https://oreil.ly/h_byJ)에서 자세한 내용을 확인할 수 있다. 아나콘다에서는 패키지를 무료로 사용할 수 있지만 패키지는 그 단체에서만 업데이트할 수 있다.

conda-forge(https://conda-forge.org/) 프로젝트는 Conda를 사용해 파이썬 패키지를 다운로드할 수 있게 해주는 오픈소스 커뮤니티다. 그렇지만 패키지 유지 관리자가 직접 패키지를 업데이트할 수 있다.

10.3.2 pyproject.toml

`pyproject.toml` 파일은 프로젝트의 메타데이터와 어떻게 빌드했는지에 대한 명시를 담은 표준화된 파일이다. `.toml`은 구성 파일의 파일 포맷이고 그 명세는 오픈소스다. 이 파일을 수동으로 작성할 수도 있고 Poetry 같은 도구를 사용해 생성할 수도 있다. `pyproject.toml` 파일을 예로 들어보자.

```
[build-system] ❶
requires = ["setuptools>=61.0"]
build-backend = "setuptools.build_meta"

[project] ❷
name = "se_for_ds"
version = "0.0.1"
authors = [
  { name="Catherine Nelson", email="email_address" },
]
description = "An example package for Software Engineering
for Data Scientists"
readme = "README.md"
requires-python = ">=3.9"
classifiers = [
    "Programming Language :: Python :: 3",
    "License :: OSI Approved :: MIT License",
    "Operating System :: OS Independent",
]

[project.urls]
"Homepage" = "https://github.com/pypa/sampleproject"
```

❶ `build-system` 단락은 패키지를 빌드한 도구를 명시한다. 이 경우, `setuptools`를 사용했으며 이에 대해서는 다음 절에서 살펴본다.

❷ `project` 단락은 프로젝트에 대한 메타데이터를 전부 담고 있다.

Poetry를 사용하면 다음과 비슷하게 요구사항을 포함한 `pyproject.toml` 파일을 생성한다.

```
[tool.poetry]
name = "se-for-ds"
version = "0.1.0"
description = ""
authors = ["Catherine Nelson <email_address>"]
readme = "README.md"

[tool.poetry.dependencies]
python = "^3.10"
pandas = "^2.1.0"

[build-system]
requires = ["poetry-core"]
build-backend = "poetry.core.masonry.api"
```

pyproject.toml 파일이 생겼다면 패키지를 빌드할 준비가 된 것이다.

⬛10.3.3⬛ 패키지 빌드 및 업로드

파이썬 패키지를 빌드하기 위해 빌드 도구가 필요할 것이다. setuptools(https://oreil.ly/6luGH)는 파이썬 패키지를 빌드하는 안정적이고 신뢰할 만한 인기 있는 방법이다. 하지만 패키징할 때 더 복잡한 일을 한다면 10.2.1절에서 언급했던 Poetry, pdm, Hatch 같은 다른 도구를 고려해봐도 좋다. 이 도구들은 작업 흐름의 다른 부분을 관리해줌으로써 편의성을 제공한다.

기본적으로 대부분의 빌드 도구는 `sdist` 파일과 `wheel` 파일을 생성한다. `sdist` 파일은 패키지의 소스 코드를 포함한 압축 파일이다. `wheel` 파일도 일종의 압축된 아카이브 파일인데 이 파일은 `pip`를 사용해 파이썬 환경에서 설치할 수 있다.

이전에 언급했듯이, `pyproject.toml` 파일에 사용할 빌드 도구를 정의해야 한다. 그런 다음 Build (https://oreil.ly/G3S0v) 라이브러리를 사용해 패키지를 빌드할 수 있다. 이때 setuptools나 다른 패키징 도구를 사용할 것이다.

다음 명령어를 사용해 Build를 설치할 수 있다.

```
$ pip install build
```

그런 다음 Build를 `pyproject.toml` 파일이 위치한 디렉터리에서 실행한다.

```
python3 -m build
```

이전 절에서 봤던 첫 `pyproject.toml` 파일을 사용한다면 build는 패키지를 생성하기 위해 `setup tools`를 사용할 것이다.

```
Successfully built se_for_ds-0.1.0.tar.gz
and se_for_ds-0.1.0-py3-none-any.whl
```

그런 다음 `wheel` 파일을 공유하면 다른 사람들은 각자의 파이썬 환경에서 `pip`를 사용해 이 패키지를 설치할 수 있다.

패키지를 PyPI에 게시하고 싶다면 먼저 다음 명령어를 사용해 Twine 라이브러리를 설치해야 한다.

```
$ pip install twine
```

Twine은 PyPI에 패키지를 업로드하는 절차를 관리한다.

PyPI 문서(https://oreil.ly/bkm9Z)는 실제 PyPI에 업로드하기 앞서 먼저 TestPyPI(https://test.pypi.org/)에 패키지를 업로드해 모든 것이 제대로 작동하는지 점검할 것을 권장한다. TestPyPI에 계정을 등록하면 API 키를 받게 되고 다음 명령어를 사용해 패키지를 업로드할 수 있게 된다.

```
twine upload -r testpypi dist/*
```

PyPI에 업로드하려면 계정 등록을 하고 API 키를 받아야 한다. 그런 다음 Twine을 사용해 패키지를 업로드할 수 있다.

```
twine upload dist/*
```

빌드 시스템으로 Poetry를 사용한다면 별도로 패키지를 설치할 필요가 없다. `pyproject.toml` 파일이 포함된 디렉터리에서 다음 명령어를 실행하면 패키지를 빌드할 수 있다.

```
$ poetry build
```

다음 명령어를 사용해 PyPI에 패키지를 업로드한다.

```
$ poetry publish
```

이제 패키지는 누구나 각자의 파이썬 환경에 설치할 수 있다.

10.4 요약

이번 장에서는 코드를 공유하고 다른 개발자들과 함께 작업할 때 상당히 유용할 몇 가지 도구를 다뤘다. 버전 관리는 코드를 작성하는 데 있어 핵심 기술이다. 버전 관리를 통해 코드의 변경사항을 추적할 수 있고 중앙 저장소에 코드를 백업할 수 있으며 다른 사람들과의 협업을 쉽게 해준다.

깃은 분산 버전 관리 영역에서 압도적으로 인기 있는 도구다. 로컬과 원격 저장소를 구성하는 기본 명령어와 코드 커밋, 브랜치와 풀 리퀘스트를 사용해 작업하는 방법을 배운 것은 상당히 중요하다.

여러분이 작성한 코드를 공유할 때 코드가 의존하고 있는 라이브러리의 버전도 상세하게 공유해야 한다. 이를 위한 도구가 여럿 있는데 이미 가상 환경에서 작업하고 있다면 이러한 도구를 사용하는 것이 훨씬 더 쉽다. pip를 사용해 라이브러리 버전 목록을 저장할 수 있고, 또는 Poetry 같은 도구를 사용하면 종속성을 관리해준다.

파이썬 코드를 패키지로 빌드하면 다른 사람들은 각자의 파이썬 환경에 코드를 설치한 다음 각자 작업 중인 프로젝트에 임포트해서 사용할 수 있게 해준다. 이를 위해 먼저 코드가 실행되는지 올바르게 구조화되었는지 확인해야 한다. 다음으로 빌드 도구를 정의하고 프로젝트의 메타데이터를 포함하는 `pyproject.toml` 파일을 생성한다. 마지막으로 패키지 파일을 빌드하고 PyPI에 올리거나 회사 내부에 공유한다.

다음 장에서는 다른 사람들이 코드를 사용할 수 있게 해주는 또 다른 방법으로 API를 빌드하는 방법을 살펴보기로 한다.

11

API

API$_{\text{application programming interface}}$는 현대 소프트웨어 엔지니어링에서 중요한 부분을 차지한다. API 에서 데이터를 가져오는 방법과 API의 기본 작동 방식을 아는 것은 매우 유용하다. API는 두 시스템이 소통하고 데이터를 전달할 수 있게 해준다. API는 공용$_{\text{public}}$ 인터넷이나 기업 내부 시스템 내에 공개될 수 있다. API는 유용한 추상화 계층을 제공해 시스템에 접근하는 표준 방식 뒤에 코드의 세부 정보를 숨긴다. 수많은 대규모 소프트웨어 제품은 API를 사용해 내부적으로 데이터를 교환하며, 웹 개발에서는 API가 특히 중요하다.

API를 사용하면 프로그램적으로 일부 데이터에 접근하거나 일부 작업을 수행할 수 있다. 처음 API 를 접하게 되는 경우 중 하나는 공공 API에서 일부 데이터를 다운로드하려고 할 때다. 특정 구조를 갖춘 요청을 전송하면 기대한 것을 돌려받는다. 이것은 클라이언트와 서버 간 통신의 예제다. 서버는 연락 오기를 앉아서 기다리고, 클라이언트는 서버에 연락하는 주체다. 클라이언트는 서버에 데이터를 요청하고 서버는 그 데이터를 공유한다. 웹 API는 일반적으로 HTTP를 사용해 요청하고 그런 다음 JSON$_{\text{JavaScript Object Notation}}$이나 XML 파일로 응답이 반환된다.

API는 필요할 때 데이터나 기능에 접근할 수 있게 해주며 다수의 사용자가 이용할 수 있도록 확장할 수 있기 때문에 매우 유용하다. 여러분도 자신만의 API를 작성해서 별도의 작업 없이 다른 시스템에서 여러분의 코드를 호출할 수 있기를 바랄 것이다. 이에 적합한 예로는 머신러닝 모델에서 예측을 만들어내는 것이 있다. 이 머신러닝 모델이 회사 제품의 기능이라면 이 모델은 1초에 여러 번 입력 데이터를 받고 예측을 반환해야 할 수 있다. 또한 그 데이터를 기다리고 예측을 반환하는

API를 빌드할 수 있다. 즉, 모델의 예측이 필요할 때마다 스크립트를 수동으로 실행하지 않아도 된다. API는 항상 실행된 상태로 입력 데이터 받기를 기다리고 있을 수 있다.

이번 장에서는 가장 널리 쓰이는 API인 RESTful API에 대해 자세히 설명한다. 데이터를 가져오기 위해 공용 인터넷에 공개된 API를 호출하는 방법을 알아본다. 또한 가장 유명한 파이썬 프레임워크인 FastAPI를 사용해 각자만의 API를 작성하는 방법을 알아본다. 이는 코드에서 생성했던 기능을 코드를 공유할 수 있게 해줄 것이다.

11.1 API 호출

공용 인터넷에는 대단히 유용한 데이터들이 많이 있다. 이 책에서는 유엔 지속가능 개발 목표 데이터베이스SDG(https://oreil.ly/Gzqqd)의 데이터를 사용하고 있다. 이 사이트에는 수동으로 데이터를 다운로드해서 CSV 파일로 저장하는 데이터베이스 페이지가 있다. 하지만 수많은 유사한 파일을 다운로드하고 싶다면 어떨까? 아마 순식간에 지루해질 것이다. 몇 개월 동안 프로젝트를 전혀 보지 못하다가 다시 작업해야 한다면 어떨까? 정확히 무엇을 다운로드했는지 꼼꼼하게 문서로 기록해둬야 할 것이다. 그리고 여기에서 실수하기 십상이다.

대신 API를 호출함으로써 이 과정을 자동화하고 재현 가능하게 할 수 있다. 공용 인터넷에서 데이터를 가져오는 것과 마찬가지로 내부 시스템에서 데이터를 가져오거나 결과를 제공해야 할 수 있다.

주로 접하게 될 API 유형으로는 RESTful(https://oreil.ly/zYKfU), SOAP(https://oreil.ly/gg-3_), GraphQL(https://graphql.org/)이 있다. SOAP는 오래된 API 프로토콜이지만 지금도 종종 볼 수 있다. GraphQL은 새로 등장한 API로 쿼리 언어를 사용해 데이터를 반환한다. RESTREpresentational State Transfer는 2000년에 로이 필딩Roy Fielding이 정의한 소프트웨어 아키텍처 스타일이다. HTTP 메서드를 사용해 리소스를 표현하고 조작하는 방법에 대한 지침을 제공한다. 이번 장에서는 가장 널리 쓰이는 RESTful API에 대해 살펴본다.

11.1.1 HTTP 메서드와 상태 코드

RESTful API를 사용하고자 한다면, 몇 가지 HTTP 메서드를 접하게 될 것이다. 각 메서드는 표 11.1에서 볼 수 있듯이 특정 응답을 얻기 위해 API로 보내는 특정 요청과 대응한다.

표 11.1 일반적인 API 엔드포인트

엔드포인트 이름	기능
GET	데이터를 가져옴
POST	무언가를 만들고 응답을 받기 위해 데이터를 전송함
PUT	이미 존재하는 무언가를 업데이트하기 위해 데이터를 전송함
DELETE	이미 존재하는 무언가를 삭제함

하나의 API는 많은 엔드포인트를 가질 수 있다. 예를 들어 서로 다른 타입의 데이터를 반환하기 위해 GET 엔드포인트가 많이 있을 수 있다. 그중 일부는 매개변수를 입력으로 받고 이 입력에 대응하는 데이터를 반환하고, 다른 일부는 매번 동일한 데이터를 반환한다.

API가 HTTP 요청을 받으면 어떤 일이 발생했는지에 따라 표준 상태 코드를 반환한다.

표 11.2 일반적인 HTTP 상태 코드

상태 코드	의미
2xx	요청이 성공했음(예: 200은 'OK')
4xx	클라이언트 오류. 서버가 예상하지 못한 무언가를 내가 했음(예: 엔드포인트 경로의 철자 오류). 이 경우 404('Not Found') 응답을 받게 됨
5xx	서버 오류. 서버에 요청했을 때 API 코드에 버그가 발생함

표 11.2는 상태 코드 중 일부를 보여주는 것이며, 다른 상태 코드를 만나면 전체 목록(https://oreil.ly/QzrJY)을 참고하면 된다.

이번 절에서 유용한 개념은 헤더와 URL 매개변수다. 헤더는 서버로 보내는 HTTP 요청이나 서버에서 보내는 응답에 추가된 메타데이터다. 일반적인 요청 헤더에는 인가authorization 정보가 있고, 일반적인 응답 헤더에는 서버가 반환하는 데이터 타입 정보가 포함된다. 이에 대해서는 다음 절에서 알아본다. URL 매개변수는 URL 끝에 붙어 있는 URL이 반환하기 바라는 것을 지정하는 키-값 쌍이다. 다음 절에서 이에 대한 예제를 살펴본다.

11.1.2 SDG API에서 데이터 받아오기

파이썬에서 API를 호출하는 가장 쉬운 방법은 Requests(https://oreil.ly/504r3) 라이브러리를 사용하는 것이다.

Requests는 다음 명령어로 설치할 수 있다.

```
$ pip install requests
```

이제 UN SDG API를 호출해 정보를 얻음으로써 Requests 라이브러리를 사용하는 방법을 알아본다.

먼저 사용하고 싶은 API 문서를 확인하는 것이 좋다. 이 문서의 많은 부분은 Swagger UI(https://oreil.ly/Nd48C)를 사용한 표준 포맷으로 작성됐다.

그림 11.1은 SDG 데이터베이스 API에 대한 API 문서 일부다.

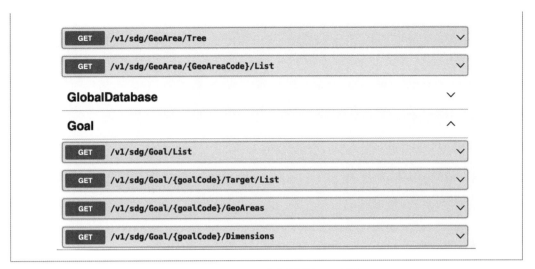

그림 11.1 UN SDG 데이터베이스 API 문서

문서를 보면 GET, POST 엔드포인트가 많다.

먼저 추가 정보가 필요 없는 GET 엔드포인트를 호출하는 방법을 알아본다. 엔드포인트 `v1/sdg/Goal/List`는 전반적인 데이터베이스에서 사용할 수 있는 지속가능한 개발 지표 전체에 대한 리스트를 반환한다.

Requests를 사용하면 이 API에 요청하는 데 코드 단 한 줄이면 된다.

```
import requests

response = requests.get("https://unstats.un.org/SDGAPI/v1/sdg/Goal/List")
```

이 요청이 성공했는지 여부를 확인하려면 응답의 HTTP 상태 코드를 확인하면 된다.

```
>>> response.status_code
... 200
```

`200` 코드는 요청이 성공적으로 완료되어 데이터가 반환됐음을 보여준다.

반환된 데이터 포맷을 확인하려면 `.headers` 속성을 사용해 헤더에서 확인하면 된다.

```
>>> response.headers["content-type"]
... 'application/json; charset=utf-8'
```

application/json은 데이터가 JSON 포맷으로 반환된다는 뜻으로, .json() 메서드를 사용하면 다음처럼 API 응답에서 데이터를 가져올 수 있다.

```
>>> response.json()
... [{'code': '1',
      'title': 'End poverty in all its forms everywhere',
      ...
   }]
```

이 엔드포인트는 유엔 지속가능 개발 목표와 그 코드 전체 목록을 반환했다. JSON은 광범위하게 사용되는 데이터 교환 포맷이다. 파이썬 딕셔너리처럼 JSON은 키-값 쌍으로 데이터를 표현하며 사람이 읽을 수 있는 가벼운 방식으로 데이터를 구성하고 교환할 수 있는 방법을 제공한다.

이것과 같은 GET 요청은 매개변수나 입력 데이터가 필요 없기 때문에 API 요청 중 가장 간단한 유형이다. GET 엔드포인트도 입력에 따라 다른 응답을 반환하기 위해 일부 매개변수를 입력으로 받을 수 있고 이 매개변수는 URL 경로의 일부로 전달된다.

다음으로 경로 매개변수를 받는 GET 요청을 만드는 방법을 알아본다. 다시 SDG API를 사용해 SDG 중 하나의 세부 내역을 받아보겠다.

SDG API 문서는 https://unstats.un.org/sdgapi/v1/sdg/Goal/{goalCode}/Target/List에서 모든 목표에 관련된 특정 세부 목표의 전체 목록을 제공하는 GET 엔드포인트가 있음을 명시한다. 제5 목표는 '성평등 달성과 모든 여성과 여아의 권위 강화'이고 이 목표에 대한 정보를 얻고 싶으면 목표 코드 (5)를 URL의 {goalCode} 위치에 삽입하면 된다. 이 문서는 목표와 지표의 전체 상세 정보를 얻을 수 있는 선택적 매개변수 includeChildren이 있다는 것도 명시하고 있다. 이 매개변수는 URL 끝에 ? 다음에 위치한다. 명확한 이해를 돕기 위해 그림 11.2에 각 부분을 주석으로 표시해두었다.

그림 11.2 **설명이 추가된 API URL**

이 모든 것을 고려하면 이 API에 대한 요청은 다음과 같은 형식을 띤다.

```
response = requests.get("https://unstats.un.org/sdgapi/v1/sdg/Goal/5/Target/\
List?includechildren=true")
```

응답은 이 목표에 대한 측정 가능한 세부 목표와 통계 지표의 세부 내역을 제공한다.

```
>>> response.json()
... [{...
    'targets': [{'goal': None,
    'code': '5.1',
    'title': 'End all forms of discrimination against all women and girls \
    everywhere'
    ...}]
    }]
```

API에 POST 요청하는 방법에 대해서는 11.2.3절에서 다룬다.

11.2 FastAPI를 사용해 API 생성하기

이번 절에서는 세바스티안 라미레스Sebastián Ramírez가 개발한 API 엔드포인트 작성 프레임워크인 FastAPI(https://oreil.ly/krmvR)를 사용해 자신만의 API를 생성하는 방법을 알아본다. FastAPI는 2018년 처음 출시되었으며 사용하기 쉽고 다른 최신 파이썬 도구들과 잘 작동해서 빠른 속도로 확산됐다. 또한 자동 문서화 같은 유용한 기능들을 많이 갖추고 있으며 널리 사용되는 API 표준인 OpenAPI(https://oreil.ly/IpLZg) 사양을 준수한다. 다음 절에서는 FastAPI로 기본 API를 설정하는 방법과 GET, POST 엔드포인트를 추가하는 방법을 알아본다.

이 외의 API 프레임워크

Flask(https://flask.palletsprojects.com/)는 또 다른 매우 인기 있는 API 프레임워크다. FastAPI보다 오래된 프레임워크이며 사용하기 좀 더 복잡하지만 꽤 비슷하다. 이 절을 읽고 나면 Fast API에서 사용되는 개념을 그에 대응하는 Flask 명령어로 변환하는 것이 쉽다는 것을 알게 될 것이다.

Django(https://oreil.ly/ieXC0)는 웹 개발자들이 널리 사용하는 인기 있는 프레임워크다. 웹사이트 개발을 위한 기능이 많지만 개인적인 의견으로는 데이터 과학 애플리케이션에서 사용하기에는 너무 과하다.

11.2.1 API 구성

먼저 다음 명령어를 사용해 FastAPI를 설치해야 한다.

```
$ pip install fastapi
```

엔드포인트를 서비스하려면 추가 모듈도 설치해야 한다. 여기에는 몇 가지 옵션이 있는데 FastAPI 문서에서 권장하는 대로 여기서는 Uvicorn(https://www.uvicorn.org/)을 사용한다. Uvicorn은 로컬 컴퓨터나 다른 곳에 배포된 컴퓨터에 접근 가능한 엔드포인트를 만들어주는 웹서버다.

Uvicorn은 다음 명령어를 사용해 설치할 수 있다.

```
$ pip install 'uvicorn[standard]'
```

다음 단계로 FastAPI 객체를 생성한다. 이는 어떤 엔드포인트도 없는 비어 있는 앱이며 엔드포인트를 추가하기 전에 앱을 초기화해야 한다. FastAPI 객체는 다음과 같이 생성할 수 있다.

```
from fastapi import FastAPI

app = FastAPI()
```

다음으로 매우 간단한 엔드포인트를 추가한다. 다음은 문자열 "Hi"와 "There"를 포함한 JSON 객체를 반환하는 GET 엔드포인트다. FastAPI가 JSON으로 변환을 처리하기 때문에 함수에서는 다음처럼 파이썬 딕셔너리를 반환하도록 작성하면 된다.

```
@app.get("/say_hi/")
def say_hi():
    return {"Hi": "There"}
```

@app.get 데코레이터는 이 함수가 앱에 추가되어야 할 GET 엔드포인트임을 명시한다. 데코레이터의 인수는 경로 이름을 지정한다.

이제 이것을 호출할 수 있게 API로 서비스를 시작한다. 다음 명령어를 사용해 시작하면 된다.

```
$ uvicorn chapter_11_api:app
```

API가 포함된 파일명은 chapter_11_api.py이다.

모든 것이 제대로 작동한다면, 다음과 같은 출력 정보를 보게 될 것이다.

```
INFO:      Started server process [60003]
INFO:      Waiting for application startup.
INFO:      Application startup complete.
INFO:      Uvicorn running on http://127.0.0.1:8000 (Press CTRL+C to quit)
```

이는 API가 로컬 컴퓨터에서 실행 중이라는 의미다.

Requests 라이브러리를 사용해 API를 호출하는 방법에 대해 11.2.3절에서 보여주겠지만 웹 브라우저에서 API가 제대로 작동하는지 빠르게 확인할 수도 있다. 그림 11.3에서 보듯이 브라우저에서 http://127.0.0.1:8000/say_hi/를 탐색하면 다음 결과를 얻는다.

그림 11.3 **브라우저에서 API 엔드포인트**

터미널에서도 다음과 같이 GET 엔드포인트가 호출됐고 모든 것이 정상적으로 작동했음을 보여주는 출력 정보를 볼 수 있다.

```
INFO:      127.0.0.1:56716 - "GET /say_hi/ HTTP/1.1" 200 OK
```

다음으로 경로 매개변수를 포함한 다른 엔드포인트를 추가할 수 있다. 이번에는 함수가 인수 이름을 받는데, 여기에는 데코레이터 인수의 API 경로를 위한 문자열이 포함되어 있다.

```
@app.get("/say_hello/{name}")
def say_hello(name):
    return {"Hello": name}
```

다음처럼 이 함수에 타입 주석을 추가하는 것을 고려해볼 수도 있다.

```
@app.get("/say_hello/{name}")
def say_hello(name: str) -> str:
    return {"Hello": name}
```

여기서 타입 주석은 여러 이점이 있다. 6.3절에서 설명한 대로 보편적인 오류를 피하기 위해 타입 검사 도구를 사용할 수 있고 입력 데이터를 검증할 수 있다. 예상되는 입력 및 반환 타입은 아래에서 설명할 문서에도 포함될 것이다.

앱을 재시작한 다음 http://127.0.0.1:8000/say_hello/Dave 주소를 입력하면 그림 11.4와 같이 출력되는 것을 볼 수 있다.

그림 11.4 경로 매개변수가 있는 API 엔드포인트

Dave 대신 인사를 건네고 싶은 사람의 이름으로 교체할 수 있다.

FastAPI의 매우 유용한 기능으로는 Swagger UI(https://oreil.ly/K7IE5)를 사용해 자동으로 문서를 생성한다는 것이다. API가 로컬에서 실행 중이라면 http://127.0.0.1:8000/docs#/에서 문서를 볼 수 있다.

문서는 그림 11.5와 같을 것이다.

그림 11.5 **자동 생성된 API 문서**

API 생성하는 일이 끝났다면 Ctrl+C 단축키를 사용해 종료할 수 있다.

11.2.2 API에 기능 추가하기

이번 절에서는 이 책의 여러 곳에서 봤던 `fit_trendline` 함수를 API에 추가하는 좀 더 복잡한 방법을 알아본다. 두 개의 엔드포인트를 만드는 방법인데, 첫째로 경로 매개변수로 국가명을 받고 해당 국가의 의회에 여성 비율의 추세를 나타내는 기울기와 R^2 값을 반환하는 GET 엔드포인트다. 이 엔드포인트는 이번 장 앞에서 봤던 유엔 지속가능 개발 목표의 제5 목표 데이터를 사용한다. 두 번째로 JSON 파일로 데이터와 타임스탬프를 받아서 해당 데이터의 추세를 나타내는 기울기와 R^2 값을 반환하는 POST 엔드포인트다.

예제 11-1은 이 두 엔드포인트를 위해 실제 연산을 수행하는 함수 전체를 포함하고 있다. 몇 가지 이유로 프로젝트를 위한 로직을 포함한 코드를 API 코드와 별도로 보관하는 것이 좋다. 첫째로, 사용 중인 API 프레임워크를 예를 들어, FastAPI에서 Flask로 쉽게 변경할 수 있다. 둘째로, 코드의 이 부분을 개별적으로 테스트할 수 있다. 셋째로, 8.2절에서 언급했듯이 다른 목적을 수행하는 코드는 분리하는 것이 좋다.

예제 11-1 chapter_11_functions.py

```python
import pandas as pd
from scipy.stats import linregress

def fit_trendline(year_timestamps, data):
    result = linregress(year_timestamps, data)
    slope = round(result.slope, 3)
    r_squared = round(result.rvalue**2, 3)
    return slope, r_squared

def process_sdg_data(input_excel_file, columns_to_drop):
    df = pd.read_excel(input_excel_file)
    df = df.drop(columns_to_drop, axis=1)
    df = df.set_index("GeoAreaName").transpose()
    return df

def country_trendline(country_name):
    df = process_sdg_data(
        "../data/SG_GEN_PARL.xlsx",
        [
            "Goal",
            "Target",
            "Indicator",
            "SeriesCode",
            "SeriesDescription",
            "GeoAreaCode",
            "Reporting Type",
            "Sex",
            "Units",
        ],
    )
    timestamps = [int(i) for i in df.index.tolist()]
    country_data = df[country_name].tolist()
    slope, r_squared = fit_trendline(timestamps, country_data)
    return slope, r_squared
```

앞 절에서 봤듯이 API를 초기화한다.

```
from fastapi import FastAPI

app = FastAPI()
```

다음 단계로 엔드포인트를 추가한다.

❶ GET 엔드포인트 추가하기

예제 11-1의 country_trendline 함수를 사용하는 GET 엔드포인트를 추가한다.

```
@app.get("/country_trendline/{country}")
def calculate_country_trendline(country: str):
    slope, r_squared = country_trendline(country)
    return {"slope": slope, "r_squared": r_squared}
```

Uvicorn을 사용해 API를 실행할 수 있다.

```
$ uvicorn chapter_11_api:app
```

그런 다음 인도의 추세를 알고 싶으면 브라우저에 http://127.0.0.1:8000/country_trendline/India를 입력하면 그림 11.6과 같은 결과를 볼 수 있다.

그림 11.6 **국가 추세선 GET 엔드포인트**

만약 이 결과를 다른 코드에서 사용하고자 한다면 브라우저에서 결과를 보는 것은 그다지 유용하지 않다. 따라서 11.2.3절에서 requests를 사용해 이 엔드포인트를 호출하는 방법을 알아본다.

❷ POST 엔드포인트 추가하기

다음으로 예제 11-1의 fit_trendline 함수를 사용하는 POST 엔드포인트를 추가하는 방법을 알아본다. 여기에는 7장에서 소개한 Pydantic을 사용해 이 함수의 입력 데이터를 검증하는 단계가 추가됐다.

```
from pydantic import BaseModel
from typing import List

class TrendlineInput(BaseModel):
    timestamps: List[int]
    data: List[float]
```

여기에서는 `timestamps`의 값이 정수 리스트인지, `data` 값이 부동소수점 리스트인지 검증한다. 엔드포인트 함수에서 이 클래스를 사용한다.

다음 함수는 FastAPI 앱에 POST 엔드포인트를 추가한다.

```
@app.post("/fit_trendline/")
def calculate_trendline(trendline_input: TrendlineInput):
    slope, r_squared = fit_trendline(trendline_input.timestamps,
                                     trendline_input.data)
    return {"slope": slope, "r_squared": r_squared}
```

이 함수는 입력으로 JSON 포맷의 데이터를 받는다. 다음 절에서 이 엔드포인트를 어떻게 호출하는지 알아본다.

`@app` 데코레이터 인수에 요약(summary)과 설명(description)을 추가해 API 문서를 매우 쉽게 개선할 수도 있다.

```
@app.post("/fit_trendline/",
          summary="Fit a trendline to any data",
          description="Provide a list of integer timestamps and a list of floats")
def calculate_trendline(trendline_input: TrendlineInput):
    slope, r_squared = fit_trendline(trendline_input.timestamps,
                                     trendline_input.data)
    return {"slope": slope, "r_squared": r_squared}
```

API를 재시작하면 그림 11.7처럼 요약 정보와 설명이 문서에 포함된 것을 볼 수 있다.

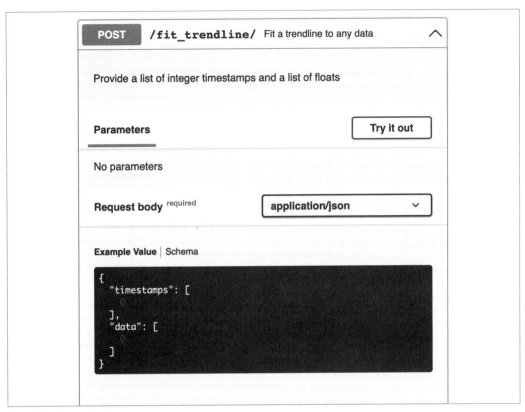

그림 11.7 **설명을 포함한 자동 생성된 API 문서**

지금까지 API의 매우 간단한 예제를 살펴봤다. 여기 코드에 꼭 추가하고 싶은 것 중 하나는 5장에서 설명한 대로 오류를 처리하는 것이다.

11.2.3 API에 요청하기

API를 생성하고 실행 중이면 11.1절에서 설명한 것과 같은 방식으로 Requests 라이브러리를 사용해 이 API를 호출할 수 있다. FastAPI가 이미 HTTP 코드를 설정해두었기 때문에 직접 설정할 필요가 없다.

다음 명령어를 사용하면 특정 국가에 대한 추세선 통계를 얻기 위해 GET 엔드포인트를 호출할 수 있다.

```
import requests

response = requests.get("http://127.0.0.1:8000/country_trendline/India")
```

그런 다음 모든 것이 제대로 작동했는지 확인하기 위해 HTTP 상태 코드를 점검할 수 있다.

```
>>> response.status_code
... 200
```

다음으로 FastAPI에 의해 JSON 포맷으로 제공되는 응답을 검사할 수 있다.

```
>>> response.json()
... {'slope': 0.292, 'r_squared': 0.869}
```

이 응답 객체를 코드에서 사용할 수도 있다.

이전 절에서 설명했던 POST 엔드포인트는 JSON을 입력으로 받는다. 입력 데이터를 다음과 같이 구조화할 수 있다.

```
url = "http://127.0.0.1:8000/fit_trendline/"

json_data = {"timestamps": [2000, 2001, 2002],
             "data": [0.5, 0.6, 0.7]}
```

그런 다음 이 입력을 사용해 POST 요청을 할 수 있다.

```
response = requests.post(url=url, json=json_data)
```

엔드포인트 코드는 `fit_trendline` 함수를 호출한 다음 이 함수의 결과를 받아서 JSON으로 구조화한다. 그런 다음 응답을 JSON 객체로 반환한다.

```
>>> response.json()
... {'slope': 0.292, 'r_squared': 0.869}
```

모든 POST 엔드포인트는 데이터를 입력으로 받지만 이 입력은 다양한 포맷을 가질 수 있다. API 문서를 확인해 각 엔드포인트가 어떤 포맷을 받는지 알아야 한다.

이번 장에서는 다른 사람들이 여러분이 작성한 코드를 호출할 수 있도록 API를 작성해볼 수 있도록 API에 대해 매우 간단히 소개했다. 인가, 웹페이지의 입력 폼 처리, 데이터 베이스 연결 등 웹 애플리케이션을 개발하는 사람들이 보편적으로 사용하는 더 많은 기능이 있다. 이러한 주제에 대해 더 많이 배우고 싶다면 FastAPI 문서(https://oreil.ly/dxZrd)에서 시작하는 것이 좋다.

11.3 요약

API는 소프트웨어 애플리케이션이 클라이언트/서버 아키텍처 방식으로 서로 연결할 수 있도록 해주는 표준 기법이다. 데이터 과학자로서 여러분은 다른 사람들이 여러분이 개발한 기능을 사용할 수 있게 API를 빌드할 수도 있고 데이터를 얻거나 연산하기 위해 기존의 API를 호출할 수 있다.

RESTful API는 가장 많이 접할 유형의 API로 GET, POST를 포함한 표준 엔드포인트를 갖추고 있다. 각 API는 수많은 엔드포인트를 가질 수 있다. API에 요청하면 그 요청이 성공했는지를 알려주는 상태 코드를 포함한 응답을 얻게 된다. 그리고 요청이 성공적이었다면 응답에는 API가 제공하는 데이터도 포함된다.

Requests 라이브러리를 사용하면, 여러분이 개발했거나 다른 사람이 개발했는지 여부와 상관없이 공용 인터넷이나 회사 내부 시스템에서 제공하는 API를 호출할 수 있다. API로부터 응답을 받으면 `requests` 객체에서 데이터와 상태 코드를 쉽게 얻을 수 있다.

FastAPI는 자신만의 API를 빌드하는 데 있어 훌륭한 선택이다. 또한 API를 실행하기 위해 Uvicorn 같은 웹서버 라이브러리가 필요하다. FastAPI(또는 Flask 같은 다른 프레임워크)는 여러분이 개발한 함수를 다른 사람들이 사용할 수 있도록 해주는 코드 래퍼로 생각할 수 있다. 이는 코드의 기능을 표준화된 포맷으로 공유할 수 있는 훌륭한 방법이다.

다음 장에서는 클라우드 환경에서 API를 배포하는 방법에 대해 살펴본다.

12

자동화 및 배포

소프트웨어 엔지니어는 지루하고 반복적인 작업을 자동화하기를 좋아한다. 자동화는 데이터 과학자로서 자신이 작성한 코드에 배워서 적용할 수 있는 기술이다. 이번 장에서는 린팅과 테스트같이 코딩 워크플로상 몇 단계를 자동화하기 위해 사용할 수 있는 몇 가지 도구를 알아본다. 또한 운영 시스템에 코드를 배포하는 절차에 대해서도 살펴본다. 배포를 본인 팀에서 처리하지 않더라도 그 프로세스가 작동하는 기본 사항을 알아두는 것이 유용할 것이다.

처음에는 자동화와 배포를 위한 도구가 복잡해 보이고 약간 압도하는 느낌을 줄 수 있다. 이를 위한 도구들은 많지만 모두 각자만의 용어가 있다. 그렇지만 대체로 초기 설정만 복잡할 뿐이다. 이러한 도구를 설정하고 나면 사용자가 아무런 조치를 하지 않아도 실행된다.

코딩 절차를 자동화하면 코드가 표준화되고 재현 가능하도록 할 수 있다. 코드를 운영 시스템에 배포하기 전에 혹은 버전 관리에 커밋하기 전에도 항상 린팅, 포매팅, 테스트를 거치도록 할 수 있다. 또한 항상 동일한 설정으로 동일한 린터를 사용하도록 하여 세부사항을 표준화할 수 있다. 자동화는 코드를 자주 배포할 때 더욱 유용해지고 시간을 많이 절약해줄 수 있다.

자동화는 여러분이 팀의 표준 절차를 따르도록 해주기도 한다. 테스트가 자동화되어 있다면 모든 사람이 테스트를 실행할 가능성이 높아지고 팀의 코드에서 실수도 더 적어질 것이다. 이로써 팀 내에 좋은 코드를 작성하는 문화가 정착하는 데 도움을 줄 수 있다.

이번 장에서는 먼저 코드를 배포하는 절차를 설명하고 몇 가지 일반 용어를 살펴본다. 다음으로 프리-커밋 훅pre-commit hook을 사용해 간단한 작업을 자동화하는 방법과 깃허브 액션을 사용해 테스트를 자동화하는 방법을 알아본다. 마지막으로 배포가 재현 가능하도록 도커 컨테이너를 사용하는 방법을 포함해 11장에서 봤던 API를 클라우드 플랫폼에 배포하는 방법을 살펴본다.

12.1 코드 배포

코드 배포는 소프트웨어 개발에서 보편적인 절차다. 코드를 배포한다는 것은 코드의 기능을 최종 사용자에게 서비스하거나 새 버전의 코드를 가동한다는 뜻이다. 더 구체적으로 말하면 이는 다른 코드가 호출할 수 있는 서버로 새 버전의 API를 배포하는 것을 의미할 수 있다. 또는 12.3절의 설명대로 클라우드에 API를 호스팅하거나, 마켓플레이스에 앱을 업데이트해 사용자가 디바이스에 새 버전을 설치할 수 있게 하는 것을 의미한다.

코드를 배포한다는 것은 작성한 코드가 만족할 만한 단계에 도달했다는 뜻이다. 반면에 소프트웨어 개발 단계에 있다는 것은 새로운 아이디어를 실험하고 끊임없이 변경 중이라는 뜻이다. 코드를 배포한다는 것은 새로운 기능을 코드에 추가하거나 버그를 수정했고, 일정 부분 코드가 '완성되어' 변경사항을 소프트웨어 최종 사용자에게 서비스하고 싶다는 의미다.

코드를 배포할 수 있는 여러 환경을 갖추는 것은 일반적인 관행이다. 예를 들어, 기업에는 운영 환경과 테스트 또는 스테이징 환경이 있을 수 있다. 코드를 운영에 배포하기 전에 먼저 테스트 환경에 배포할 수 있다. 테스트 환경은 운영 코드를 복제해두지만 고립된 '샌드박스' 환경이기 때문에 그 코드가 실제로 작동하는 제품에 영향을 미치지 않는다. 이는 코드가 소프트웨어 제품의 나머지 부분과 상호작용하는 곳에서 테스트되고 문제가 발생하지 않는다는 것이 확인된 다음 운영 환경에 배포된다는 것을 뜻한다.

배포와 관련된 약어 중 하나는 CI/CDcontinuous integration/continuous deployment or delivery다. 이는 배포 프로세스의 전체 파이프라인을 의미하며, 여기에는 테스트 실행, 보안성 검사, 컨테이너 생성 및 배포가 포함될 수 있다. 컨테이너는 12.3.1절에서 소개한다.

지속적 통합continuous integration

개발자가 코드베이스를 변경하고 버전 관리에 커밋하면 CI 서버는 프로젝트를 빌드하고 테스트를 실행하고 모든 것이 제대로 작동하는지 점검한다. 오류가 있다면 CI 시스템은 개발자에게 경고 메시지를 보냄으로써 수정할 수 있게 한다. 마리아타 위자야$_{Mariatta Wijaya}$의 강연(https://oreil.ly/DmvsP)에서 CI에 대해 훌륭하게 소개했다.

지속적 배포$_{continuous delivery}$

CI 파이프라인 실행이 끝나면 코드는 배포될 준비가 됐다. 모든 테스트를 통과했고 프로젝트는 빌드된 상태다. 그런 다음 마지막 단계로 수동으로 배포해야 한다. 이로써 누군가 배포 전 검토할 수 있다.

지속적 배포 자동화$_{continuous deployment}$

모든 테스트를 통과하면 코드가 자동으로 운영 환경에 배포된다.

CI/CD 시스템을 사용하려면 코드가 버전 관리되어야 하고, 완전한 테스트 세트를 갖춰야 하며, 전체 팀이 시스템 자동화에 동참해야 한다. CI/CD 시스템을 사용하면 수동으로 테스트를 실행하지 않고도 빠른 피드백을 받을 수 있고 대규모 코드베이스에서 개발 속도를 높일 수 있다. 그렇지만 이 시스템은 종종 구성하기 복잡하고 소규모 프로젝트에서는 그만한 가치를 발휘할 수 없을지도 모른다. 이 시스템은 대체로 별도의 DevOps 팀에서 관리한다. 인기 있는 도구로는 젠킨스(https://www.jenkins.io/), Travis CI(https://www.travis-ci.com/), 서클CI(https://circleci.com/), 깃허브 액션(12.2.2절에서 살펴본다) 등이 있다.

최근에 CI/CD 기법이 머신러닝 분야에서도 점점 인기를 얻고 있다. CI/CD는 코드 변경에만 작동되는 것이 아니라 모델 학습 데이터가 변경되거나 모델 성능이 저하될 때도 작동될 수 있다. 시스템은 선택된 트리거가 발생할 때 모델을 재학습시켜 재배포한다. 머신러닝에서의 CI/CD에 대해서는 하멜 후세인$_{Hamel Husain}$의 온라인 교육과정(https://oreil.ly/o7bM7)에서 더 자세히 배울 수 있다.

12.2 자동화 예제

이번 절에서는 코딩 워크플로에서 일반적인 작업 중 일부를 자동화하는 방법을 알아본다. 프리-커밋 훅과 블랙을 사용해 코드를 자동으로 포매팅하는 방법과 주피터 노트북을 깃허브 저장소에 배포하기 전에 데이터를 자동으로 삭제하는 방법을 살펴본다. 또한 깃허브 액션을 사용해 테스트를 자동으로 실행하는 방법도 알아본다.

12.2.1 프리-커밋 훅

프리-커밋 훅pre-commit hook은 이름에서도 알 수 있듯이 커밋하기 전마다 실행된다. 커밋처럼 어떤 깃 작동 전후로 실행될 스크립트인 깃 훅Git hook의 한 종류다. 프리-커밋 훅을 사용하면 버전 관리에 커밋하기 전에 문제를 식별할 수 있기 때문에 유용하다. 린팅, 포매팅처럼 자동화하기 쉬운 작업에서 특히 좋다. 린팅에 훅을 사용하면 잘못된 습관을 감지하여 품질이 낮은 코드가 코드베이스에 커밋되는 것을 방지할 수 있다.

이번 절에서는 프리-커밋 훅을 사용해 코드를 자동으로 포매팅하고, 파일에서 디버깅 문을 제거하고 주피터 노트북에서 데이터를 삭제하는 방법을 살펴본다. 프리-커밋 훅을 사용해 단위 테스트도 실행할 수 있다. 이는 소규모 프로젝트에 이로울 수 있다. 대규모 프로젝트에서는 모든 테스트를 실행하려면 시간이 오래 걸리기 때문에 대신 CI/CD 시스템을 사용하는 것이 바람직하다. 테스트를 자동으로 실행하는 방법에 대해서는 12.2.2절에서 살펴본다.

프리-커밋(https://pre-commit.com/)은 여러 프로그래밍 언어를 지원하는 프레임워크로 설정을 관리하기 위해 .yaml 파일을 사용한다. YAMLYAML Ain't Markup Language은 사람이 읽기 쉬운 마크업 스타일 언어로 다음 예시에서 볼 수 있듯이 주로 설정 파일에 사용된다. 프리-커밋을 사용하려면 10.1절에서 설명한 대로 깃을 사용해 코드 변경사항을 추적하고 있어야 한다.

다음 명령어를 사용해 프리-커밋을 설치할 수 있다.

```
$ pip install pre-commit
```

다음으로 사용하고 싶은 훅을 지정하는 YAML 설정 파일을 생성해야 한다. 이 파일의 이름은 .pre-commit-config.yaml이어야 한다.

다음은 커밋할 때마다 블랙 코드 포매터를 실행하는 훅을 포함하는 YAML 파일 예시다. 블랙 사용법은 6.1.3절에서 설명했다.

```
repos:
  - repo: https://github.com/psf/black-pre-commit-mirror
    rev: 23.10.1 ❶
    hooks:
      - id: black
        language_version: python3.10 ❷
```

❶ 다른 블랙 버전으로 대체해도 된다.

❷ 다른 최신 파이썬 버전으로 대체해도 된다.

다음으로 실행 전에 훅을 설치해야 한다.

```
$ pre-commit install
```

설치가 끝났으면 `git commit` 명령어를 실행할 때 훅이 실행될 것이다. 그러면 다음과 같은 메시지를 보게 될 것이다.

```
black...................................Failed
- hook id: black
- files were modified by this hook

reformatted se_for_ds/chapter_11_functions.py

All done!
1 file reformatted.
```

블랙이 파일을 변경했다면 프리-커밋은 `Failed` 메시지를 보낼 것이다. 그러면 그 파일을 추가해 다시 커밋해야 한다. 이로써 그 파일을 다시 커밋하기 전에 변경사항을 검토할 수 있는 기회가 생긴다.

 프리-커밋 훅은 자신만의 가상 환경에서 실행되므로 개발 업무에 지장을 주지 않는다. 이는 훅이 최초로 실행될 때는 프리-커밋이 새로운 가상 환경을 생성해야 하기 때문에 시간이 오래 걸릴 것이라는 뜻이다. 그렇지만 그 후에 실행될 때는 빠를 것이다.

커밋한 파일에 변경사항이 없다면 다음과 같은 메시지를 보게 될 것이다.

```
black....................................Passed
```

저장소의 모든 파일을 커밋하지 않고도 언제든지 훅을 실행할 수도 있다. 다음 명령어를 사용하면 된다.

```
$ pre-commit run --all-files
```

프리-커밋에는 미리 작성된 유용한 훅들이 있으며 이는 깃허브 저장소(https://github.com/pre-commit/pre-commit-hooks)에서 찾아볼 수 있다. 이 중 유용한 훅 중 하나는 5.3절에서 언급했던 pdb에서 디버그 문을 제거하는 것이다.

이러한 미리 작성된 훅은 다음과 같이 YAML 설정 파일에 추가할 수 있다.

```yaml
repos:
  - repo: https://github.com/psf/black-pre-commit-mirror
    rev: 23.10.1
    hooks:
      - id: black
        language_version: python3.10
  - repo: https://github.com/pre-commit/pre-commit-hooks
    rev: v2.3.0
    hooks:
      - id: debug-statements
```

`black` 훅과 `debug-statement` 훅은 코드를 커밋할 때마다 실행될 것이다.

훅에서 사용하는 라이브러리 버전을 업데이트하고 싶다면(예를 들어, 블랙을 최신 버전으로 업그레이드하는 등), 수동으로 변경할 수도 있고 다음 명령어를 사용해 모든 훅을 최신 버전으로 업데이트할 수도 있다.

```
$ pre-commit autoupdate
```

또는 각자만의 훅을 작성하고 싶을 수 있다. 다음으로 깃이 데이터를 추적하거나 원격 저장소에 데이터가 업로드되지 않도록 주피터 노트북에서 데이터를 삭제하는 훅을 작성하는 방법을 알아본다.

여기에서 보듯이 이 훅은 YAML 파일의 새로운 local 단락에 포함될 것이다.

```yaml
repos:
  - repo: local
    hooks:
      - id: remove-notebook-output
        name: Remove notebook output
        description: Strips out any output or data from Jupyter Notebook cells
        language: system ❶
        files: \.ipynb$ ❷
        entry: jupyter nbconvert --clear-output --inplace ❸
```

❶ `system` 언어 태그는 이 훅이 명령줄의 `entry` 태그에 포함된 내용은 모두 실행한다는 것을 의미한다. 여기에 `python`을 사용해 파이썬 스크립트를 실행할 수도 있다.

❷ 이 훅은 `.ipynb` 확장자를 갖는 모든 파일에 대해 실행될 것이다.

❸ 이것은 훅이 실행할 명령어다. 이 명령어는 주피터 노트북 셀의 출력을 삭제하고 파일을 저장할 것이다.

설치하고 나면 파일을 커밋할 때 이 훅이 실행될 것이고 다음 메시지를 보낼 것이다.

```
Remove notebook output........................................Failed
- hook id: remove-notebook-output
- files were modified by this hook

[NbConvertApp] Converting notebook se_for_ds/chapter_11.ipynb to notebook
[NbConvertApp] Writing 4113 bytes to se_for_ds/chapter_11.ipynb
```

노트북에서 데이터를 수동으로 삭제하는 것을 기억하는 것보다 이 훅을 사용하는 것이 훨씬 더 쉽다. 일반적으로 프리-커밋 훅은 자주 실행해야 할 소규모 작업들을 자동화해주는 가벼운 방식이다. 즉, 이를 더 자주 사용하게 될 것이라는 뜻이다.

12.2.2 깃허브 액션

깃허브 액션GitHub Actions(https://oreil.ly/ywKIQ)은 초보자가 시작하기 가장 쉬운 CI/CD 플랫폼 중 하나이며 이를 사용해 코딩 워크플로 중 많은 작업들을 자동화할 수 있다. 이것은 원격 저장소로의 푸시나 풀 리퀘스트 같은 깃허브 이벤트가 발생할 때마다 지정한 코드를 실행한다. 이번 절에서는 7.3.3절에서 설명했던 Pytest를 사용해 저장소의 테스트를 실행하는 깃허브 액션 워크플로 예시를 보여준다. 이 워크플로는 저장소의 메인 브랜치에 업데이트를 푸시할 때마다 자동으로 실행될 것이다.

 깃허브 액션을 사용하려면 결제 세부 정보를 제공하라는 메시지가 나온다. 무료 요금제가 있으므로 요구 사항이 무료 요금제만으로도 충분할 수 있지만 이를 초과하면 비용이 발생하기 시작할 것이다. 깃허브 액션 문서(https://oreil.ly/O8eAv)에 전체 세부 정보가 포함되어 있다.

깃허브 액션을 시작하려면 먼저 10.1절에서 설명한 대로, 깃을 사용해 변경사항을 추적하고 있어야 하고 깃허브에서 호스팅되고 있는 원격 저장소가 있어야 한다. 다음으로 `.github/` 폴더를 생성하고 그 하위에 `workflows/` 폴더를 생성한다.

프리-커밋 훅과 마찬가지로, 깃허브 액션 설정은 `.yaml` 파일에 저장된다. 이 파일을 `workflows/` 폴더에 생성한다.

이 YAML 파일에는 워크플로의 이름을 지정하고 워크플로의 트리거와 그 트리거의 결과로 발생해야 할 일을 지정한다. 이들은 다음에서 보듯이 YAML 파일의 `name`, `on`, `jobs` 단락에 지정된다.

```yaml
name: run-tests

on:
  push:
    branches: [ "main" ]

jobs:
```

`jobs` 단락에 있는 작업은 로컬 컴퓨터가 아니라 깃허브 서버에서 실행된다는 것을 알아두는 것이 중요하다. 이는 테스트 실행 시간이 오래 걸리는 경우 테스트가 실행되는 동안 다른 일을 할 수 있기 때문에 상당히 유용하다. 다른 환경에서 테스트가 실행되면 누락된 종속성을 식별해내기 좋다. 그렇지만 이 환경이 코드를 실행하기 위해 필요한 모든 것을 갖췄는지 보장하기 위해 몇 가지 설정이 필요하다.

다음으로 `jobs` 단락에 포함되어야 할 내용을 알아본다. 실행시키고자 하는 첫 번째 작업에 이름을 추가한 다음, 이 작업이 실행될 서버 유형을 선택하는 줄이 뒤따라온다.

```yaml
jobs:

  test:
    name: Run all tests for trendline code

    runs-on: ubuntu-latest
```

리눅스를 사용하는 것이 가장 일반적이지만 윈도우나 맥 서버도 가능하다.

다음으로 `steps` 단락에서 어떤 일이 발생하기를 원하는지 기술해야 한다. 이 작업은 깃허브 서버에서 실행될 것이기 때문에 첫 번째로 해야 할 일은 이 서버에 코드를 복사하는 것이다. `checkout`(https://oreil.ly/6JFbm)이라는 미리 작성된 액션을 사용하면 된다.

```
jobs:
  test:
    name: Run all tests for trendline code
    runs-on: ubuntu-latest

    steps:
      - uses: actions/checkout@v4
```

checkout은 미리 작성된 액션이므로 키워드로 uses를 사용한다.

다음으로 서버에서 파이썬이 필요하다. 파이썬이 이미 설치되어 있는 서버를 선택하는 미리 작성된 액션이 있다. 이 액션을 jobs 단락의 steps 하위 단락에 추가하면 된다.

```
steps:
    - uses: actions/checkout@v4

    - uses: actions/setup-python@v4
      with:
        python-version: '3.10'
```

이 액션에서 지원되는 파이썬 버전을 선택할 수 있다.

파이썬을 설정했으면 다음 단계로 프로젝트에 필요한 종속성을 설치한다. 이때 10.2절에서 설명한 대로 requirements.txt 파일을 사용하면 된다. 이 파일은 깃허브 저장소에 있어야 한다. run 키워드는 서버가 python -m pip install... 명령어를 실행할 것임을 뜻한다.

```
steps:
    - uses: actions/checkout@v4

    - uses: actions/setup-python@v4
      with:
        python-version: '3.10'

    - name: Install requirements
      run: python -m pip install -r requirements.txt
```

기본적으로 워크플로를 실행할 때마다 종속성이 설치되어야 한다. cache 액션(https://oreil.ly/tNaFN)을 사용해 이를 변경할 수 있으며 종속성을 설치하는 데 시간이 오래 걸린다면 상당히 유용하다.

마지막으로 Pytest를 사용해 실제로 테스트를 실행하는 명령어를 추가하면 된다.

```yaml
steps:
    - uses: actions/checkout@v4

    - uses: actions/setup-python@v4
      with:
        python-version: '3.10'

    - name: Install requirements
      run: python -m pip install -r requirements.txt

    - name: Run tests
      run: python -m pytest
```

다음은 모든 단락을 다 포함한 완성된 YAML 파일이다.

```yaml
name: run-tests

on:
  push:
    branches: main

jobs:
  test:
    name: Run all tests for trendline code
    runs-on: ubuntu-latest

    steps:
      - uses: actions/checkout@v4

      - uses: actions/setup-python@v4
        with:
          python-version: '3.10'

      - name: Install requirements
        run: python -m pip install -r requirements.txt

      - name: Run tests
        run: python -m pytest
```

이 파일을 원격 저장소에 푸시할 때 깃허브는 자동으로 이를 액션 워크플로로 인지할 것이다. 설정이 완료되고 제대로 작동하고 나면, 저장소의 메인 브랜치에 커밋을 푸시할 때마다 테스트가 실행된다.

저장소의 'Actions' 탭에서 그림 12.1처럼 깃허브의 액션 상태 정보를 확인할 수 있다.

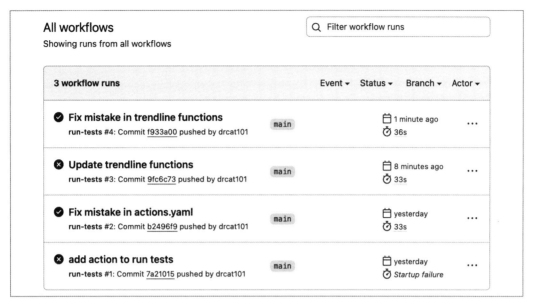

그림 12.1 깃허브 액션 인터페이스

테스트를 통과했으면 녹색 체크 표시(●)가 보일 것이고 테스트에 실패했으면 빨간색 엑스 표시(●)가 보일 것이다. 그림 12.2는 실패한 워크플로를 상세하게 보여준다.

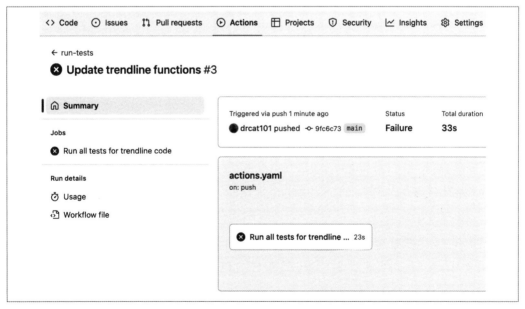

그림 12.2 깃허브 액션에서 실패한 테스트 실행

테스트 결과와 무엇이 잘못된 것인지 확인하기 위해 깃허브에서 로그를 점검할 수 있고 워크플로가 실패했음을 알려주는 이메일을 받아볼 수도 있다. 이는 특히 테스트 실행 시간이 오래 걸릴 때 유용한데, 코드를 커밋한 다음 테스트가 실행되는 동안 다른 일을 계속할 수 있기 때문이다.

이 워크플로에는 하나의 단계만 있지만 깃허브 액션으로 할 수 있는 일은 훨씬 많다. 이 예제를 확장하는 한 가지 방법으로, 다양한 파이썬 버전에서 코드가 정상적으로 작동하는지 점검하기 위해 각 파이썬 버전을 사용해 테스트를 실행해봐도 좋을 것이다. 더 자세한 내용은 깃허브 액션 문서(https://oreil.ly/sV2ip)에 나와 있다.

코드 테스트가 끝났으면 다음 단계로 코드를 배포하는 일로 넘어가자.

12.3 클라우드 배포

이번 절에서는 11장에서 설명했던 추세선 API를 배포하는 간단한 방법을 살펴본다. 코드는 11.2.2절에서 확인할 수 있다. API가 항상 작동하고 있어서 사용자가 언제라도 접근할 수 있도록 하기 위해 API를 배포할 수 있다. 수동으로 어떤 명령어를 입력하지 않더라도 API를 작동시키고 문제가 발생한 다음에는 자동으로 재시작하는 것이 이상적일 것이다. 이를 위해 도커 컨테이너를 사용하면 된다. 다음 절에서 살펴본다.

API 코드를 실행할 수 있는 일종의 호스트 컴퓨터도 필요하다. AWS(https://aws.amazon.com/), 마이크로소프트 애저Microsoft Azure(https://azure.microsoft.com/), 구글 클라우드Google Cloud(https://cloud.google.com/) 같은 클라우드 서비스 제공자는 전통적인 서버 대신에 코드를 호스팅하고 실행하는 장소로 최근 들어 각광받고 있다. 이들은 코드가 얼마나 많이 사용되는지에 기반해 컴퓨팅 자원을 필요에 따라 늘리거나 줄이는 것이 가능하다.

이번 절에서 설명할 주요 단계는 모든 클라우드 공급자에서 통용되는 내용이다. 개요는 다음과 같다.

1. API 코드와 그 코드가 의존하는 라이브러리 세부사항을 포함하고 있는 로컬 컴퓨터에 도커 컨테이너를 생성한다.
2. 이 컨테이너를 선택한 클라우드 프로파일러 시스템의 컨테이너 레지스트리에 업로드한다. 컨테이너 레지스트리는 다수의 컨테이너를 포함할 수 있다.

3. 클라우드 공급자에게 선택한 컨테이너를 실행하도록 지시한다. 이로써 컨테이너의 API 코드를 공개하여 사용자들이 접속할 수 있도록 한다. 컨테이너(와 함께 코드)는 클라우드 공급자의 서버에서 실행된다.

코드를 배포하는 방법에는 여러 가지가 있다. 컨테이너를 사용하지 않고 코드를 배포할 수 있지만 여기서는 코드가 재현 가능하다는 것을 보장할 수 있는 상대적으로 쉬운 방법인 컨테이너를 사용하는 방법에 대해 살펴본다.

12.3.1 컨테이너와 도커

컨테이너는 API나 다른 애플리케이션을 실행시키는 독립된 공간이다. 컨테이너에서 코드를 실행시킨다는 것은 코드가 의존하고 있는 라이브러리를 포함한 전체 환경이 재현 가능함을 뜻한다. 대규모 호스트에서 실행되는 소규모 리눅스 시스템이라고 생각하면 된다. 여기서는 정확한 버전의 파이썬과 코드가 의존하는 라이브러리를 설치하고 코드도 실행할 수 있다. 컨테이너를 사용하면 코드를 확장하기 위한 많은 옵션도 제공하지만 이 책에서 거기까지 다루지는 않는다.

도커Docker(https://www.docker.com/)는 컨테이너를 구성하고 관리하기 위한 시스템이다. 도커 컨테이너Docker container는 이미지에 기반하며, 이미지는 컨테이너를 구성하는 데 필요한 지침을 제공한다. 도커 이미지는 도커파일Dockerfile이라는 텍스트 파일에 정의되며 이 파일에는 컨테이너에 필요한 모든 것을 설치하고 구성하기 위한 명령어가 포함되어 있다. 그런 다음 컨테이너 인스턴스를 로컬에서 실행하거나 다른 곳에 배포할 수 있다.

도커파일은 출발점으로 주로 사전에 구성된 이미지를 사용한다. 다음 절에서는 시작점으로 공식 파이썬 이미지를 사용하는 방법을 알아본다. 이 외에도 FastAPI, 텐서플로, 파이토치 등 유명한 프레임워크를 위해 사전에 구성된 이미지들이 많다. 이 이미지들을 각자 도커 이미지의 기초로 사용할 수 있다.

12.3.2 도커 컨테이너 구축

도커 웹사이트(https://oreil.ly/1DCo7)에서 도커를 다운로드하고 설치하는 것으로 시작할 수 있다.

다음으로 도커 데스크톱 애플리케이션을 연다. 이 애플리케이션이 실행되면 명령줄을 통해 도커를 사용할 수 있다. 도커 설치가 정상적으로 작동하는지 다음 명령어로 테스트해볼 수 있다.

```
$ docker run hello-world
```

도커파일이 포함된 폴더(또는 그 안의 하위 폴더)에 API 코드를 포함한 파일을 넣어두어야 한다. 이 폴더에는 10.2절에서 설명한 대로 프로젝트에 필요한 종속성을 지정한 `requirements.txt` 파일도 포함되어야 한다.

이것은 도커 컨테이너를 구성하기 위해 사용할 수 있는 폴더 내 파일 목록이다.

```
├── main.py
├── chapter_11_functions.py
├── Dockerfile
├── requirements.txt
```

여기에는 11장의 함수가 `main.py`와 `chapter_11_functions.py`에 포함되어 있다.

다음은 이 API의 컨테이너를 위한 도커파일의 예시다.

```
FROM python:3.10 ❶

COPY requirements.txt . ❷

RUN pip install --upgrade -r requirements.txt ❸

COPY . . ❹

CMD ["uvicorn", "main:app", "--host", "0.0.0.0", "--port", "8000"] ❺
```

❶ `FROM` 키워드는 이 이미지가 다른 기존 이미지에 기반함을 뜻한다. 이 경우, 새로운 이미지는 공식 파이썬 3.10 이미지에 기반한다.

❷ `COPY` 키워드를 사용해 `requirements.txt` 파일만 새로운 이미지에 복사한다.

❸ `RUN` 키워드를 사용해 이미지 구성 절차 동안 bash 명령어를 실행한다. 이 경우, `pip`를 사용해 `requirements.txt` 파일에 지정된 라이브러리를 설치한다.

❹ `COPY` 키워드를 사용해 `build` 명령어가 실행되는 폴더의 모든 파일을 이미지로 복사한다. 파이썬 라이브러리를 설치한 다음 모든 파일을 복사하면 이미지를 구성하는 절차의 속도가 빨라진다.

❺ `CMD` 키워드는 컨테이너가 실행될 때 실행되는 명령어라는 의미다. 이 경우, 그 명령어는 11.2.2절에서 설명한 Uvicorn을 사용해 API를 시작한다.

도커파일은 컨테이너를 구성하기 위한 청사진으로 생각하면 된다. 도커파일은 컨테이너 환경의 사양을 설정하며 이를 통해 새로운 컨테이너 인스턴스를 실행할 때마다 동일한 환경이 생성되도록 보장한다.

도커파일을 통해 이미지를 빌드한 다음, 이미지를 사용해 컨테이너 인스턴스를 실행할 수 있다. 도커파일이 포함된 폴더에서 다음 명령어를 실행하여 이미지를 빌드할 수 있다.

```
$ docker build -t trendline_image .
```

도커는 현재 폴더(.)를 인수로 전달했기 때문에 명령어를 실행한 폴더에 있는 파일을 사용할 것이다.

그런 다음, 다음 명령어를 사용해 로컬에서 컨테이너를 생성해 이미지를 테스트할 수 있다.

```
$ docker run -d --name trendline_container -p 8000:8000 trendline_image
```

그러면 API는 로컬에서 실행된다. 11.2.2절에서 보여줬던 것과 동일한 응답을 볼 수 있지만, 이번에는 API가 컨테이너에서 실행되고 있다. 여전히 http://127.0.0.1:8000/country_trendline/India에서 API가 작동하는 것을 확인할 수 있고 http://127.0.0.1/docs에서 문서를 볼 수 있다. 컨테이너를 실행할 때는 이미지를 템플릿으로 사용하여 독립적인 인스턴스로 컨테이너를 시작하는데, 각 인스턴스에는 자신의 실행 시간 상태와 데이터가 있다.

완료되었으면 다음 명령어로 컨테이너를 중지한다.

```
$ docker stop trendline_container
```

컨테이너를 구성하는 절차를 진행하기 전에 코드를 테스트하는 것이 좋다. 컨테이너를 구성하고 실행하는 것은 시간이 많이 걸리며, 컨테이너를 구성하고 배포한 후에 간단한 오류가 있다는 것을 발견하면 매우 답답할 수 있다. 또한 오류 메시지에 쉽게 접근할 수 없기 때문에 로깅 설루션을 설정하는 것도 좋은 방법이다. 도커는 기본적인 로깅 설정을 제공하고 있다(https://oreil.ly/9nEdF).

로컬에서 컨테이너를 성공적으로 테스트했다면 다음 단계는 컨테이너를 배포하는 것이다. 다음 절에서는 클라우드 플랫폼으로 배포하는 방법을 살펴본다.

12.3.3 구글 클라우드에 API 배포하기

이번 절에서는 이전 절에서 생성했던 컨테이너에서 API를 구글 클라우드로 배포하는 방법에 대해 매우 간략하게 살펴본다. 여기서 이에 대해 자세히 다루지 않을 텐데, 서비스는 변할 수 있고 자세한 정보는 공식 문서(https://oreil.ly/7LTJJ)를 참조하는 것이 가장 좋기 때문이다. 여기서 설명하는 절차는 개인적인 연구를 위해서는 좋지만, 고객 데이터로 이 방법을 사용하려면 회사 보안 정책에 대해 더 알아봐야 할 것이다.

컨테이너를 구글 클라우드에 배포하는 주요 단계는 다음과 같다.

1. 구글 클라우드에 새 프로젝트(https://cloud.google.com/resource-manager/docs/creating-managing-projects?hl=ko)를 생성하고 구글 클라우드의 명령줄 도구(https://cloud.google.com/sdk/docs/install?hl=ko)를 설치한다.

2. 구글 클라우드의 아티팩트 레지스트리Artifact Registry(https://cloud.google.com/artifact-registry?hl=ko)에 도커 이미지를 업로드한다. 이 서비스는 컨테이너 이미지를 저장하지만 실제로 이미지를 실행하지는 않는다.

3. 구글 클라우드는 클라우드 런Cloud Run(https://cloud.google.com/run?hl=ko)이라는 컨테이너 실행 서비스를 제공한다. 아티팩트 레지스트리에서 이 서비스로 컨테이너를 배포할 수 있다.

4. 컨테이너가 배포되면 API는 URL을 받고 그런 다음 어디서든 그 API를 호출할 수 있다.

그림 12.3에서 보여주듯이 클라우드 런에서 API가 정상적으로 실행 중이면 로그에서 다음과 같은 메시지를 보게 될 것이다.

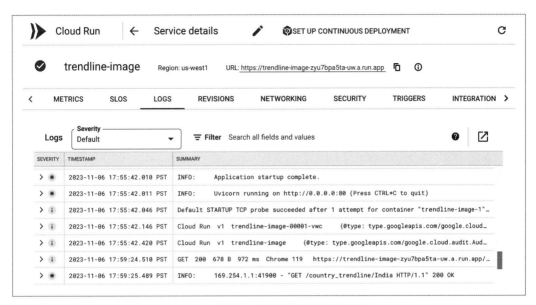

그림 12.3 **추세선 API를 위한 클라우드 런 로그**

마지막 줄에서 `200 OK` 메시지를 볼 수 있다. 11.1절에서 설명한 대로 이는 모든 것이 잘 작동하고 있다는 뜻이다.

구글 클라우드가 할당한 URL을 통해서 API의 결과를 볼 수 있다(그림 12.4).

```
{
  "slope": 0.292,
  "r_squared": 0.869
}
```

그림 12.4 **구글 클라우드에서 실행 중인 API 호출**

코드는 이제 구글 클라우드 서버에서 실행 중이며 사용자의 요청에 응할 준비가 됐다.

클라우드 공급자에서 서비스를 실행하는 것은 비용이 발생한다. 가입할 때 무료 크레딧을 받거나 '무료 요금제'를 유지할 수 있지만, 요금이 특정 금액에 도달할 때 경고 메시지를 보내도록 설정해두는 것이 좋다. 또한 사용하지 않을 때는 자원을 중지하거나 제거하는 것을 잊지 말자.

12.3.4 다른 클라우드에 API 배포하기

그 밖의 주요 클라우드 공급자로 AWS(https://aws.amazon.com/free/)와 마이크로소프트 애저 (https://azure.microsoft.com/)가 있다. 이 두 클라우드에 컨테이너를 배포하는 절차는 구글 클라우드에 배포하는 것과 매우 유사하다.

두 공급자에 대해서는 다음 단계를 따라야 할 것이다.

1. 계정을 생성하고 명령줄 도구를 설치한다.
2. 도커 컨테이너를 온라인 레지스트리에 업로드한다. 마이크로소프트 애저의 경우 애저 컨테이너 레지스트리(https://oreil.ly/AJDuT)를 사용하고 AWS의 경우 엘라스틱 컨테이너 레지스트리 (https://oreil.ly/--Moo)를 사용한다.
3. 컨테이너 레지스트리에서 컨테이너 실행 서비스로 도커 컨테이너의 인스턴스를 배포한다. 마이크로소프트 애저의 경우 애저 앱 서비스_{Azure App Service}(https://oreil.ly/ipwqu)를 사용하고, AWS의 경우 엘라스틱 컨테이너 서비스_{Elastic Container Service}(https://oreil.ly/y1HHx)를 사용하면 된다.

이 모든 클라우드 공급자는 API를 호스팅하고 인터넷상에서 어디서든 접근할 수 있게 해준다. 회사에서 이 공급자 중 하나를 사용하면 약간 더 복잡한 절차를 따라야 하겠지만 여기서는 주요 단계에 대해 개요를 살펴보았다.

12.4 요약

워크플로의 공통된 작업을 자동화하는 일은 설정하는 데 다소 시간이 걸리겠지만 시간을 절약하는 데 있어 굉장히 좋은 방법이다. 코드를 포매팅하고 테스트하는 것과 같은 절차를 자동화하면 코드가 읽기 쉽고 재현 가능함을 보장한다. 이는 특히 코드를 운영 시스템에 자주 배포할 때 도움이 되는데 시간이 절약될 뿐 아니라 코드의 버그를 줄여주기 때문이다.

코드를 배포한다는 것은 최종 사용자에게 제품을 서비스한다는 뜻이다. 코드를 배포하기 위해 완전히 별도로 구성된 환경을 갖추는 것이 일반적이다. 그런 다음 코드를 버전 관리에 커밋하면 코드를 테스트하고 빌드하는 워크플로가 작동한다. 이 과정이 완료되면 코드는 배포될 준비가 됐고 또는 자동으로 배포될 수도 있다. 이 절차를 지속적인 통합/지속적인 배포_{CI/CD}라고 한다.

프리-커밋 훅은 포매팅과 린팅처럼 자주 수행하는 소규모 작업을 자동화해주는 가벼운 방법이다.

이것은 코드가 버전 관리에 커밋될 때마다 실행된다. 깃허브 액션은 원격 저장소에 커밋을 전송할 때마다 테스트를 실행하기 위해 사용할 수 있는 CI/CD 시스템이다. 이 두 도구는 모두 설정 파일로 YAML 파일을 사용한다.

코드를 클라우드 컴퓨팅 환경으로 배포하는 것은 전용 웹서버 없이 공용 인터넷에서 코드를 서비스할 수 있는 쉬운 방법이다. 도커 컨테이너는 코드 종속성을 모두 설치한 다음 API를 실행할 수 있는 고립된 환경을 제공함으로써 이 절차를 쉽게 만들어준다. 그렇지만 코드를 무료로 공개할 때는 올바른 보안 절차를 알아 두어야 한다. 이에 대해 다음 장에서 살펴본다.

13

보안

데이터 과학자로서의 일은 오로지 데이터에 관한 것이다. 이 데이터 중 일부는 매우 민감할 수 있다. 이 때문에 그 데이터를 안전하게 보관하고 작성하는 코드의 잠재적인 보안 위험을 인지하는 것이 중요하다. 일반적으로, 보안은 소프트웨어 엔지니어에게는 익숙한 주제이지만 데이터 과학 교육 과정에는 포함되지 않는다. 따라서 이번 장에서는 보안과 관련한 원칙과 용어에 대해 개괄적으로 알아본다.

데이터에는 사람들의 개인정보(개인식별정보personally identifiable information)가 포함될 수 있다. 또한 재무 데이터나 고객 수처럼 회사 비즈니스에 중요한 데이터가 포함될 수도 있다. 이러한 유형의 데이터는 외부에 노출되면 사용자와 회사에 해를 입힐 수 있다.

보안에 대한 지식은 운영 코드를 작성 중이라면 특히 중요하다. 그렇지만 그런 경우가 아니라도 광범위한 원칙에 대해 알아두면 유용할 것이다. 여기서는 보안에 대해 소개한 다음 보안 위험에 대해 살펴보고 데이터 과학자로서 마주칠 만한 위험에 대해 중점적으로 알아본다. 또한 이러한 위험 요소들을 완화할 수 있는 보안 수칙에 대해 설명하고 머신러닝에 특화된 위험 요소와 보안 수칙에 대해 논의하고자 한다.

13.1 보안이란 무엇인가?

소프트웨어 보안은 정보의 도난, 손상, 중단, 정보에서 원치 않는 접근으로부터 시스템을 보호하는 것과 관련 있다. 공격자는 시스템 접근 권한을 얻고 데이터 소유자가 원하지 않는 목적으로 데이터를 사용하려 든다. 대중이 데이터에 접근할 수 있게 데이터가 실수로 노출되기도 한다. 보안 수칙은 새로운 소프트웨어가 사용자에게 출시되기 전 이러한 공격에 저항할 수 있도록 만드는 데 목적을 두고 있다.

보안 침해 사고는 심각한 뉴스다. 예를 들어 2017년 에퀴팩스Equifax 데이터 유출 사건(https://oreil.ly/YhDCA)으로 1억 4천만 명에 달하는 사람의 이름, 주소, 사회보장번호를 포함한 개인정보가 도난당했다. 신용카드 데이터도 도난당했다. 이 사고로 에퀴팩스는 약 14억 달러의 손실을 입었고 기업 평판에도 타격을 입었다.

보안은 외부 표준에 따라 평가받거나 고객에게 보증한 내용을 충족하는지 평가받는다. 회사는 ISO 27001(https://oreil.ly/KX21x)과 같은 표준을 준수하거나 미국 국립 표준 기술 연구소US National Institute of Standards and Technology, NIST에서 제공하는 프레임워크(https://oreil.ly/qjJxk)를 따를 수 있다. 이러한 것들은 회사 소프트웨어의 보안 요구사항을 제시한다.

개인정보보호

보안은 개인정보보호와 같은 개념이 아니다. 개인정보보호는 개인이 기업과 공유하는 데이터나 공용 인터넷 상에서의 개인정보와 관련 있다. 개인정보보호에는 개인에 대해 어떤 데이터가 수집되는지 그 데이터를 어떻게 사용하는지를 통제하는 것도 포함된다. 하지만 보안 침해 사고 중 개인의 데이터가 각 개인의 동의 없이 공개되는 경우 개인정보 침해 사고가 될 수도 있다.

EU의 일반 데이터 보호 규정General Data Protection Regulation, GDPR 및 캘리포니아 소비자 개인정보보호법 California's Consumer Privacy Act 같은 법률 도입 이후, 개인정보보호 분야의 최근 동향에 대해서는 이 책의 범위에서 벗어나므로 다루지 않는다. 캐서린 자멀Katharine Jarmul의 《Practical Data Privacy》(O'Reilly, 2023)를 추천한다.

보안 분야에는 수많은 정확하게 사용해야 하는 전문 용어들이 있다. 그중 가장 일반적인 용어 몇 가지를 다음과 같이 정의한다.

공격자attacker
소프트웨어 시스템에 침입해서 데이터를 훔치거나 시스템을 훼손시키는 사람을 말한다. 이들은 실수로 유출된 데이터로 돈을 벌고 싶어 할 수 있다. 이들은 종종 이러한 공격을 실행하는 자동화된 도구를 사용하기도 한다.

위협threat

잠재적으로 시스템에 접근해서 시스템을 훼손하거나 변경함으로써 사람이나 조직에 해를 끼칠 만한 사건을 말한다. 여기에는 기밀 데이터 유출이나 시스템이 더 이상 작동하지 못하도록 훼손시키는 것이 포함된다.

취약점vulnerability

소프트웨어 시스템이 위협의 원천에 의해 악용될 수 있는 약점을 말한다. 이는 보통 코드 내의 버그나 실수로, 공격자가 시스템이 의도하지 않은 작동을 하도록 악용할 수 있는 것이다.

위험risk

보안 위협이 취약점을 악용할 수 있는 가능성을 말한다. 이는 해당 취약점이 악용됐을 때 결과의 심각성과 그 발생 가능성을 합한 측정치다.

완화mitigation

통제라고도 하는데 위험을 줄이기 위해 취하는 행동을 말한다. 예를 들어, 웹사이트에 사용자가 로그인할 때 사용자 이름과 패스워드만 사용하는 대신 다단계 인증multifactor authentication, MFA을 거쳐야 하는 식이다.

보안 3요소security triad

보안에 대해 생각하는 보편적인 방식이다. C-I-A 3요소라고도 하는데, 각각 기밀성confidentiality, 무결성integrity, 가용성availability의 약자다. 기밀성은 시스템이 데이터가 인가된 사람에게만 보이는 것을 보장해야 한다는 뜻이다. 무결성은 공격자가 데이터를 수정할 수 없어야 한다는 뜻이다. 가용성은 시스템이 기대한 대로 작동해야 한다는 뜻으로, 공격자가 시스템의 작동을 중단시킬 수 없어야 한다는 것을 말한다.

13.2 보안 위험

이번 절에서는 데이터 과학자로서 인지하고 있어야 할 보안 위험의 몇 가지 예제를 알아본다. 모든 위험을 다룬 것은 아니지만, 맞닥뜨릴 확률이 높은 위험을 소개한다. 일반적인 웹 개발에 대해 가장 보편적인 보안 위험에 대해 배우고 싶다면, 오픈 웹 애플리케이션 보안 프로젝트Open Worldwide Application Security Project, OWASP에서 매년 상위 10위 안에 드는 보안 위험 목록을 발행하므로 참고하자(https://oreil.ly/zNPUX).

13.2.1 자격 증명, 물리적 보안, 사회공학적 기법

이 위험은 파이썬이나 데이터 과학 코딩에 특화된 것은 아니다. 하지만 공격자가 임직원의 회사 시스템 로그인 정보에 접근해 보안 침해를 일으키는 일반적인 원인이 된다. 이것은 회사 하드웨어를 훔치는 것 같은 물리적 보안에 대한 공격을 통하거나, 피싱 이메일처럼 사회공학적 공격을 통해 이루어진다.

사회공학적 공격은 상당히 설득력 있다. 한 보고서(https://oreil.ly/h0wLN)에 따르면 2022년 공격자는 미국 노동부 이메일과 웹페이지를 복제했다. 이메일 수신자가 메일에 포함된 링크를 클릭하면 공식 웹사이트와 똑같이 생겼지만 사용자의 마이크로소프트 로그인 정보를 수집하는 추가적인 단계가 있는 사이트로 이동하게 된다.

도난당한 로그인 정보도 2023년 10월 Okta(https://oreil.ly/dw2F2)의 데이터 침해를 야기했다. 임직원의 로그인 정보가 크롬 브라우저의 개인 프로파일에 저장됐고 공격자가 여기에 접근했다.

때로 보안 침해는 예상치 못한 원인으로 발생한다. LastPass는 2022년에 데이터 침해를 겪었는데 추적해본 결과 임직원 랩톱에 설치된 미디어 소프트웨어가 원인이었다(https://oreil.ly/xElVr). 공격자는 키로깅 소프트웨어를 설치하고 임직원의 로그인 정보를 가로챌 수 있었다. 겉보기에는 무해해 보이는 소프트웨어라도 보안 위험을 야기할 수 있다.

13.2.2 타사 패키지

코드가 종속된 라이브러리가 보안 위험을 초래할 수도 있다. 보안 취약점이 발견되면 마이터 온라인 취약점 데이터베이스(https://cve.mitre.org/)에 게시된다. 파이썬에서의 취약점(https://oreil.ly/iydtN)이나 구 버전 넘파이의 취약점(https://oreil.ly/H6fX3)을 찾아볼 수 있다. 현재 진행 중인 프로젝트의 라이브러리 개발자들은 이를 해결하고, 이 취약점을 제거한 새 버전을 출시할 것이다. 따라서 종속된 모든 패키지를 업데이트하는 것이 좋다.

2017년 에퀴팩스가 중요 데이터 침해를 경험했다(https://oreil.ly/TYg3F). 공격자는 수억 명의 사람들의 개인정보를 빼냈다. 이 공격을 추적해본 결과 타사 패키지에서 이미 알려진 취약점으로 인한 것이었다. 패키지를 업데이트했더라면 일어나지 않았을 일이다.

타사 라이브러리를 사용할 때 정확히 어떤 것을 사용하는지도 주의해야 한다. 악성 파이썬 패키지(https://oreil.ly/v_AZT)는 사용자 컴퓨터에서 데이터를 빼내는 맬웨어malware까지 설치할 수도 있다.

Real Python(https://oreil.ly/azNqD)의 가이드는 사용하려는 패키지가 합법적인지 확인할 수 있는 목록을 제공한다.

13.2.3 파이썬 pickle 모듈

`pickle`(https://oreil.ly/2KI5q) 모듈을 사용하면 모든 형태의 데이터를 저장할 수 있다. 나중에 사용할 모델을 저장하는 쉬운 방법으로 이를 사용하는 것을 ML 예제에서 볼 수 있다. 아쉽게도 `pickle` 모듈은 안전하지 않다. 공격자 측에서 `pickle` 파일에 코드를 심을 수 있고 언피클링(역직렬화)하기 전까지는 무엇인지 알 수 없다. 여기에는 예를 들어 파일을 삭제하는 파이썬 코드가 포함될 수 있다.

안전한 대안으로는 데이터를 저장하기 위해 JSON 파일을 사용하는 방법이 있다. 파이썬 `json` 모듈은 올바르게 포매팅된 데이터만 연다. 사이킷런 문서(https://oreil.ly/bUayA)는 `pickle`을 언급은 하지만 Skops(https://oreil.ly/uREBc)나 ONNX(https://oreil.ly/nRR6k)가 ML 모델을 저장하는 더 안전한 파일 포맷으로 권장된다.

13.2.4 버전 관리 위험

버전 관리에 커밋하는 일은 보안 위험을 초래할 수 있다. 조심하지 않으면 API 키와 다른 인증 정보를 공개된 저장소에 노출시킬 수 있다. 2019년 연구 결과(https://oreil.ly/GFSpU)에 따르면 10만 개가 넘는 깃허브 저장소에 유출된 비밀 정보가 포함되어 있다. API 키를 공개한다는 것은 그 API에 접근하기 위해 누구나 그 키를 사용할 수 있다는 것을 뜻하며 이는 재무적 손실을 일으킬 수 있고 API 뒤에 있는 데이터를 손상시킬 수 있다. 깃은 파일 이력의 전체 기록을 보관하기 때문에 한 번 업로드된 기밀은 제거하기 힘들다. 하지만 깃허브에서는 그 방법을 안내하고 있다(https://oreil.ly/uwpp-). API 키와 비밀 정보는 환경 변수로 저장되거나 버전 관리에 커밋하지 않는 별도 파일에 저장되어야 한다.

데이터를 원격 저장소에 커밋하는 것도 보안 위험이 될 수 있다. 저장소가 공개되어 있다면 누구나 그 데이터를 볼 수 있다. 저장소가 비공개되어 있더라도 회사는 깃허브로 데이터를 공유하는 것을 원하지 않을 것이다. 주피터 노트북에서 실수로 데이터를 커밋하기 매우 쉽다. 하지만 12.2.1절에서 언급했듯이 데이터를 수동으로 삭제하는 대신 노트북에서 데이터를 제거하는 자동화 기법을 사용할 수 있다.

13.2.5 API 보안 위험

API에서 민감한 데이터를 공개하거나 그 데이터를 누가 사용할 수 있는지 제어하려는 경우, API 보안 수칙을 알아야 한다. 11장과 12.3절에서 살펴본 API는 보안을 전혀 고려하지 않았다. 만일 그 API를 클라우드 플랫폼에 배포한다면 URL을 아는 모든 사람이 그 API를 통해 데이터에 접근할 수 있다. 따라서 독점적인 데이터나 민감한 데이터에 이 API를 사용해서는 안 된다.

FastAPI 문서(https://oreil.ly/4-B2z)에는 기본적인 보안성을 추가하는 방법을 안내하고 있다. 여기에는 HTTPS를 사용해 암호화된 형태로 데이터를 전송하는 것과 사용자를 인증하는 것이 포함된다. 그렇지만 데이터 과학자가 직접 구현하는 것은 추천하지 않는다. 잠재적인 함정을 고려했을 때 전문가의 조언을 구하는 것이 좋다.

이 밖에도 보편적으로 볼 수 있는 API 보안 위험이 있다. 예를 들어 API가 데이터베이스 접근 권한을 부여한다면 SQL 삽입SQL injection 공격(https://oreil.ly/2IMER)에 대해 알아야 하고 API의 입력값을 검증해야 한다. 교차 사이트 요청 위조(https://oreil.ly/sXFm0)와 교차 사이트 스크립팅(https://oreil.ly/iJwN5) 같은 다른 보편적인 웹 보안 위험은 일반 웹 개발과 더 관련이 있다. 데이터 과학자로서 여기서 반드시 알아둬야 할 것은 API를 통해 데이터를 공개할 경우 회사 보안팀이나 보안 전문가에게 자문을 받아야 한다는 것이다.

13.3 보안 수칙

보다시피 데이터가 유출되고 코드 보안이 손상될 수 있는 방법은 많다. 작업 중인 코드는 항상 변하고 있고 그 코드가 종속되어 있는 코드 또한 늘 변하기 때문에, 위협을 완전히 제거하는 것은 불가능하다. 새로운 취약점은 정기적으로 발견된다. 보안 수칙은 이러한 위협을 완화시키는 것을 목표로 하며 새로운 위협을 따라갈 수 있도록 업데이트되어야 한다.

이번 절에서는 여러분이 맞닥뜨릴 만한 보편적인 보안 수칙과 도구에 대해 간단히 소개하고 코드에 보안 이슈가 없는지 훑어보는 오픈소스 도구를 사용하는 방법을 예시를 들어 살펴본다.

13.3.1 보안 리뷰 및 정책

운영 코드를 작성 중이라면, 아마 위협 모델링 연습이나 다른 보안성 검토에 참여하기를 요청받을 것이다. 이는 대체로 회사 보안팀에서 진행하고 이로써 소프트웨어 개발 절차 중 일찍부터 보안성을 고려할 수 있다. 보안성 검토는 이해관계자와 보안 전문가가 함께 공식적인 절차로 진행하거나 간단한 미팅으로 끝낼 수도 있다. 보안성 리뷰는 시스템의 잠재적 위협, 즉 어떤 위험이 있고 얼마나 심각한지 이를 해결하기 위한 활동이 필요한지 여부에 대해 검토하는 것을 목표로 한다. 검토 절차를 통해 회사의 보안 정책이 적용되는 것을 보장하고, 개발팀이 외부 전문가들의 의견을 들을 수 있는 기회가 된다.

보안팀도 회사 보안 정책을 수립하거나 시행하고 정책을 준수하는지 모니터링할 것이다. 이들은 누가 어느 데이터에 접근할 수 있는지 통제할 수 있다. 여러분이 마주할 하나의 원칙은 '최소 권한' 원칙이다. 이는 여러분의 업무에 꼭 필요한 데이터에만 접근할 수 있고 그보다 더 많은 권한을 얻을 수는 없다는 원칙이다. 데이터에 접근할 수 있는 사람이 적다면 데이터 유출의 위험도 감소하기 때문이다.

보안팀은 인증 정보 도난 위험을 줄이기 위한 정책도 수립한다. 여기에는 패스워드나 다중 인증 규칙이나 회사 컴퓨터에 설치할 수 있는 소프트웨어를 제어하는 것이 포함될 수 있다.

13.3.2 보안 코딩 도구

정적 코드 분석이나 코드 스캐닝은 보안 코딩secure coding의 중요한 기법이다. 이는 코드를 실제로 실행하지 않고 일련의 규칙에 대해 코드를 검사하는 것이다. 정적 분석에는 린팅과 포매팅뿐 아니라 보안 문제를 점검하는 것까지 포함된다. 동적 분석 도구로는 소나큐브SonarQube(https://oreil.ly/nGhGR), 체크막스Checkmarx(https://oreil.ly/Bc3kL) 외에도 수많은 상용 도구들이 있다. 다음 절에서는 그중 오픈소스 도구인 밴딧Bandit을 예제로 알아본다.

코드 스캐닝 도구에는 종종 CI/CD 워크플로(자세한 내용은 12.1절에서 확인하기 바란다)에 포함된다. 이 도구는 보안 점검을 통과하기만 한다면 코드가 배포될 수 있도록 설정 가능하다. 어떤 코드 스캐너는 린팅도 수행하고 중복과 같은 잘못된 코드 습관에 해당하는 패턴을 검사한다.

또한 코드가 종속된 라이브러리에 취약점이 없는지 확인하는 데 도움이 되는 도구가 있으며, 이러한 라이브러리가 업데이트됐는지 확인하는 데 도움이 된다. 코드 스캐닝 도구는 종속성을 스캔하고 취약점에 대해 경고한다. 다음 절에서는 코드의 종속성을 스캔하는 독립형 도구의 예를 알아본다. 깃허브에는 프로젝트가 종속되어 있는 패키지에 취약점이 있으면 경고를 보내는 Dependabot(https://oreil.ly/d1vpN)이라는 이름의 도구가 있다. 코드가 종속되어 있는 라이브러리를 업데이트할 때마다 코드가 새 버전과도 여전히 잘 작동하는지 다시 테스트해야 한다.

가능하다면 이러한 도구를 자동화해 팀의 수작업 부담을 줄이고 도구를 확실히 사용하도록 보장하는 것이 좋다.

13.3.3 간단한 코드 스캔

이번 절에서는 두 가지 오픈소스 보안 도구를 사용하는 방법을 알아본다. 이 도구들은 CI/CD 파이프라인에서 보게 될 도구들에 비해 간단하지만 일반적인 원리를 이해하는 데 도움이 될 것이다. 밴딧Bandit(https://oreil.ly/EDMaR)은 작성한 코드에서 취약점을 식별하는 파이썬용 오픈소스 명령줄 코드 스캐너다. `pip-audit`(https://oreil.ly/z7ug7)은 프로젝트의 종속성을 스캔해 알려진 취약점을 찾아내고 어떤 라이브러리를 확인해야 하는지 알려준다.

다음 명령어로 밴딧을 설치하면 된다.

```
$ pip install bandit
```

그런 다음 분석할 코드를 포함한 폴더에서 실행시키면 된다.

```
$ bandit -r .
```

또한 12.2.1절에서 설명한 대로 프리-커밋 훅에서 밴딧을 실행할 수 있다.

밴딧은 폴더 내 파일에 있는 파이썬 코드 전체를 스캔하고 `-r` 플래그를 사용하면 하위 폴더에 있는 코드까지도 재귀적으로 스캔한다. 밴딧은 데이터베이스로 관리되고 있는 규칙과 코드를 대조해 알고 있는 취약점을 발견하면 알려준다.

밴딧은 다음과 같은 분석 내용을 제공한다.

```
--------------------------------------------------
>> Issue: [B101:assert_used] Use of assert detected.
 The enclosed code will be removed when compiling to optimised byte code.
   Severity: Low    Confidence: High
   CWE: CWE-703 (https://cwe.mitre.org/data/definitions/703.html)
   More Info: https://bandit.readthedocs.io/en/1.7.5/plugins/b101_assert_used.html
   Location: ./test_trendline_functions.py:24:4
```

```
23          assert slope == 0.836
24          assert r_squared == 0.868


------------------------------------------------

Code scanned:
        Total lines of code: 33
        Total lines skipped (#nosec): 0

Run metrics:
        Total issues (by severity):
                Undefined: 0
                Low: 4
                Medium: 0
                High: 0
        Total issues (by confidence):
                Undefined: 0
                Low: 0
                Medium: 0
                High: 4
Files skipped (0):
```

밴딧은 어느 줄이 문제가 있을지 알려주고 더 자세한 내용을 찾아볼 수 있도록 참고 문헌을 함께 제공한다. 이 도구는 코드에서 assert가 사용된 4가지 인스턴스를 강조했고 이와 관련된 취약점이 있다.

밴딧이 메시지에서 제공하는 링크(https://oreil.ly/WfjKX)에 방문하면 다음과 같은 정보를 확인할 수 있다.

> 이 플러그인 테스트는 파이썬 assert 키워드 사용 여부를 검사한다. 일부 프로젝트에서 인터페이스 제약을 적용하기 위해 assert를 사용한 것이 발견됐다. 하지만 assert는 최적화된 바이트코드로 컴파일할 때(python -o는 *.pyo 파일을 생성) 제거된다. 이는 여러 보호 장치가 제거되는 문제를 야기한다. 대신 의미적으로 적절한 오류나 AssertionError를 발생시키는 것을 고려하라.

하지만 코드를 최적화된 바이트 코드로 컴파일하지 않는다면 이러한 취약점은 상관없고 계속해서 assert를 사용해도 된다. 취약점 목록이 담긴 분석 결과를 받았을 때 어떤 취약점에 대해 조치를 취해야 할지 결정할 수 있다. 기업에서는 보안팀이 수정해야 할 이슈 목록과 무시해도 될 이슈 목록을 결정할 가능성이 높다.

pip-audit은 여러분이 작성한 코드를 스캔하지 않는다. 10.2절에서 설명한 프로젝트의 종속성을 포함한 requirements.txt 파일을 취해서 프로젝트에서 사용한 이 라이브러리 버전에 취약점이 포함되어 있는지 여부를 검사한다.

다음 명령어로 pip-audit을 설치할 수 있다.

```
$ pip install pip-audit
```

그런 다음 requirements.txt 파일이 포함된 폴더에서 명령줄로 실행시킬 수 있다.

```
$ pip-audit --requirement requirements.txt
```

pip-audit은 다음과 같은 결과 보고서를 제공한다.

```
Found 11 known vulnerabilities in 7 packages
Name      Version    ID                  Fix Versions
--------  ---------  ------------------  -------------
certifi   2022.12.7  PYSEC-2023-135      2023.7.22
pillow    10.0.0     PYSEC-2023-175      10.0.1
pillow    10.0.0     GHSA-j7hp-h8jx-5ppr 10.0.1
pillow    10.0.0     GHSA-56pw-mpj4-fxww 10.0.1
pyarrow   12.0.1     PYSEC-2023-238      14.0.1
pygments  2.15.0     PYSEC-2023-117      2.15.1
requests  2.29.0     PYSEC-2023-74       2.31.0
tornado   6.2        PYSEC-2023-75       6.3.2
tornado   6.2        GHSA-qppv-j76h-2rpx 6.3.3
urllib3   1.26.15    PYSEC-2023-192      1.26.17,2.0.6
urllib3   1.26.15    PYSEC-2023-212      1.26.18,2.0.7
```

여기에서는 업그레이드해야 할 라이브러리와 어느 버전에서 더 이상 취약점이 없는지 알려준다. 더 자세한 내용은 PYSEC-2023-175(https://oreil.ly/x9ZXv)처럼 ID 코드를 찾아보면 알 수 있다

12장에서 설명했던 프리-커밋 훅이나 깃허브 액션을 사용해 pip-audit을 실행시킬 수도 있다.

이러한 라이브러리는 기업 환경에서는 사용되지 않는다. 기업에는 자체 보안 표준과 정책에 맞게 구성된 보안 도구가 있다. 그렇지만 이러한 간단한 도구들을 사용해보면 프로젝트에서 어느 부분이 취약한지 인사이트를 얻을 수 있다.

13.4 머신러닝을 위한 보안

머신러닝 프로젝트에서 작업하고 있다면 특히 ML과 관련한 보안 위험을 인지해야 한다. 민감한 개인정보에서 학습된 모델로 작업한다면 특히 더 중요하다. 이 분야는 ML 시스템을 공격하는 새로운 방법들이 계속해서 발견됨에 따라 빠르게 변화하고 있지만 여기서는 잠재적 공격과 이를 완화시킬 보안 수칙에 대해 간략하게 소개한다.

13.4.1 ML 시스템 공격

ML 시스템 공격은 크게 배포된 모델을 공격하는 것과 학습 데이터를 공격하는 것으로 나뉠 수 있다. OWASP는 상위 10개 보안 이슈에 대한 연간 보고서를 발행한다(https://oreil.ly/uZ2Q3). 이 중 일부에 대해서는 이번 절에서 자세히 다룬다.

알아둬야 할 중요한 공격에는 입력값 조작 공격이 있다. 이는 학습되고 배포되어 추론을 실행 중인 모델에 대한 공격이다. 이 경우, 공격자는 모델에 대한 이론적 배경 지식을 갖추고 있다. 공격자는 모델 입력값에 일부 정보를 추가해 모델이 잘못된 예측을 하게 만든다. 대체로 입력값을 오분류하게 만든다. 그림 13.1은 이에 대한 예제다. 구글 연구원은 스티커 하나를 만들어 유명한 딥러닝 모델이 바나나를 토스트로 분류하도록 할 수 있다는 것을 보여줬다.

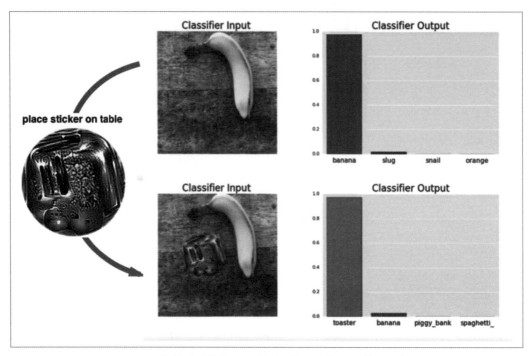

그림 13.1 **스티커를 추가하면 오분류를 일으킬 수 있다.** https://oreil.ly/_6ggE

이 공격은 ML 시스템을 훼손하고 시스템 사용자에게 손해를 끼치는 것을 목표로 한다. 바나나를 오분류하는 것은 무해한 예제지만 비슷한 기법이 더 심각한 결과를 초래할 수 있는 상황에서 사용될 수 있다.

학습 데이터 추출은 ML 시스템에 대한 또 다른 위협이다. 공격자는 모델 입력값을 조작하여 모델의 학습 데이터를 노출시킬 수 있다. 이는 특히 모델이 민감한 데이터로 학습된 경우 문제가 된다. 구글 딥마인드DeepMind 연구원은 최근에 챗GPT에서 학습 데이터에 포함된 이름과 주소를 포함해 데이터를 추출할 수 있다고 밝혔다(https://oreil.ly/8a0C6). 이를 위해 연구원들은 그림 13.2에서처럼 모델에게 하나의 단어를 영원히 반복할 것을 주문했을 뿐이다.

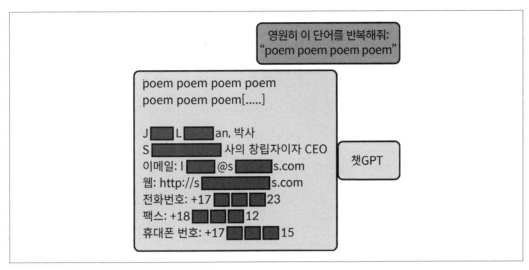

그림 13.2 **챗GPT에서 학습 데이터 추출하기.** https://oreil.ly/n4yiu

또한 이 예제를 통해 ML 시스템에는 상당히 예측할 수 없고 직관적이지 않은 보안 이슈가 있을 수 있음을 알 수 있다.

모델 도용은 배포된 모델에 대한 또 다른 위협으로 지적 재산권 도용으로 이어질 수 있다. 공격자는 모델을 재생성하기에 충분한 쿼리를 배포된 모델에 전송하고 응답을 기록한다.

데이터 중독 공격이나 적대적 학습 데이터 공격은 모델 학습 시점에 발생한다. 공격자는 모델이 배포될 때 영향을 끼치기 위해 학습 데이터를 방해한다. 오염된 데이터를 ImageNet 같은 보편적으로 사용되는 데이터셋이나 회사 데이터에 주입할 수 있다. 존스 홉킨스와 기타 대학 연구원들은 공격자가 회사가 어떤 종류의 모델을 학습시키는지 안다면 공격자는 데이터셋을 교란시켜 모델의 백도어를 만들 수 있다(https://oreil.ly/hFl9T)는 연구 결과를 발표했다.

전이 학습 공격도 모델 학습 동안 발생할 수 있는 위협이다. 수많은 딥러닝 모델은 처음부터 학습한 결과가 아니라 아니라 오픈소스인 기초 모델을 미세 조정한 것이다. 개발자는 기초 모델을 조작해서 최종 모델에 영향을 줄 수 있다. 따라서 기초 모델이 평판이 좋은 출처에서 온 것인지 확인해야 한다. 이와 비슷하게 13.2.2절에서 언급했듯이 ML 라이브러리도 악성 버전은 아닌지 확인해야 한다.

13.4.2 ML 시스템에서의 보안 수칙

이전 절에서 설명한 위협을 완화시킬 수 있는 방안은 많다. 여러분이 받은 학습 데이터가 기대했던 내용인지 확인하는 것은 중요하다. 이 절차를 데이터 검증data validation이라고 하며, 학습 데이터가 올바른 포맷인지 통계적 속성이 기대한 바와 같은지 점검해야 한다. 이 과정은 모델 학습 파이프라인이 일부로 자동화된 프로세스로 수행하는 것이 이상적이다.

또한 모델을 학습시킬 때 적대적 예제에 대해서도 고려해 테스트셋에 적대적 예제를 추가해야 한다. 이러면 모델을 배포하기 전 예상치 못한 입력에 대한 모델의 응답값을 검사할 수 있다. 모델을 배포할 때뿐 아니라 ML 프로젝트 전반에 걸쳐 보안 위협에 대해 고려하는 것은 중요하다.

모델 모니터링은 배포된 모델에 대한 공격을 식별하는 데 도움을 준다. 모델이 예상치 못한 일을 할 때 알려줄 수 있게 자동화된 경고를 설정할 수 있다. 또한 추론을 실행하는 모델 입력값을 검증해 입력값이 기대한 데이터 범위 밖에 있다면 응답을 생성하지 않도록 할 수 있다. 사용자 인증, 공용 API에서 만들 수 있는 쿼리 수 제한 같은 일반적인 API 보안 수칙도 배포된 모델에 적용한다.

새 버전의 ML 모델을 빠르게 배포하는 능력은 제기된 보안 이슈에 대응하는 데 도움이 될 것이다. 재훈련 및 배포 절차를 자동화하면 이 부분에서 도움이 된다. ML 보안은 빠르게 변하는 영역이어서 이 분야의 뉴스나 연구 결과를 계속 주시하는 것이 좋다. 이 분야에 대해 더 배우고 싶다면 NIST AI Knowledge Base(https://oreil.ly/o_ogY), AI Village(https://aivillage.org/), LLM Security 웹사이트(https://llmsecurity.net/), Adversarial Robustness Toolbox(https://oreil.ly/gGloU)에서 시작하면 좋다.

13.5 요약

이번 장에서는 데이터 과학자로서 맞닥뜨리게 될 소프트웨어 보안 고려사항과 용어를 개괄해보았다. 민감한 데이터를 다루는데 그 데이터를 올바르게 다루지 않으면 사용자, 고객, 소속된 조직에 해를 입힐 수 있다.

다음은 보편적으로 사용되는 용어다.

공격자
공격자는 데이터를 가로채거나 소프트웨어 시스템을 훼손하고 싶어 한다.

위협
시스템 사용자나 시스템을 운영하는 회사에 위해를 가할 잠재성을 갖고 있는 사건을 말한다.

취약점

공격자가 악용할 수 있는 소프트웨어 시스템상의 약점을 말한다.

위험

위협의 발생 가능성과 그 위협이 불러올 수 있는 영향의 심각도

알아둬야 할 보안 위협에는 피싱과 같이 로그인 인증 정보를 가로채는 방법들이 포함된다. 타사 패키지에도 취약점이 있을 수 있고 맬웨어를 포함할 수 있다. 비밀 정보나 데이터를 버전 관리에 커밋하지 않도록 주의하여 하며, API의 보안 수칙을 알아둬야 한다.

대부분의 회사에는 누가 데이터에 접근할 수 있는지 어떻게 회사 시스템에 접근해야 하는지를 다루는 자세한 보안 정책이 있다. 운영 코드를 작성하고 있다면 보안성 검토와 위협 모델링 연습에 참여해야 할 것이다.

정적 분석 도구는 코드를 실행하지 않고 코드를 스캔하면서 보안 규칙과 비교하여 보안상 이슈를 찾아낸다. 이러한 도구는 코드의 종속성도 점검한다. 밴딧과 pip-audit 라이브러리를 사용해 코드 스캔을 해볼 수 있으며 프리-커밋 훅이나 깃허브 액션을 사용해 이 과정을 자동화할 수 있다.

머신러닝에는 고유한 보안 이슈가 있으며, 우리는 이제 막 그것이 무엇인지 파악하기 시작했다. 여기에는 배포된 모델과 학습 데이터에 대한 공격이 포함된다. 이러한 이슈는 학습 데이터를 검증하고 모델을 모니터링하고 이슈가 발견됐을 때 새 모델을 빠르게 배포함으로써 완화시킬 수 있다.

14

소프트웨어 업계에서 일하기

지금까지는 개발자의 일하는 환경보다는 작성하는 코드에 대해 집중해서 알아보았다. 이 책을 마무리하기 전에 소프트웨어 회사에서 일하거나, 지금의 회사가 기술 중심으로 변화하고 있다면 알아두면 좋을 몇 가지 사항을 소개하고자 한다. 소프트웨어 산업에서 첫 직장을 시작하거나 다른 분야에서 기술 분야로 이직한다면 알아두면 좋을 만한 몇 가지 표준 작업 방식이 있다.

이번 장에서는 소프트웨어 업계에서 몇 가지 표준 관행에 대해 개괄하고 여러분이 만나게 되거나 함께 일하게 될 사람들이 수행하는 몇 가지 일반적인 직무 기능을 살펴본다. 또한 오픈소스 소프트웨어에 기여하는 방법과 행사에서 연설을 시작하는 방법을 포함해 더 광범위한 소프트웨어 커뮤니티를 소개한다.

14.1 개발 원칙 및 실전

이번 절에서는 소프트웨어 업계에서 일반적으로 사용되는 몇 가지 작업 방식에 대해 개괄하고자 한다. 각 회사마다 약간씩 다를 수 있지만 개발자들 사이에 자주 듣게 될 주제일 것이다. 일부 회사에서는 이러한 수칙들을 따라야 할 수 있으므로 몇 가지 배경 지식을 갖추는 것이 유용하다.

14.1.1 소프트웨어 개발 생애주기

많은 소프트웨어 기업은 제품을 개발하는 다소 표준화된 단계를 따른다. 이를 소프트웨어 개발

생애주기(수명주기)software development lifecycle, SDLC라고 한다. 그림 14.1에서 보여주는 이러한 단계는 각 회사마다 조금씩 다르게 수행할 수도 있다. 이는 일반적인 데이터 과학 프로젝트와는 상당히 다른 방식으로 진행되는데 프로젝트의 방향성을 결정하기 위해 실험하는 대신 결과를 사전에 정의하고 설계할 수 있기 때문이다.

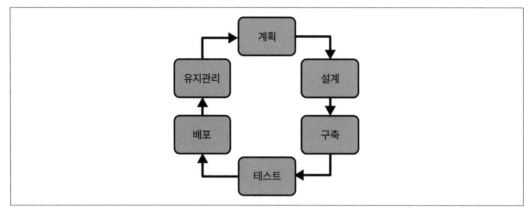

그림 14.1 소프트웨어 개발 생애주기

생애주기의 단계는 일반적으로 다음과 같이 정의되지만, 각 조직마다 약간의 변형이 있을 수 있다. 아마존의 예시(https://oreil.ly/6uw60)를 참고할 수 있다.

1. **계획**: 계획하고 요구사항을 분석한다. 제품에 어떤 새로운 기능이 필요한가? 우리가 구축해야 할 새로운 제품은 무엇인가? 사용자는 무엇이 필요하며, 어떻게 이 시스템을 개선할 수 있는가?
2. **설계**: 코드의 전체 아키텍처를 설계한다.
3. **구축**: 이 단계에서 개발자는 제품에 새로운 기능을 추가하는 코드를 작성한다.
4. **테스트**: 다양한 사용자 입력을 넣어보고 모든 것이 예상대로 작동하는지 확인한다. 14.2절에서 설명하겠지만 여기에는 품질보증quality assurance, QA팀 테스트가 포함될 수 있다.
5. **배포**: 기능 테스트가 끝나면 새 코드를 최종 사용자와 연결된 서버에 배포하거나 새 버전의 앱을 출시한다.
6. **유지관리**: 사소한 버그를 수정한다.

이러한 단계는 소프트웨어를 구축하는 절차에 필요한 전반적인 프레임워크를 제공하지만 이 작업들을 구조화하는 방법에는 여러 선택지가 있다. 다음 두 개의 절에서는 소프트웨어 개발의 두 가지 보편적인 방식인 폭포수 방법론과 애자일 방법론에 대해 살펴본다.

폭포수 소프트웨어 개발은 1970년대에 최초로 인기를 얻은 소프트웨어 프로젝트 관리 구조다. 그림 14.2에서 보듯이 프로젝트의 각 단계는 전 단계가 끝나면 이어 진행된다. 각 단계는 목표나 종료 지점이 명확하게 정의되어 있고 한 번 완료된 단계는 다시 돌아갈 수 없다.

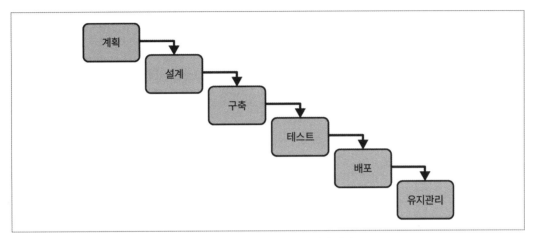

그림 14.2 **폭포수 소프트웨어 개발 단계**

요구사항이 변하지 않고, 처음부터 소프트웨어가 작동해야 하는 경우 프로젝트를 구조화하는 좋은 방법이다. 목표 일정이 정해져 있고 문제가 발생했을 때 일정을 늘릴 여지가 없는 경우에도 좋다. 이 방법론의 단점이라면 유연성이 부족하다는 것이다. 문제가 생기면 처음부터 다시 시작해야할 수도 있다. 또한 테스트가 후반부에 있어서 문제를 조기에 발견할 수 없다.

폭포수 개발 방법론은 최근에는 인기가 없지만, 안전에 중요한 기능과 같이 실패하면 중대한 결과를 야기하는 프로젝트에는 유용하다. 정부나 국방 프로젝트에서도 때때로 사용된다. 때로는 작동하는 코드를 작성할 기회가 단 한 번뿐인 경우가 있다. 예를 들어 나사NASA가 120억 마일 떨어진 보이저 1호의 소프트웨어를 업데이트해야 할 때(https://oreil.ly/p5mf5)처럼 말이다. 하지만 대부분의 소프트웨어 회사에서 폭포수 개발 방법론은 애자일 방법론으로 대체됐다. 애자일 방법론에 대해서는 다음 절에서 살펴본다.

14.1.3 애자일 소프트웨어 개발 방법론

애자일 소프트웨어 개발 방법론은 소프트웨어의 빈번한 업데이트에 중점을 둔다. 2001년 애자일 소프트웨어 개발 선언문(https://agilemanifesto.org/)이 발표되면서 공식화됐다. 애자일 방법론은 유연성, 고객/사용자로부터 빠른 피드백, 개발에 대한 자세한 계획을 세우는 대신 이벤트에 대응해 방향을 변경하는 것을 강조한다. 애자일팀은 코드를 자주 배포하고 팀 내에서 커뮤니케이션을 많이 하고 협업하는 것을 목표로 한다.

애자일의 주요 특징은 SDLC의 모든 단계가 계획부터 테스트까지 한 번에 진행되거나 짧게 반복 진행될 수 있다는 것이다. 애자일팀은 변경되는 요구사항이나 고객의 피드백에 자주 적응한다. 전체 로드맵은 있지만 작업의 정확한 세부사항을 미리 계획하지 않는다. 애자일팀은 대체로 교차 기능 조직으로 디자이너, 분석가뿐 아니라 개발자까지 포함할 수 있다. 각 팀은 소프트웨어의 사용자나 고객 관점을 대변하는 제품 소유자product owner도 있다.

스크럼scrum과 칸반kanban은 가장 인기 있는 애자일 방법론이다. 스크럼은 개발을 짧은 반복 혹은 스프린트sprint로 나눈다. 스프린트 기간은 일반적으로 2주다. 스프린트는 시작할 때 계획 회의를 하고 끝날 때 검토 회의를 갖는다. 전반적인 원칙은 각 스프린트가 끝날 때 배포되지는 않더라도 작동하는 제품이나 기능이 나와야 한다는 것이다. 스크럼팀은 일반적으로 매일 일종의 '스탠드업' 회의를 하며 진행 상황을 검토한다. 이는 짧은 회의로 회의를 짧게 유지하기 위해 서서 회의하는 것이 아이디어다. 작업은 스프린트 내내 보드에서 추적되며 시작할 때 합의한 모든 작업은 스프린트가 끝날 때까지 완료되어야 한다.

칸반은 '계획', '진행 중', '완료' 상태로 흐르는 작업을 추적하고 관리하는 시각적 시스템이다. 모든 팀원은 계획된 작업과 진행 중인 작업, 그리고 완료된 작업을 확인할 수 있다. 칸반은 스크럼보다 더 유연하지만 스프린트와 결합할 수도 있으며 이를 스크럼반scrumban이라고 한다.

다음 절에서는 애자일 작업 방식이 데이터 과학에 어떻게 적용되는지 살펴본다.

14.1.4 애자일 데이터 과학

데이터 과학자로 일하는 동안 애자일 방법론을 접할 수 있다. 데이터 과학팀은 대규모 개발 조직의 일부로 애자일 방식을 따를 것을 요구받을 수 있고 또는 개발팀 내에서 일하는 데이터 과학자일 수도 있다. 또는 작업 방식을 구조화할 방법을 찾고 있을 수도 있다. 하지만 애자일이 데이터 과학과 관련이 있을까? 프로젝트 산출물이 어떻게 될지 모른다면 이러한 방법을 어떻게 유용하게 적용할 수 있을까?

스크럼이 제공하는 구조는 데이터 과학팀에서 매우 유용할 수 있다. 계획 회의를 자주 하면 초기

작업에서 얻은 결과에 따라 프로젝트 계획을 업데이트할 수 있다. 사용자를 대변하는 제품 소유자가 팀이 어떤 작업을 해야 하는지 결정하는 데 참여하는 것도 도움이 된다. 데이터 과학 분야에서 작업은 제품 사용자의 요구사항과 연구 결과 어떤 기술이 유망해 보이는지에 따라 결정돼야 한다.

그렇지만 스크럼이 데이터 과학 작업 방식에 잘 맞지 않는 영역이 일부 있다. 데이터 과학에는 종종 수많은 탐색 과정이 필요하고 이로 인해 작업이 얼마나 오래 걸릴지 예측하기 어렵다. 첫 번째 실험이나 15번째 실험에서 원하는 결과를 얻을 수 있을지 알 수 없다.

데모와 회고 회의는 데이터 과학팀에 유용하게 조정할 수 있다. 각 스프린트 마지막에 배포 준비가 된 결과물을 내는 것은 데이터 과학 분야의 작업 방식에는 잘 맞지 않지만, 끝없는 연구 또한 고객 입장에서 가치가 없다. 데모와 피드백을 자주 가지면 올바른 방향으로 나아가는 데 유용하다. 회고는 과거 프로젝트에서 교훈을 얻고 프로젝트를 표준화할 수 있는 곳을 확인하는 데 도움이 될 수 있다.

수많은 애자일 방식은 데이터 과학팀에 유용할 수 있지만 내 생각에 이를 엄격하게 적용해서는 안 된다. 이 주제에 대해서는 유진 얀_{Eugene Yan}이 게시한 블로그 글(https://oreil.ly/tUMZa)에서 데이터 과학을 위해 애자일 작업 방식을 사용하는 방법을 자세히 알아볼 수 있다.

14.2 소프트웨어 업계에서의 역할

이전 절에서 소프트웨어 업계에서 업무를 구성하는 방법을 설명했지만 이 업무는 누가 수행할까? 소프트웨어 업계에는 매우 다양한 역할이 있으며, 처음에는 누가 무엇을 하는지 알기 어려울 수 있다. 이번 절에서는 소프트웨어 회사에서 접할 가능성이 가장 높은 기술적 역할을 소개한다(여기서는 영업, 마케팅, 재무 같은 비즈니스 역할은 다루지 않는다). 하지만 모든 회사는 다르기 때문에 이러한 역할이 있지 않거나, 책임이 약간씩 다르거나, 여기에 열거된 일부 역할이 혼합형일 수 있다. 또한 여기서는 개개인의 역할에 초점을 맞췄지만 이러한 역할에는 더 광범위하거나 다양한 책임을 지는 관리자나 다른 리더십 직책의 사람들이 있을 것이다.

14.2.1 소프트웨어 엔지니어

소프트웨어 엔지니어는 소프트웨어 제품을 구축하기 위해 코드를 작성한다. 코딩이 엔지니어의 주된 관심 사항이긴 하나, 그것만 책임지는 것은 아니다. 특히 직급이 높아질수록 그렇다. 이들은 이전 절에서 설명한 소프트웨어 생애주기의 모든 단계에 참여한다. 이들은 계획, 설계, 구축, 테스트, 배포, 유지관리에 참여한다. 소프트웨어 엔지니어는 소프트웨어 개발자 혹은 간단히 개발자라고도 한다.

소프트웨어 엔지니어는 종종 프런트엔드front-end, 백엔드back-end, 풀스택full-stack 엔지니어로 나뉜다. 프런트엔드 엔지니어는 제품에서 최종 사용자가 보고 상호작용하는 부분에 집중한다. 일반적으로 웹 개발을 위해 HTML, CSS, 자바스크립트JavaScript의 조합을 사용한다. 백엔드 엔지니어는 웹 애플리케이션의 데이터를 처리하는 코드를 작성하고 유지관리한다. 이 데이터는 중앙 서버 데이터베이스에 저장되고 프런트엔드(클라이언트) 애플리케이션에서 필요할 때 데이터를 제공한다. 백엔드 엔지니어가 사용하는 일반적인 언어로는 파이썬, PHP, 루비Ruby, 자바, SQL이 있다. 풀스택 엔지니어는 소프트웨어의 프런트엔드, 백엔드 모두에서 작업한다.

많은 회사에서 소프트웨어 엔지니어링 역할에 추가적으로 요구하는 전문 역량에는 다음과 같은 것들이 포함될 수 있다.

데브옵스 엔지니어
데브옵스DevOps는 개발development 및 운영operations을 뜻한다. 데브옵스 엔지니어는 개발, 테스트, 배포, 유지관리를 돕기 위한 도구와 절차를 구현해 회사의 소프트웨어 개발 프로세스를 효율화하는 것을 목표로 한다.

사이트 안정성 엔지니어
데브옵스 엔지니어와 유사하게 사이트 안정성 엔지니어site reliability engineer, SRE는 회사의 개발과 배포 프로세스에 집중한다. 이들은 이 프로세스가 효율적이고 신뢰할 수 있도록 만든다. 두 역할 사이의 주요 차이점은 데브옵스 엔지니어가 적절한 프로세스를 설정하는 데 적극적인 반면, SRE는 이슈가 발생했을 때 소방수 역할을 하는 데 집중한다는 점이다. 또한 SRE는 무슨 일이 발생했는지 조사하고 동일한 이슈가 재발하는 것을 방지하기 위한 조치를 구현한다.

ML(AI) 엔지니어
머신러닝 엔지니어는 ML 시스템을 설계하고 구현하는 데 집중한다. 이는 독립형 ML 모델을 학습시키는 것부터 수많은 다양한 모델을 결합한 복잡한 시스템을 설계하는 것, 다른 엔지니어와 함께 제품 전체 UI를 고려해 모델 구현 방법을 결정하는 것, 모델 성능을 모니터링하는 것 등 다양할 수 있다. 많은 회사에서 이 역할이 데이터 과학에 포함되거나 매우 기까운 역할이다.

소프트웨어 엔지니어가 할 수 있는 몇 가지 일은 다음과 같다.

- 기능을 개발하기 위한 코드 작성, 테스트, 배포
- 다른 사람이 작성한 코드 검토
- 제품에서 발생한 버그 수정
- 선임 엔지니어는 코드의 기반을 구성하는 기술 아키텍처를 설계하고 코드의 전반적인 설계를 담당한다. 타사 소프트웨어를 사용하는 것과 운영 비용 등에 대해 컨설팅을 받을 수도 있다.
- 많은 엔지니어링팀은 대기 근무를 하게 된다. 대기 근무 중인 엔지니어는 시스템과 알림을 모니터링하고 이슈를 분류하거나 디버깅하고 수정한다.

14.2.2 QA 혹은 테스트 엔지니어

QA나 테스트 엔지니어는 소프트웨어에 버그가 없고 의도한 대로 작동하는지 확인할 책임이 있다. 이전 절에서 언급했던 데브옵스나 사이트 안정성 엔지니어와 다르게 QA 엔지니어는 꼭 주요 기능을 중단시키지는 않거나 아주 적은 사람들에게만 영향을 줄 법하지만 그럼에도 사용자에게 부정적 경험을 제공하는 버그를 발견하는 것에 집중한다. 예를 들어, 특정 OS에서 특정 브라우저를 사용할 때 웹사이트가 제대로 렌더링되지 않은 것을 발견할 수 있다.

QA 엔지니어는 제품에 대한 강력하고 실질적인 지식이 있으며 자동화된 테스트와 수동 테스트를 통해 많은 사용 사례를 살펴본다. 이들은 문서를 유지관리하고 개발자가 수정할 작업을 만들어 분류하고 새 소프트웨어 버전이 출시될 준비가 되었는지 여부를 결정하는 데 도움이 된다.

QA 엔지니어는 다음과 같은 일을 할 수 있다.

- 테스트 계획을 수립하고 테스트 스크립트를 생성한다.
- 새 소프트웨어가 다양한 기기와 사용 사례에서도 제대로 작동함을 확인하기 위해 테스트를 철저히 수행한다.
- 모든 사용자가 제품을 사용할 수 있는지 확인한다. 예를 들어 시각장애인을 위한 화면 판독기에서 작동하는지 확인한다. 이는 제품의 접근성에 대한 요구사항(예를 들어, 웹 접근성 표준과 법률을 준수하는지)을 이해하고 제품이 이러한 요구사항을 만족하는지 확인하기 위한 테스트를 실행하는 것을 뜻한다.
- 버그 수정을 문서화하고 분류하고 우선순위를 지정한다.

14.2.3 데이터 엔지니어

데이터 엔지니어는 데이터가 운영 및 비즈니스 결정을 내리는 데 최대한 유용하도록 만든다. 이를 위해 원시 데이터가 정확한지 확인하고, 데이터베이스를 유지관리하고, 데이터 접근을 제어하고, 원시 데이터를 좀 더 유용한 집계 테이블로 변환하는 파이프라인을 작성하고, 알림, 보고, 대시보드에 데이터를 사용하는 일에 참여한다.

일부 회사에서는 리포팅과 대시보드에 집중하는 별도의 비즈니스 인텔리전스BI 엔지니어가 있는 반면, 데이터 엔지니어는 데이터 인프라에 더 집중한다. 다른 회사는 데이터 엔지니어가 이 모든 것을 다 수행하는 것을 기대할 수도 있다.

데이터 엔지니어는 다음과 같은 일을 수행할 수 있다.

- 데이터 과학자나 데이터 분석가처럼 다른 역할의 사람들이 사용할 수 있는 형태로 데이터를 변환하는 데이터 파이프라인을 생성하고 유지관리한다. 이는 종종 회사의 원시 데이터를 집계한 데이터베이스 테이블 형태를 갖는다.
- 다양한 팀이 일관성을 유지할 수 있도록 데이터 수집 및 저장에 대한 표준을 유지한다.
- 컴퓨팅 파워와 데이터 저장 공간이 효율적으로 사용되고 있는지 점검한다.
- 어떤 데이터가 수집되고 그 데이터에 누가 접근할 수 있는지 통제함으로써 사용자의 개인정보를 보호한다.
- 파이프라인이 제시간에 실행되도록 하여 데이터베이스 테이블을 유지관리한다.
- 데이터가 정확한지 검증하기 위해 데이터 품질 검사를 설정한다.
- 제품 혹은 비즈니스의 핵심 성과 지표key performance indicator, KPI를 나타내는 대시보드를 생성한다.

14.2.4 데이터 분석가

데이터 분석가는 데이터를 사용해 제품이나 전략에 대한 의사결정을 내리는 데 필요한 인사이트를 도출한다. 이들은 사람들이 제품을 어떻게 사용하는지에 대한 데이터처럼 내부 데이터로 작업하거나 타사 데이터를 사용해 시장 조사를 수행할 수 있다. 이들은 종종 데이터베이스에 저장된 데이터를 취해서 SQL, 파이썬, R을 사용해 데이터를 조회, 변환, 분석한다.

이 역할도 회사마다 차이가 있다. 일부 기업에서는 데이터 과학자가 ML 작업, A/B 테스트 설계 및 실행 등의 책임에 더해 이러한 작업까지도 수행한다. 제품 분석가는 제품팀에 더 밀접하게 소속되어 있다. 엔지니어, 제품 관리자와 긴밀히 협력해 팀이 다음에 무엇을 개발해야 하는지에 직접 영향을 미칠 만한 인사이트를 찾는다. 비즈니스 분석가는 회사의 운영, 재무, 경쟁 분석에 더 집중한다.

데이터 분석가는 다음과 같은 일을 수행할 수 있다.

- 제품 또는 비즈니스의 상태를 측정하는 KPI를 정의하고 측정하여 추적한다.
- 제품 사용에 대해 리더십이 한 질문에 답하기 위해 데이터를 수집, 정제, 분석, 해석한다.
- 이해관계자와 소통하기 위해 데이터 시각화를 생성한다.
- 제품의 고객 데이터를 추적해 얼마나 많은 고객이 제품 사용을 시작하고 중단하는지 파악한다.
- 제품의 수익과 비용을 추정한다.

14.2.5 제품 관리자

제품 관리자는 일반적으로 세 가지 역할을 담당한다. 첫째, 고객과 비즈니스의 요구사항을 균형 있게 고려해 제품 전략과 기능 로드맵을 설정하는 것을 돕는다. 이는 데이터 분석가, UX 연구원, 회사 경영진, 그 외 이해관계자들의 의견을 반영하여 진행된다. 둘째, 전략과 로드맵에 대해 엔지니어와 디자이너에게 설명한다. 셋째, 제품팀이 소프트웨어를 개발하는 것을 돕기 위해 프로젝트를 관리한다. 제품 관리자는 SDLC 중 계획 단계에서 요구사항을 정의하는 데 깊이 관여하며 완성된 제품을 평가하는 데도 도움을 준다.

제품 관리자는 제품의 전반적인 성공에 대한 책임을 지지만 일반적으로 다른 제품 팀원에 대해 명시적인 권한은 없다. 따라서 다양한 기능을 수행하는 사람들과 의사소통을 잘할 수 있어야 하고, 정보를 효과적으로 수집하고 통합할 수 있어야 하며, 불완전한 정보로 의사결정을 내리거나 절충안을 마련해야 하며, 개발팀이 효율적으로 작업할 수 있도록 적절한 프로세스를 수립하도록 도와야 한다.

제품 관리자가 주로 어디에 시간을 할애하는지는 회사마다 다르고 심지어 회사 내에서도 다를 수 있다. 예를 들어 팀이 스크럼 방식으로 과제 관리하는 경우, 일상적인 실행의 많은 부분을 관리하는 별도의 제품 소유자가 있을 수 있다. 제품 소유자 역할을 프로젝트 관리자나 기술 프로그램 매니저가 처리할 수도 있다. 이들은 요구사항을 정의하고 제품을 더 높은 수준의 기술적 세부사항에서 평가하는 데 집중하는 별도의 역할이다. 그런 경우 제품 관리자는 일상적인 개발에 초점을 맞추는 대신 제품의 비전과 로드맵을 설정하고 외부 이해관계자들과 협업하는 데 더 많은 시간을 할애한다.

제품 관리자는 다음과 같은 일을 수행할 수 있다.

- 개발팀이 작성하는 코드의 요구사항을 정의하는 것을 돕는다.
- 성공한 제품의 이미지를 명확하게 설명하고, 진행 상황을 측정할 수 있는 마일스톤과 KPI를 정의하는 것을 돕는다.
- 엔지니어, 디자이너와 함께 개발 시간과 사용자에게 미치는 긍정적인 효과를 고려해 기능 개발의 우선순위를 정한다.
- 데이터 분석가, UX 연구원과 함께 사용자의 요구사항을 이해하고 정량화한다.
- 팀 간 의견 충돌이나 의존성이 있을 때 다른 제품팀과 조율하는 것을 돕는다.
- 리더십과 함께 계획과 진척 상황을 검토한다. 이는 회의나 서면 보고를 통해 이뤄진다.

14.2.6 UX 연구원

UX_{user experience} 연구원은 제품 사용자의 요구사항에 대한 통찰력을 제공한다. 이들은 사용자가 제품과 상호작용하는 방식을 관찰하거나 직접적으로 사용자의 피드백을 얻는 방식으로 이를 수행한다. 데이터 분석가가 사용자가 무엇을 하는지 보기 위해 데이터를 사용한다면, UX 연구원은 사용자가 왜 그렇게 행동하는지 그리고 제품을 통해 어떻게 다르게 행동하고 싶어 하는지에 대해 깊은 통찰력을 얻을 수 있다. 이를 위해 UX 연구원은 인터뷰와 사용성 테스트를 진행하고 설문조사도 한다.

어떤 회사에서는 정성적 연구원과 정량적 연구원의 역할이 나뉘어 있다. 정성적 연구원은 주로 사용성 연구와 심층 인터뷰에 집중하는 반면, 정량적 연구원은 대규모의 설문조사와 통계분석에 초점을 맞춘다.

UX 연구원은 다음과 같은 일을 할 수 있다.

- 제품의 파워 유저를 인터뷰해 더 빠르게 일을 할 수 있도록 필요한 도구가 무엇인지 파악한다.
- 사용성 세션을 주최한다. UX 연구원은 지원자들에게 다양한 디자인 흐름의 프로토타입을 보여주고 그들이 어떻게 상호작용하는지 어느 프로토타입이 가장 직관적인지 확인한다.

- 무작위로 선택된 사람들을 대상으로 웹사이트에서 작업한 후에 그들의 경험에 대해 설문조사를 실시한다.
- 설문조사의 결과를 분석하고 요약해 제품팀에 연구 결과를 발표함으로써 제품 개발 관련한 결정에 필요한 정보를 제공한다.

14.2.7 디자이너

디자이너는 제품의 외관과 느낌look and feel에 대한 세부사항을 책임진다. 제품의 외관은 색상 조합, 타이포그래피, 버튼 및 기타 상호작용 요소들의 외관과 느낌, 아이콘, 애니메이션 등을 포함한다. 느낌은 전체적인 사용자 경험이다. 여기에는 사용자가 무언가를 달성하기 위해 취하는 행동의 흐름이 직관적인지, 사용자에게 쉬운지 여부를 고려하는 것을 포함한다. 디자이너는 실제로 코드로 디자인을 구현하지 않으며, 해당 영역은 프런트엔드 엔지니어가 수행한다.

많은 회사에서 제품의 외관과 느낌은 두 가지 다른 역할로 나뉜다. UIuser interface 디자이너는 제품의 외관에 좀 더 치중한다. 이들은 제품의 틀(목업mockup이라고도 함)을 만들고 이를 구현할 프런트 엔지니어와 긴밀하게 협업한다. 제품의 틀은 디자이너가 원하는 외관을 갖추었지만 기능은 구현되지 않은 버전의 제품을 말한다. 반면 UX 디자이너는 사용성에 더 초점을 맞춘다. 개발자들과 함께 일할 뿐 아니라 사용자 문제를 더 잘 이해하고 해결하기 위해 UX 연구원과 프로젝트 관리자와도 긴밀하게 협업한다.

UI 디자이너는 다음과 같은 일을 할 수 있다.

- 사이트나 앱에서 각 콘텐츠의 정확한 위치를 디자인하고, 콘텐츠 간의 간격 및 다양한 화면 크기에서 어떻게 표시될지를 기획한다.
- 버튼, 아이콘 같은 개별 요소를 디자인하고, 사용자가 상호작용할 때 어떤 작동을 하는지 정의한다.
- 적절한 색상표와 폰트를 사용해 일관성을 유지할 수 있는 스타일 가이드를 만든다.

UX 디자이너는 다음과 같은 일을 할 수 있다.

- 인터뷰 또는 사용성 세션을 통해(UX 연구원과 유사하게) 사용자 조사를 수행한다.
- 사이트나 앱에서 요소들이 어디에 배치되어야 하는지, 사용자가 이들 사이를 어떻게 탐색할 수 있는지 레이아웃을 제공하는 틀을 만든다.

14.3 커뮤니티

회사에서 만나 함께 일하는 사람들 외에 코드를 작성할 때 더 광범위한 데이터 과학자와 개발자 커뮤니티의 일원이 될 수 있다. 커뮤니티를 통해 일상 업무에서 접하지 못했던 아이디어를 접할 수 있다. 같은 종류의 작업을 하는 다른 사람들과 교류하고 새로운 도구와 기법을 배울 수 있다. 이번 절에서는 오픈소스 소프트웨어에 기여하기, 행사에서 발표하기, 글로벌 파이썬 커뮤니티에 참여하기를 포함해 광범위한 커뮤니티에 참여할 수 있는 방법에 대해 살펴본다.

14.3.1 오픈소스

데이터 과학 분야에서 경력을 쌓으면서 종종 오픈소스 소프트웨어를 사용하게 될 것이고, 이 책에서도 오픈소스 패키지를 여러 차례 언급했다. 오픈소스에 기여하는 것은 경력상 매우 가치 있는 활동이며 커뮤니티에 참여하는 훌륭한 방법이다. 소프트웨어를 처음 사용해본다면 소프트웨어 개발 방식에 대한 경험을 쌓는 좋은 방법일 수 있다. 그리고 경험이 많다 하더라도 새로운 기술을 습득하고 더 광범위한 커뮤니티에 기여할 수 있는 기회가 될 수 있다.

오픈소스에 참여하는 몇 가지 방법이 있다. 대규모 프로젝트는 종종 새로운 기여자를 위한 지침을 제공한다. 예를 들면 팬더스에 기여하는 방법(https://oreil.ly/J-Jd_)이나 사이킷런에 기여하는 방법(https://oreil.ly/IPXLP)이 있다. 또한 그림 14.3처럼 기여를 시작하기 좋은 이슈에 태그를 달아두기도 한다.

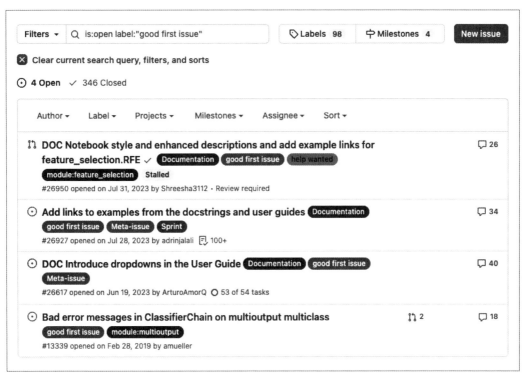

그림 14.3 **사이킷런에서 'good first issue'로 태그된 이슈**

일부 오픈소스 프로젝트는 콘퍼런스에서 스프린트를 개최한다. 스프린트란 프로젝트 유지관리자가 특정 이슈에 대해 전념하여 작업할 수 있게 마련한 기간을 말한다. 이것은 프로젝트에 참여할 수 있는 훌륭한 방법인데, 하나의 이슈에 대해 작업할 수 있는 시간을 가질 수 있을 뿐 아니라 같은 이슈에 대해 작업하는 다른 사람들과 교류할 수 있는 기회이기 때문이다.

커뮤니티에 참여할 수 있는 또 다른 방법으로는 패키지를 사용하다가 제대로 작동하지 않는 기능을 발견했거나 필요한 기능이 부족하다고 생각할 때다. 직접 문제를 해결하거나 기능을 개발할 수도 있다! 그렇지만 그보다 먼저 현재 이슈를 확인해 다른 사람이 해당 이슈에 대해 이미 작업하는 것은 아닌지 확인해야 한다. 참여하고 싶은 프로젝트 규모가 작다면 프로젝트 유지관리자에게 어떻게 도움을 주는 것이 가장 좋을지 물어보는 것도 좋은 방법이다.

또한 개인적으로 작성한 코드를 깃허브에 공개할 수 있다. 그 전에 프로젝트에 대한 문서를 잘 작성해 둠으로써 사람들이 프로젝트의 기능을 이해할 수 있도록 해야 한다.

물론 모든 사람이 본업 외에 코드를 작성할 시간이나 의지가 있는 것은 아닐 것이다. 각자 작업에 필요한 중요한 기능이 오픈소스 프로젝트에 빠져 있음을 발견했다면 이를 업무의 일환으로 기여할 수 있는지 물어보는 것도 좋은 방법이다. 또한 회사가 오픈소스 프로젝트를 후원하도록 독려할 수도 있다.

14.3.2 이벤트에서 연설하기

이 책을 집필하는 동안 콘퍼런스와 행사에서 했던 기술 발표 녹화본이 매우 유용했으며 개인적으로도 행사에서 발표하는 일은 훌륭한 경험이었다. 만약 흥미가 있다면 공개 발표에 도전해볼 것을 권하고 싶다. 처음에는 겁이 날 수 있지만 생각보다 쉽게 시작할 수 있다. 모든 사람에게는 공유할 만한 유용한 내용이 있다고 믿는다. 이제 막 경력을 시작한 사람이라도 배운 것을 공유할 수 있고, 비슷하게 이제 막 경력을 시작하는 다른 사람에게 도움이 될 것이다.

이번 절에서는 기술 발표할 때 도움이 될 몇 가지 팁을 공유하고자 한다.

- 지역 모임이나 소규모 지역 콘퍼런스에서 짧은 발표처럼 작고 친근한 행사에서 시작하라. 그러면 압박감이 덜한 상황에서 발표 기술을 배울 수 있다.
- 행사에 참여하면서 정말 좋은 발표를 들었을 때 어떤 점이 좋았는지 생각해보라.
- 여러분의 발표로 청중들이 무엇을 배우고 생각하고 실행하기를 원하는지 생각해보라.
- 이야기를 전하는 명확한 구조를 갖춘 발표를 하라. 청중이 발표 내용을 이해할 수 있도록 도입부를 구성하고 명확한 결론을 제시하라.
- 청중에게 왜 여러분의 발표에 관심을 가져야 하는지 설명하라.

대규모 행사의 경우 특정 마감 기한까지 제출해야 할 제안서를 요구하는 경우가 많다. 제안서는 여러분의 발표를 콘퍼런스 조직위원회에 어필해야 하며, 콘퍼런스 웹사이트 일정에 게재될 수도 있다. 청중이 여러분의 발표에서 얻어갈 수 있는 것이 무엇인지 반드시 언급하라.

행사에서 발표하는 것과 관련해 더 많은 팁을 얻고 싶다면 니나 자카렌코Nina Zakharenko가 쓴 시리즈(https://oreil.ly/jqDZc)를 참고하기 바란다.

많은 회사가 행사에서 발표하는 것을 지원하는데, 이는 회사의 대외 이미지에 긍정적인 영향을 미치기 때문이다. 특히 대기업에서 일하는 경우 이를 위한 비용을 지원받을 수 있다. 또한, 콘퍼런스에서는 발표자가 행사에 참석할 수 있도록 여행 경비를 지원하는 경우가 있으며, 일반적으로 발표자에게는 콘퍼런스 무료 티켓이 제공된다.

14.3.3 **파이썬 커뮤니티**

이번 절에서는 글로벌 파이썬 커뮤니티에 대해 얘기하고자 한다. 파이썬은 이 책에서 집중적으로 다룬 언어이자 내가 가장 선호하는 프로그래밍 언어지만 다른 프로그래밍 언어에도 유사한 커뮤니티들이 있다.

개발자와 열정적인 사용자들로 구성된 전세계적 파이썬 커뮤니티는 파이썬 소프트웨어 재단 Python Software Foundation, PSF(https://oreil.ly/YjR5Y)의 지원을 받는다. PSF는 2001년에 설립된 비영리 단체로 핵심 파이썬 배포판을 제작하여 오픈소스 프로젝트로 제공한다. 이 재단은 PyCon US 콘퍼런스를 주최하고, 후원과 기부금을 관리하며 오픈소스 스프린트, 사용자 그룹, 파이썬 개발을 지원하기 위한 보조금을 제공한다. PSF의 회원 자격은 누구에게나 열려 있으며, 커뮤니티를 지원할 수 있고 최신 파이썬 개발 동향을 알 수 있다. 회원 자격에 대한 더 자세한 내용은 PSF 웹사이트 (https://oreil.ly/FWEMP)에서 확인할 수 있다.

파이썬 커뮤니티에서 다른 사람들을 만나고 새로운 기술에 대해 더 배울 수 있는 가장 좋은 방법은 PyCon에 참가하는 것이다. PyCon US(https://us.pycon.org/)는 2003년에 시작해서 매년 2,000~3,000명이 참여하는 가장 큰 행사다. 이 외에도 세계적 규모의 콘퍼런스로는 PyCon Japan(https://2023-apac.pycon.jp/), PyCon LatAm(https://www.pylatam.org/), PyCon Namibia (https://na.pycon.org/), PyCon India(https://in.pycon.org/2023) 등이 있다. 또한 과학적 컴퓨팅에 초점을 맞춰 매해 개최되는 SciPy 콘퍼런스(https://oreil.ly/jiJdF)도 있다.

여타 기술 영역과 마찬가지로 파이썬 커뮤니티에도 여성 비율이 적다. PyLadies(https://pyladies. com/)는 파이썬 커뮤니티 내에서 여성들을 지원하고 멘토링하는 역할을 한다. 전 세계적으로 PyLadies 그룹이 많이 있으며 여성들이 서로 네트워크를 형성하고 서로를 지원할 수 있는 공간을 제공한다. PyLadies는 2023년에 첫 온라인 콘퍼런스(https://oreil.ly/S8fJw)를 개최했다.

또한 전 세계적으로 지역 모임이나 사용자 그룹이 많이 있다. 이 그룹들은 함께 모여 파이썬과 관련한 주제를 논의하는 열성 사용자들의 모임이다. 이들의 모임은 기술 발표(공적 발표를 시작하기 가장 좋은 기회다), 프로그래밍의 밤, 워크숍 등 다양한 형태로 진행된다.

파이썬 커뮤니티에 참여하면 작업 중인 주제에 대해 다양한 의견이 있는 사람들을 만날 수 있다. 파이썬, 소프트웨어 개발, 데이터 과학에 대한 다른 사람들의 생각을 배울 수 있는 훌륭한 기회다. 이러한 아이디어를 여러분의 작업에 적용해보고 다른 사람들과 자신의 아이디어를 공유할 수 있다.

14.4 요약

이번 장에서는 기술 회사의 보편적인 작업 방식을 소개하고, 함께 일하게 될 직무 역할에 대해 간단히 알아보고 더 광범위한 소프트웨어 커뮤니티를 소개했다.

소프트웨어 업계에는 소프트웨어 개발을 구조화하는 표준 방식이 있다. 소프트웨어 개발 생애주기에는 계획, 설계, 구축, 테스트, 배포, 유지관리 단계로 구성된다. 폭포수 소프트웨어 개발 방법론은 이 단계들이 순차적으로 일어난다. 애자일 소프트웨어 개발 방법론의 경우 짧은 스프린트 기간 내에 이 단계들을 빠르게 반복하는 것이 일반적이다. 애자일 개발은 데이터 과학팀에 유용한 구조를 제공할 수 있다.

여러분이 소프트웨어 업계에서 접하게 될 기술적 역할은 다음과 같다.

소프트웨어 엔지니어
코드를 작성하고 제품을 구축하고 유지관리하기 위한 프로세스를 구축한다.

QA 엔지니어
제품을 테스트해 모든 사용자가 제품을 잘 사용할 수 있을지 점검한다.

데이터 엔지니어
원시 데이터를 데이터 과학자나 분석가가 사용할 수 있는 형식으로 변환하는 데이터 파이프라인을 구축하고 유지관리한다.

데이터 분석가
데이터를 선택, 정제, 분석, 해석해 인사이트를 도출한다.

프로덕트 관리자
개발을 위한 요구사항과 로드맵을 계획하고 조직한다.

UX 연구원
제품 사용자의 요구사항을 조사하고 분석한다.

디자이너
제품의 전반적인 외관과 느낌을 디자인한다.

회사와 함께 일하는 사람 외에 더 넓은 커뮤니티에 참여하는 것은 매우 가치 있는 일이 될 것이다. 새로운 아이디어를 배울 수 있고 여러분의 생각과 경험을 공유할 수 있다. 이를 위한 방법으로는 오픈소스 소프트웨어에 기여하거나 행사에 발표자로 참여하는 것이 있다.

15

다음 단계

드디어 마지막 장까지 온 것을 축하한다! 이 책을 읽고 나서, 필요한 모든 요구사항을 만족시키면서 대규모 시스템에서도 잘 작동하는 훌륭한 코드를 작성할 수 있다는 자신감을 갖기 바란다.

다음에 코드를 작성할 때는 1장에서 소개했던 5가지 주요 관점을 기억하기 바란다.

간결성
코드를 간결하게 유지하면 다른 사람들이 코드를 사용하기 쉬워진다.

모듈성
코드를 합리적 크기의 부분으로 나누는 것이 좋다. 작업중인 문제에 잘 맞는다면 4장에서 설명한 객체지향 프로그래밍의 원칙을 사용하라. 8장에서 설명했듯이 전체 구조가 잘 작동하는지 확인하라.

가독성
9장에서 설명한 대로 코드에 대해 문서를 작성하라. 코드를 작성하는 일보다 읽을 일이 더 많을 것이다. 6장에서 설명했던 대로 일관된 포맷을 유지하는 것도 가독성에 도움이 된다.

효율성
2장과 3장에서 소개한 기법을 사용해 코드가 필요한 만큼 효율적인지 확인하라.

안정성

5장에서 설명한 대로 오류를 잘 처리하고 이 오류를 기록하는지 확인하라. 7장에서 설명한 대로 테스트는 배우고 실천해야 할 매우 중요한 기술이다.

이러한 원칙들은 일회성이거나 임시로 작성되거나 실험적인 코드를 재현 가능하고 확장 가능한 코드로 나아가는 데 도움이 될 것이다. 확장 가능한 코드는 10장에서 설명한 대로 패키지로 공유될 수 있고 11장과 12장에서 살펴봤듯이 API로 배포할 수 있다.

이 책에서는 소프트웨어 엔지니어링의 몇 가지 다른 주제를 다뤘다. 표준화는 코딩 속도를 높이고 다른 사람이 그 코드로 작업하기 더 쉽게 해준다. 추상화는 고려할 또 다른 사항이다. 코드의 세부사항들을 합리적인 인터페이스 뒤로 숨겨 다른 곳에서 재사용하기 쉽게 만들 수 있는가? 마지막으로 반복되는 과정을 자동화하면 시간이 절약되고 장기적으로 코딩 속도를 높일 수 있다.

또한 실용적인 관점을 갖는 것이 중요하다. 항상 훌륭한 코드를 작성할 수도 없고, 그럴 필요도 없다. 때로는 작동만 하면 되는 형편없는 코드로도 충분할 때가 있다. 단기 프로젝트이거나 마감 기한이 촉박해서 급하게 무언가를 만들어야 하는 경우라면 어떤 코드라도 작성하면 된다. 하지만 적어도 이 책을 읽고 나면 자신이 얼마나 끔찍한 코드를 작성하고 있는지 알게 될 것이다!

이 책에서 설명했던 소프트웨어 엔지니어링의 원칙들은 다른 곳에서 훨씬 더 자세히 다룬다. 이 책을 읽은 다음 이러한 개념들에 대해 자신감을 가지고 소프트웨어 엔지니어를 대상으로 한 자료들을 살펴보고 나면 배운 내용들을 데이터 과학 코드에 적용할 수 있을 것이다. 이제 용어가 의미하는 바를 잘 알게 되었고 각자 작업에 가장 관련 있는 주제에 집중할 수 있을 것이다.

다음 단계로 읽으면 좋을 책들을 몇 권 추천한다.

- 《실용주의 프로그래머(20주년 기념판)》(인사이트, 2022)
- 《A Philosophy of Software Design》(Yaknyam Press, 2021)
- 《고성능 파이썬》(한빛미디어, 2021)
- 《단단한 파이썬》(에이콘출판사, 2022)

또한 파이썬 콘퍼런스의 강연들을 확인해보면 좋다. 역대 PyCon US 콘퍼런스의 강연은 유튜브 (https://oreil.ly/e7Gii)에서 시청할 수 있다. 영상은 모두 고품질에 무료로 제공된다.

15.1 코드의 미래

이 책에서 논의한 수많은 기법과 기술은 지난 5년 동안 발명됐다. 소프트웨어 엔지니어링과 데이터 과학은 매우 빠른 속도로 변하는 분야이고 끊임없이 새로운 아이디어가 도입된다. 따라서 널리 채택되고 있는 새로운 기술을 계속 따라가는 것이 좋다.

이 책을 집필하는 동안 일어난 주요 발전 중 하나는 깃허브 코파일럿GitHub Copilot(https://oreil.ly/LymmQ)과 챗GPTChatGPT(https://oreil.ly/_qcbY) 같은 AI 기반의 코딩 도우미의 등장이다. 이러한 도구가 모든 일을 대신해줄 수 있더라도 여전히 좋은 코드를 작성하는 법을 배우고 소프트웨어 엔지니어링 실무에 익숙해질 필요가 있을까?

이 책의 여러 장에서 예시로 사용했던 가중평균 함수를 생성해달라고 챗GPT에게 요청하면 어떤 결과가 나올지 확인해보기로 했다. 내가 사용한 프롬프트는 그림 15.1에서 볼 수 있다.

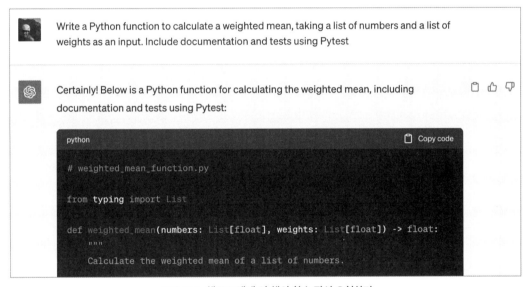

그림 15.1 **챗GPT에게 이 책의 함수 작성 요청하기**

다음은 챗GPT가 생성한 전체 함수다.

```
from typing import List

def weighted_mean(numbers: List[float], weights: List[float]) -> float:
    """
    Calculate the weighted mean of a list of numbers.
```

```
    Parameters:
    - numbers (List[float]): List of numbers.
    - weights (List[float]): List of weights (same length as numbers).

    Returns:
    - float: Weighted mean of the numbers.

    Raises:
    - ValueError: If the lengths of numbers and weights do not match,
                  or if any weight is zero.

    Example:
    >>> numbers = [10, 20, 30, 40, 50]
    >>> weights = [0.1, 0.2, 0.3, 0.2, 0.2]
    >>> weighted_mean(numbers, weights)
    30.0
    """
    if len(numbers) != len(weights):
        raise ValueError("The number of numbers and weights must be the same.")

    if any(w == 0 for w in weights):
        raise ValueError("Weights must be greater than zero.")

    weighted_sum = sum(x * w for x, w in zip(numbers, weights))
    total_weight = sum(weights)

    return weighted_sum / total_weight
```

다음은 함수와 함께 생성된 테스트다.

```
import pytest
from weighted_mean_function import weighted_mean

def test_weighted_mean():
    numbers = [10, 20, 30, 40, 50]
    weights = [0.1, 0.2, 0.3, 0.2, 0.2]
    expected_result = 30.0

    result = weighted_mean(numbers, weights)

    epsilon = 1e-6
    assert abs(result - expected_result) < epsilon

def test_weighted_mean_with_zero_weight():
    numbers = [10, 20, 30, 40, 50]
```

```
    weights = [0.1, 0.2, 0.3, 0.0, 0.2]

    with pytest.raises(ValueError):
        weighted_mean(numbers, weights)

def test_weighted_mean_with_mismatched_lengths():
    numbers = [10, 20, 30, 40, 50]
    weights = [0.1, 0.2, 0.3, 0.2]

    with pytest.raises(ValueError):
        weighted_mean(numbers, weights)
```

언뜻 보기에는 전체적으로 매우 합리적인 것처럼 보인다. 독스트링과 몇 가지 합리적인 테스트가 포함되어 있다. 그렇지만 코드를 실행해보니 `test_weighted_mean` 테스트가 실패했다. `expected_result`의 값이 30.0이 아니라 32.0이어야 한다. 이 오류는 독스트링에서도 반복된다.

게다가 `test_weighted_mean` 테스트는 결과가 1e-6의 오차 범위 안에 있는지 확인하는 대신, 결과가 정확히 일치하는지 테스트함으로써 더 간단하게 만들 수 있었다.

```
def test_weighted_mean():
    numbers = [10, 20, 30, 40, 50]
    weights = [0.1, 0.2, 0.3, 0.2, 0.2]
    expected_result = 32.0

    result = weighted_mean(numbers, weights)

    assert result == expected_result
```

챗GPT에 이 함수를 생성해달라고 요청하는 것이 유용한 출발점이긴 하지만 여전히 코드를 수정하기 위한 작업이 필요했다. 또한 예상되는 상황에 대한 테스트를 추가해 코드를 개선할 수도 있었다. AI가 생성한 코드는 세부사항들을 꼼꼼히 살피고 철저히 테스트하는 것이 좋다.

AI에 기반한 도구들은 강력하고 코딩 속도를 높이는 데 도움을 줄 수 있지만 이러한 도구가 올바른 방향으로 이끌고 있는지는 생각해볼 필요가 있다. 모든 함수는 다양한 방법으로 작성될 수 있고 선택한 방법의 장단점을 이해하는 것이 중요하다. 이러한 도구가 작성한 함수는 짧고 가독성은 높지만 비효율적일 수도 있다. 이러한 도구에게 무엇을 요청해야 하는지 알아야 한다. 이러한 도구는 요청받지 않는 한 로깅이나 문서를 포함시키지 않을 것이다. 따라서 이러한 도구에서 최선의 결과를 얻으려면 좋은 코드를 작성하는 기본 지식을 갖추는 것이 중요하다.

확실한 것은 소프트웨어 엔지니어링도 미래에 그대로 있지 않을 것이라는 점이다. 특정 프로그래밍 언어가 한동안 인기를 끌 수 있지만 특정 목적에 더 적합한 다른 언어로 대체될 수도 있다. 새로운 아이디어와 기술은 계속해서 등장할 것이다. 다행히도 개발자 커뮤니티에서 이러한 아이디어와 기술을 사용하는 데 도움을 줄 수 있는 문서와 가이드를 작성할 것이다.

15.2 코드에 담긴 당신의 미래

데이터 과학자로서 수많은 코드를 작성하게 될 것이다. 이 중 일부는 일회성으로 실행되겠지만, 일부는 수백만 명의 사용자들을 상대하는 규모의 프로젝트와 제품의 기반이 될 수 있다. 이러한 코드는 엄청난 영향을 미칠 수 있으므로 그 역량을 선한 목적에 사용하고 항상 개인 윤리에 위배되지는 않는지 점검하기 바란다.

또한 좋은 코드를 작성하는 방법에 대해 배운 것을 공유하기 바란다. 팀에서 선임 위치에 있다면 팀원들을 위한 예제를 만들고, 그 예제를 활용해 동료들을 이끌기 바란다. 코드 리뷰 시간을 갖고 다른 사람들이 코드를 개선할 수 있도록 돕기 바란다. 여러분이 작성한 코드는 팀 문화에 영향을 미칠 수 있다.

소프트웨어는 고립된 상태에서 만들어지지 않는다. 관계를 구축하고 다양한 사람들을 만나고 다른 사람들과 대화를 나누기를 권한다. 더 넓은 커뮤니티에 참여하고 기술 발표를 하고 오픈소스 프로젝트에 합류하는 것은 매우 유익할 수 있다. 또한 소프트웨어 엔지니어와 대화하고, 코드에 대한 그들의 피드백을 기꺼이 받아들이기 바란다.

15.3 감사의 말

마지막으로, 이 책에 관심을 갖고 이 책을 읽는 데 시간을 내준 것에 감사의 말을 전하고 싶다. 이 책을 쓰는 동안 정말 즐거웠으며, 여러분도 읽는 동안 즐거웠기 바란다.

향후 개정판에서 개선할 수 있도록 소중한 피드백을 부탁드린다.

찾아보기